*Simon Sechter*

# Die Grundsätze der musikalischen Komposition

*1. Abteilung - Die richtige Folge der Grundharmonien*

Simon Sechter

**Die Grundsätze der musikalischen Komposition**

1. Abteilung - Die richtige Folge der Grundharmonien

ISBN/EAN: 9783965066793

Auflage: 1

Erscheinungsjahr: 2023

Erscheinungsort: Treuchtlingen, Deutschland

© Literaricon Verlag UG (haftungsbeschränkt)

www.literaricon.com

# Die Grundsätze

## der

# musikalischen Komposition.

Von

## Simon Sechter

k. k. erstem Hoforganisten und Professor der Harmonielehre am Conservatorium
der Musik in Wien.

———

## Erste Abtheilung.

Die richtige Folge der Grundharmonien, oder vom Fundamentalbass und dessen Umkehrungen und Stellvertretern.

**Leipzig,**

Druck und Verlag von Breitkopf und Härtel.

1853.

# Die richtige Folge

der

# GRUNDHARMONIEN,

oder

## vom Fundamentalbass

und

## dessen Umkehrungen und Stellvertretern.

Von

## Simon Sechter

k. k. erstem Hoforganisten und Professor der Harmonielehre am Conservatorium
der Musik in Wien.

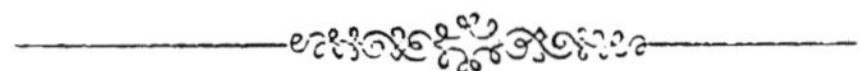

Leipzig,

Druck und Verlag von Breitkopf und Härtel.

1853.

# Inhalt.

# EINLEITUNG.

***

Diatonisch fortschreiten heisst nur jene Töne gebrauchen, welche in der gewählten Tonleiter enthalten sind, z. B. in der C dur Tonleiter nur die Töne: *C d e f g a h c.* Es ist zuerst nöthig, die verschiedene Folge dieser Töne, ihre Verbindung zu Accorden und deren Folge kennen zu lernen, bevor man sie mit Tönen, die aus andern Tonleitern entlehnt sind, vermischt. Dass man mit der Dur-Tonleiter, als der leichtesten, beginnt, und nach gehöriger Kenntniss derselben erst zur Moll-Tonleiter übergeht, ist billig.

Dass man hernach zur diatonischen Tonwechslung, wodurch ein anderer Ton als der zuvorgehabte zur ersten Stufe werden kann, übergeht, ist nicht minder billig, weil man ja erst wissen muss, was in einer Tonleiter geschehen kann, bevor man zu einer andern gehörig übergehen will.

Das chromatische Fortschreiten in der Dur- und Moll-Tonleiter besteht darin, dass man zu den leitereigenen Tönen auch noch Töne aus verwandten Tonleitern hinzufügt, ohne die gewählte Haupttonleiter wirklich zu verlassen; welches von dem diatonischen Tonwechsel wohl unterschieden werden muss.

Nun erst schliessen sich die enharmonischen Verwechslungen, wodurch ein Ton unter zweierlei Zeichen sich darstellen und darum auf verschiedene Tonleitern sich beziehen lässt, auf vernünftige Weise an; womit sodann die eigentliche Harmonielehre geschlossen wird.

## Elementarkenntnisse.

Die Clavier- oder Tasten-Instrumente zeigen die Tonverhältnisse sichtbar. Die Untertasten allein enthalten die C dur Tonleiter, deren Verhältniss durch die dazwischen liegenden Obertasten näher bestimmt werden kann.

Zwischen *c* und *d*, *d* und *e*, *f* und *g*, *g* und *a*, *a* und *h* liegt jedesmal eine Obertaste, ihr Abstand wird daher ein g a n z e r Ton oder eine g r o s s e S e c u n d genannt.

Zwischen *e* und *f* und zwischen *h* und *c* liegt keine Obertaste, ihr Abstand wird daher ein h a l b e r Ton oder eine k l e i n e S e c u n d genannt.

Wenn man die C dur Tonleiter bis auf das dritte *c* ausdehnt, so können damit alle ihre wissenswerthen Verhältnisse herausgefunden werden. Hier ist sie:

Obgleich die Töne von der 8ten bis 15ten Stufe eben so wie jene von der 1ten bis 8ten Stufe genannt werden und unter sich das gleiche Verhältniss haben, so dient diese Vermehrung doch dazu, alle Verhältnisse sichtbarer darzustellen.

Der Abstand einer Stufe zur nächsten heisst eine S e c u n d e, wie schon oben gezeigt wurde; wird eine Stufe übersprungen, so giebt es eine T e r z; werden zwei Stufen übersprungen, giebt es eine Q u a r t; u. s. w. eine Q u i n t, S e x t, S e p t, O c t a v, N o n, D e z i m e, U n d e z, D u o d e z, T r e d e z, Q u a t u o r d e z, Q u i n t d e z.

Der Abstand eines Tones vom andern heisst im Allgemeinen ein I n t e r v a l l.

### T e r z e n.

Von der 1ten bis 3ten Stufe (bestehend aus zwei grossen Secunden) ist eine g r o s s e Terz.

Von der 2ten bis 4ten Stufe (bestehend aus einer grossen und einer kleinen Secund) ist eine k l e i n e Terz.

Von der 3ten bis 5ten Stufe (bestehend aus einer kleinen und einer grossen Secund) wieder eine k l e i n e Terz.

Von der 4ten bis 6ten Stufe (bestehend aus zwei grossen Secunden) eine g r o s s e Terz.

Von der 5ten bis 7ten Stufe wieder eine g r o s s e Terz.

Von der 6ten bis 8ten Stufe eine k l e i n e Terz.

Von der 7ten bis 9ten Stufe wieder eine k l e i n e Terz.

(Die übrigen sind nur Wiederholungen des Vorigen.)

### Q u a r t e n.

Von der 1ten bis 4ten Stufe (bestehend aus zwei grossen und einer kleinen Secund) ist eine r e i n e Quart.

Von der 2ten bis 5ten Stufe (eben so) eine r e i n e Quart.

Von der 3ten bis 6ten Stufe (eben so) wieder eine r c i n e Quart.

Von der 4ten bis 7ten Stufe (bestehend aus drei grossen Secunden) ist eine ü b e r m ä s s i g e Quart.

Von der 5ten bis 8ten Stufe (bestehend aus zwei grossen und einer kleinen Secund) ist eine r c i n e Quart.

Von der 6ten bis 9ten Stufe (eben so) eine r e i n e Quart, worüber aber in der Folge Bemerkungen.

Von der 7ten bis 10ten Stufe (eben so) eine r c i n e Quart.

(Die übrigen sind nur Wiederholungen des Vorigen.)

### Quinten.

Von der 1ten bis 5ten Stufe (bestehend aus drei grossen und einer kleinen Secund) ist eine r e i n e Quint.

Von der 2ten bis 6ten Stufe (eben so) eine r e i n e Quint, worüber aber in der Folge Bemerkungen.

Von der 3ten bis 7ten Stufe (eben so) eine r e i n e Quint.

Von der 4ten bis 8ten Stufe (eben so) eine r e i n e Quint.

Von der 5ten bis 9ten Stufe (eben so) eine r e i n e Quint.

Von der 6ten bis 10ten Stufe (eben so) eine r e i n e Quint.

Von der 7ten bis 11ten Stufe (bestehend aus zwei grossen und zwei kleinen Secunden) ist eine f a l s c h e oder v e r m i n d e r t e Quint.

(Die übrigen sind nur Wiederholungen des Vorigen.)

### Sexten.

Von der 1ten bis 6ten Stufe (bestehend aus vier grossen und einer kleinen Secund) ist eine g r o s s e Sext.

Von der 2ten bis 7ten Stufe (eben so) eine g r o s s e Sext.

Von der 3ten bis 8ten Stufe (bestehend aus drei grossen und zwei kleinen Secunden) eine k l e i n e Sext.

Von der 4ten bis 9ten Stufe (bestehend aus vier grossen und einer kleinen Secund) eine g r o s s e Sext.

Von der 5ten bis 10ten Stufe (eben so) eine g r o s s e Sext.

Von der 6ten bis 11ten Stufe eine k l e i n e Sext.

Von der 7ten bis 12ten Stufe wieder eine k l e i n e Sext.

(Die übrigen sind nur Wiederholungen.)

### Septen.

Von der 1ten bis 7ten Stufe (bestehend aus fünf grossen und einer kleinen Secund) ist eine g r o s s e Sept.

Von der 2ten bis 8ten Stufe (bestehend aus vier grossen und zwei kleinen Secunden) eine k l e i n e Sept.

Von der 3ten bis 9ten Stufe (eben so) eine k l c i n e Sept.

Von der 4<sup>ten</sup> bis 10<sup>ten</sup> Stufe (bestehend aus fünf grossen und einer kleinen Secund) eine grosse Sept.

Von der 5<sup>ten</sup> bis 11<sup>ten</sup>, von der 6<sup>ten</sup> bis 12<sup>ten</sup> und von der 7<sup>ten</sup> bis 13<sup>ten</sup> Stufe ist überall eine kleine Sept.

(Die übrigen sind nur Wiederholungen.)

### Octaven.

Von der 1<sup>ten</sup> bis 8<sup>ten</sup>, 2<sup>ten</sup> bis 9<sup>ten</sup>, 3<sup>ten</sup> bis 10<sup>ten</sup>, 4<sup>ten</sup> bis 11<sup>ten</sup>, 5<sup>ten</sup> bis 12<sup>ten</sup>, 6<sup>ten</sup> bis 13<sup>ten</sup> und 7<sup>ten</sup> bis 14<sup>ten</sup> Stufe (jede aus fünf grossen und zwei kleinen Secunden bestehend) sind lauter reine Octaven.

### Nonen.

Von der 1<sup>ten</sup> bis 9<sup>ten</sup> Stufe ist eine grosse Non.

Von der 2<sup>ten</sup> bis 10<sup>ten</sup> Stufe eben so.

Von der 3<sup>ten</sup> bis 11<sup>ten</sup> Stufe ist eine kleine Non.

Von der 4<sup>ten</sup> bis 12<sup>ten</sup> Stufe eine grosse.

Von der 5<sup>ten</sup> bis 13<sup>ten</sup> Stufe eine grosse.

Von der 6<sup>ten</sup> bis 14<sup>ten</sup> Stufe eine grosse.

Von der 7<sup>ten</sup> bis 15<sup>ten</sup> Stufe eine kleine Non.

# Stammaccorde.

Es sind zweierlei Stammaccorde: die Dreiklänge und die Septaccorde, deren jeder umgekehrt werden kann.

## I. Dreiklänge.

Grundton, Terz und Quint machen einen Dreiklang.

Ist die 1<sup>te</sup> Stufe Grundton, so ist die 3<sup>te</sup> Stufe deren Terz und die 5<sup>te</sup> Stufe deren Quint. Da die Terz gross und die Quint rein ist, so ist es ein Dur-Dreiklang.

Ist die 2<sup>te</sup> Stufe Grundton, so ist die 4<sup>te</sup> Stufe deren Terz und die 6<sup>te</sup> Stufe deren Quint. Da die Terz klein und die Quint rein ist (worüber später Bemerkungen), so ist es ein Moll-Dreiklang.

Ist die 3<sup>te</sup> Stufe Grundton, so ist die 5<sup>te</sup> Stufe deren Terz und die 7<sup>te</sup> deren Quint; ein Moll-Dreiklang.

Ist die 4<sup>te</sup> Stufe Grundton, so ist die 6<sup>te</sup> Stufe deren Terz und die 8<sup>te</sup> deren Quint; ein Dur-Dreiklang.

Ist die 5<sup>te</sup> Stufe Grundton, so ist die 7<sup>te</sup> Stufe deren Terz und die 9<sup>te</sup> deren Quint; ein Dur-Dreiklang.

Ist die 6<sup>te</sup> Stufe Grundton, so ist die 8<sup>te</sup> Stufe deren Terz und die 10<sup>te</sup> deren Quint; ein Moll-Dreiklang.

Ist die 7<sup>te</sup> Stufe Grundton, so ist die 9<sup>te</sup> Stufe deren Terz und die 11<sup>te</sup> deren Quint. Da die Terz klein und die Quint falsch ist, so ist es ein falscher Dreiklang.

(Das Uebrige ist nur Wiederholung.)

### Umkehrungen der Dreiklänge.

*a)* Sextaccorde. Wenn man die Terz eines Dreiklangs zum Basston nimmt und die Quint und den höher versetzten Grundton als Intervalle desselben rechnet, so entsteht ein Sextaccord, bestehend aus Terz und Sext.

Vom Dreiklang der 1ten Stufe entsteht ein Sextaccord, wenn dessen Terz, die 3te Stufe, als Basston gilt, gegen welchen nun die 5te Stufe eine kleine Terz und die 8te Stufe eine kleine Sext machen.

Vom Dreiklang der 2ten Stufe entsteht ein Sextaccord, wenn dessen Terz, die 4te Stufe, als Basston gilt, gegen welchen die 6te Stufe eine grosse Terz und die 9te eine grosse Sext machen.

Vom Dreiklang der 3ten Stufe, — wenn dessen Terz, die 5te Stufe, als Basston gilt, gegen welchen die 7te Stufe eine grosse Terz und die 10te eine grosse Sext machen.

Vom Dreiklang der 4ten Stufe, wenn dessen Terz, die 6te Stufe, als Bass gilt, gegen welchen die 8te eine kleine Terz und die 11te Stufe eine kleine Sext machen.

Vom Dreiklang der 5ten Stufe, wenn dessen Terz, die 7te Stufe, als Bass gilt, gegen welchen die 9te eine kleine Terz und die 12te Stufe eine kleine Sext machen.

Vom Dreiklang der 6ten Stufe, wenn dessen Terz, die 8te Stufe, als Bass gilt, gegen welchen die 10te Stufe eine grosse Terz und die 13te eine grosse Sext machen. Das Nämliche ist es, wenn der Bass, die 1te Stufe hat, gegen welche die 3te Stufe eine grosse Terz und die 6te eine grosse Sext machen.

Vom Dreiklang der 7ten Stufe, wenn dessen Terz, die 9te Stufe, als Bass gilt, gegen welchen die 11te Stufe eine kleine Terz und die 14te eine grosse Sext machen. Das Nämliche ist es, wenn die 2te Stufe als Bass gilt, gegen welche die 4te Stufe eine kleine Terz und die 7te eine grosse Sext machen.

*b)* Quartsextaccorde. Wenn man die Quint eines Dreiklangs zum Basston nimmt und den höher versetzten Grundton und dessen Terz als Intervalle desselben rechnet, so entsteht ein Quartsextaccord.

Vom Dreiklang der 1ten Stufe entsteht ein Quartsextaccord, wenn dessen Quint, die 5te Stufe, als Bass gilt, wogegen die 8te Stufe eine reine Quart und die 10te eine grosse Sext machen.

Vom Dreiklang der 2ten Stufe, wenn dessen Quint, die 6te Stufe, als Bass gilt, wogegen die 9te Stufe eine reine (?) Quart und die 11te eine kleine Sext machen.

Vom Dreiklang der 3ten Stufe, wenn dessen Quint, die 7te Stufe, als Bass gilt, wogegen die 10te Stufe eine reine Quart und die 12te eine kleine Sext machen.

Vom Dreiklang der 4ten Stufe, wenn dessen Quint, die 8te Stufe, als Bass gilt, wogegen die 11te Stufe eine reine Quart und die 13te eine grosse Sext machen. Das Nämliche ist es, wenn die 1te Stufe als Bass gilt, wogegen die 4te Stufe eine reine Quart und die 6te eine grosse Sext machen.

Vom Dreiklang der 5ten Stufe, wenn dessen Quint, die 9te Stufe, als Bass gilt, wogegen die 12te eine reine Quart und die 14te eine grosse Sext machen. Das Gleiche ist es, wenn die 2te Stufe als Bass gilt, wogegen die 5te Stufe eine reine Quart und die 7te eine grosse Sext machen.

Vom Dreiklang der 6ten Stufe, wenn dessen Quint, die 10te Stufe, als Bass gilt, wogegen die 13te eine reine Quart und die 15te eine kleine Sext machen. Das Gleiche ist es, wenn die 3te Stufe als Bass gilt, wogegen die 6te Stufe eine reine Quart und die 8te eine kleine Sext machen.

Vom Dreiklang der 7ten Stufe, wenn dessen Quint, die 11te Stufe, wofür besser die gleichnamige 4te Stufe, als Bass gilt, gegen welche letztere die 7te Stufe eine übermässige Quart und die 9te eine grosse Sext machen.

## II.  Septaccorde.

Grundton, Terz, Quint und Sept machen einen Septaccord.

Da, wie man hier sieht, ein Septaccord nichts anderes ist, als ein Dreiklang mit einer beigefügten Sept, die Dreiklänge aber bereits erklärt, so wie die Septen auf jeder Stufe bereits gezeigt worden sind, so ist nichts weiter zu bemerken, als dass jedem der sieben Dreiklänge die Sept von derselben Stufe beigefügt werden kann.

Umkehrungen der Septaccorde.

*a)* Quintsextaccorde. Wenn man die Terz eines Septaccordes zum Basston nimmt und die Quint, die Sept und den höher versetzten Grundton als Intervalle desselben rechnet, so entsteht ein Quintsextaccord, bestehend aus Terz, Quint und Sext.

*b)* Terzquartaccorde. Wenn man die Quint eines Septaccordes zum Basston nimmt und die Sept, den höher versetzten Grundton und die höher versetzte Terz als Intervalle desselben rechnet, so entsteht ein Terzquartaccord, bestehend aus Terz, Quart und Sext.

*c)* Secundaccorde. Wenn man die Sept eines Septaccordes als Bass nimmt und den höher versetzten Grundton, die höher versetzte Terz und Quint als Intervalle desselben rechnet, so findet sich ein Secundaccord, bestehend aus Secund, Quart und Sext.

Alle vorstehenden Erklärungen sind so allgemein, dass sie auf alle Dur-Tonleitern angewendet werden können.

In dem Raume der oben gegebenen Notenreihe können auch alle andern Dur-Tonleitern vorgestellt werden, wenn die nöthigen Versetzungszeichen hinzu kommen, nämlich:

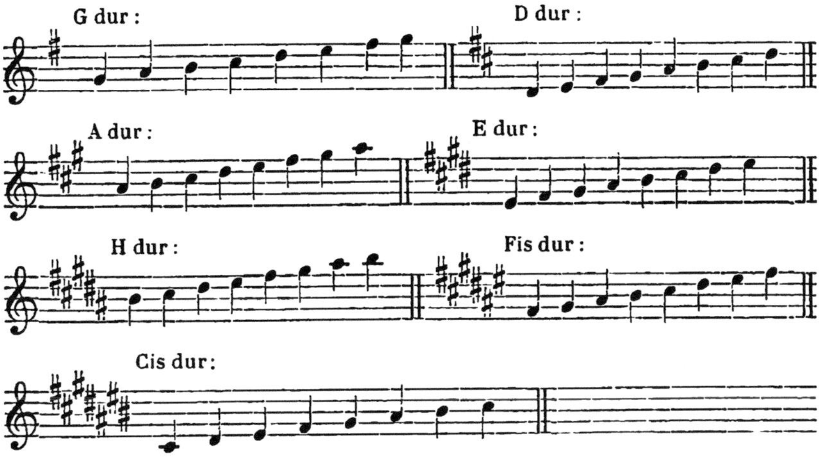


Bei diesen Tonleitern mit Erhöhungszeichen kann bemerkt werden, dass, was bei der C dur Tonleiter 5te, 6te, 7te und 8te Stufe war, bei der G dur Tonleiter zur 1ten, 2ten, 3ten und 4ten Stufe wird; dann, was in G dur die Stufen 5, 6, 7, 8 sind, in D dur die Stufen 1, 2, 3, 4 werden u. s. w., nämlich was in einer Tonleiter die Stufen 5, 6, 7, 8 ausmacht, wird in der nächsten zu den Stufen 1, 2, 3, 4.

Bei diesen Tonleitern mit Erniedrigungszeichen kann bemerkt werden, dass, im Gegentheil mit den vorigen, was in C dur 1te, 2te, 3te und 4te Stufe war, in F dur 5te, 6te, 7te und 8te Stufe wird; dann, was in F dur die Stufen 1, 2, 3, 4 sind, in B dur zu den Stufen

5, 6, 7, 8 werden u. s. w., nämlich was in einer Tonleiter die Stufen 1, 2, 3, 4 ausmacht, wird in der nächsten zu den Stufen 5, 6, 7, 8.

Wenn man einer jeden dieser Tonleitern noch eine Octav, entweder oben oder unten, anfügt, so können alle in der C dur Tonleiter angegebenen Verhältnisse auch in jeder Dur-Tonleiter anschaulich gemacht werden.

Uebrigens wird im ersten Theile nur von der C dur Tonleiter gehandelt, und das Uebersetzen in die andern Dur-Tonleitern muss dem Schüler überlassen werden, was er aber nicht unterlassen darf, weil sonst der Tonwechsel und alles Folgende nicht aufgefasst werden könnte.

# Erster Theil.

## Diatonisches Fortschreiten in der Dur-Tonleiter.

## § 1.

Um die Gesetze der Harmonie in der Dur-Tonleiter am einfachsten aufzufassen, nimmt man die C dur Tonleiter zur Grundlage. Wie aus den Elementarkenntnissen bekannt ist, erhalten von dieser Tonleiter die Intervalle, die Accorde und die erst abzuhandelnde Folge derselben die erste und natürlichste Bestimmung.

Man findet in dieser Tonleiter, wie gezeigt wurde, 2 kleine und 5 grosse Secunden, 4 kleine und 3 grosse Terzen, 6 reine Quarten (worunter eine bedenkliche) und eine übermässige Quart, 6 reine Quinten (worunter eine bedenkliche) und eine falsche Quint, 3 kleine und 4 grosse Sexten, 5 kleine und 2 grosse Septen und lauter reine Octaven.

Unter den zweierlei Stammaccorden sind 3 Dur- und 3 Moll-Dreiklänge (worunter ein bedenklicher) und ein falscher Dreiklang zu finden, nämlich: die Dur-Dreiklänge auf der 1ten, 4ten und 5ten Stufe; die Moll-Dreiklänge auf der 2ten, 3ten und 6ten Stufe (worunter jener auf der 2ten Stufe der bedenkliche ist), und der falsche (verminderte) Dreiklang auf der 7ten Stufe. Da die Septaccorde, als die zweiten Stammaccorde, nur auf Dreiklängen beruhen, welchen die Sept beigefügt wird, so erhält man:

auf der 1ten und 4ten Stufe Septaccorde, bestehend aus einem Dur-Dreiklang und einer grossen Sept; auf der 5ten Stufe einen Septaccord, bestehend aus einem Dur-Dreiklang und einer kleinen Sept; auf der 2ten, 3ten und 6ten Stufe Septaccorde, bestehend aus einem Moll-Dreiklange und einer kleinen Sept; endlich auf der 7ten Stufe einen Septaccord, bestehend aus einem falschen Dreiklange und einer kleinen Sept.

Sext- und Quartsextaccorde als erste und zweite Umkehrungen des Dreiklangs sind so viele, als Dreiklänge sind, nämlich sieben.

Quintsext-, Terzquart- und Secundaccorde als erste, zweite und dritte Umkehrungen des Septaccordes sind so viele, als es Septaccorde giebt, nämlich wieder sieben.

Die Consonanzen (Wohlklänge) entwickeln sich aus dem Dur- und Moll-Dreiklange und deren Umkehrungen.

Im Dur-Dreiklang ist eine grosse Terz und reine Quint; seine erste Umkehrung ist ein Sextaccord mit kleiner Terz und kleiner

Sext; seine zweite Umkehrung ist ein Quartsextaccord mit reiner Quart und grosser Sext.

Im Moll-Dreiklang ist eine kleine Terz und reine Quint; seine erste Umkehrung ist ein Sextaccord mit grosser Terz und grosser Sext; seine zweite Umkehrung ist ein Quartsextaccord mit reiner Quart und kleiner Sext.

Also sind gegen den Grundton einzeln genommen folgende Consonanzen: die grosse und kleine Terz, die reine Quart, die reine Quint, die kleine und grosse Sext, die reine Octav und der reine Einklang. Die grosse und kleine Dezime haben gleiche Natur mit der grossen und kleinen Terz.

Die D i s s o n a n z e n (Uebelklänge) zeigen sich bei dem falschen Dreiklange und dessen Umkehrungen und bei den Septaccorden und deren Umkehrungen.

Beim falschen Dreiklang ist die falsche Quint die Dissonanz; bei seiner ersten Umkehrung ist es die Terz und bei seiner zweiten ist es der Basston.

Bei den Septaccorden überhaupt ist die Sept die Dissonanz, bei den Quintsextaccorden (erste Umkehrung) ist es die Quint, bei den Terzquartaccorden (zweite Umkehrung) ist es die Terz, und bei den Secundaccorden (dritte Umkehrung) ist es der Basston.

Darum sind bei dem Septaccord der 7ten Stufe zwei Dissonanzen, nämlich die falsche Quint und die Sept; eben so bei seiner ersten Umkehrung, dem Quintsextaccord der 2ten Stufe, nämlich die Terz und Quint; eben so bei seiner zweiten Umkehrung, dem Terzquartaccord der 4ten Stufe, nämlich der Bass und die Terz; eben so bei seiner dritten Umkehrung, dem Secundaccord der 6ten Stufe, nämlich der Bass und die Sext. (Das Uebrige später.)

## § 2.

Der wichtigste Accord ist der Dreiklang auf der 1ten Stufe, welche auch T o n i c a oder H a u p t t o n genannt wird, weil auf denselben alles Uebrige bezogen werden muss und Alles nur mit ihm geendet werden kann, so wie auch dieser Accord am besten und natürlichsten im Anfange vorkommt.

Der diesem an Wichtigkeit zunächst steht, ist der Dreiklang und der Septaccord der 5ten Stufe, welche auch D o m i n a n t oder r e i n e O b e r q u i n t des Haupttons genannt wird, weil er unmittelbar zur Tonica zurückführt und darum als vorletzter Accord vorkommt.

Der Dreiklang der 4ten Stufe, welche U n t e r d o m i n a n t oder r e i n e U n t e r q u i n t des Haupttons genannt wird, ist der dritte der wichtigen Accorde, weil man auch von ihm zum Dreiklang der Tonica zurückgehen kann.

Ueberhaupt ist der Dreiklang der Tonica mit dem Dreiklange oder Septaccord der 5ten oder mit dem Dreiklang der 4ten Stufe in Wechselwirkung. Z. B.

Stufen: I V I V̇ I IV I V̇ I. In Noten so:

Die Moll-Dreiklänge werden entweder *a*) unter die wichtigeren Dur-Dreiklänge gemischt, und zwar am besten insofern man von den Dur-Dreiklängen um eine Terz herab springt, nämlich vom Dur-Dreiklang der 5ten zum Moll-Dreiklang der 3ten, vom Dur-Dreiklang der 1ten zum Moll-Dreiklang der 6ten, vom Dur-Dreiklang der 4ten zum Moll-Dreiklang der 2ten Stufe; oder *b*) es werden die Moll-Dreiklänge so geordnet, dass sie einen ähnlichen Fall wie der Schluss machen, nämlich eine Quint abwärts oder, was einerlei ist, eine Quart aufwärts, und zwar nach dem Moll-Dreiklange der 3ten jenen der 6ten, dann jenen der 2ten; dann folgt in der nämlichen Ordnung der Dur-Dreiklang oder der Septaccord der 5ten, sodann der Dreiklang der 1ten Stufe. Z. B. in Noten:

Dem falschen Dreiklange der 7ten Stufe geht am besten der Dur-Dreiklang der 4ten oder der Moll-Dreiklang der 2ten Stufe voraus. Z. B.

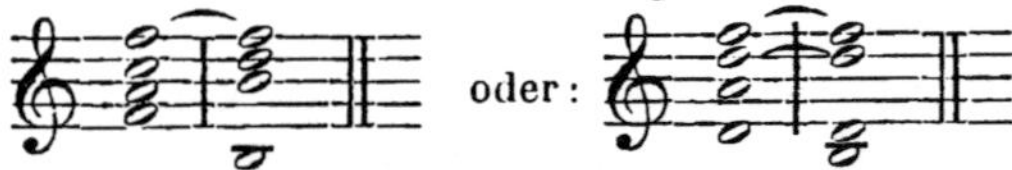


Und nun ist die Möglichkeit gegeben, die sieben Dreiklänge der Dur-Tonleiter in einer dem Schlussfall ähnlichen Ordnung, wo das Fundament um eine Quint abwärts oder eine Quart aufwärts springt, folgen zu lassen, nämlich:

Dreiklang der 1ten Stufe, jener der 4ten, der 7ten, der 3ten, der 6ten, der 2ten, der 5ten, der 1ten Stufe. Z. B.

Diese Ordnung hat das Gute, dass die Quint jedes folgenden Dreiklangs vorbereitet ist, indem die Octav des vorausgehenden Dreiklangs zur Quint wird.

### § 3.

Hier ist der Ort, zu erwähnen, dass der **vierstimmige** Satz der gewöhnlichste ist und dass die oberste Stimme **Sopran**, die nächste darunter **Alt**, die nächste unter dieser **Tenor** und die tiefste **Bass** genannt wird; obschon auch öfters mehrstimmige Beispiele vorkommen müssen. Die Regeln für den Bass sind die strengsten, besonders wenn man nebst den Stammaccorden, d. i. nebst den Dreiklängen und Septaccorden, auch deren Umkehrungen oder Verwechslungen gebrauchen will. Um hierin richtig verfahren zu können, ist es nöthig, sich bei jedem Schritte den Stammaccord vorzustellen; also braucht man ausser dem Bass, welchen man hören lassen will, zur richtigen Vorstellung noch einen tieferen, welcher die Fundamentaltöne oder die Grundtöne der Stammaccorde enthält, welchen man daher **Fundamentalbass** nennt.

### § 4.

Insofern der Satz nicht gekünstelt, sondern natürlich ist, hat der Bass beim Sextaccord die Terz des Fundamentes, beim Quartsextaccord die Quint des Fundamentes; beim Quintsextaccord wieder die Terz, beim Terzquartaccord wieder die Quint desselben und beim Secundaccord hat er die Sept des Fundamentes. Beim Dreiklang und beim Septaccord ist der Bass mit dem Fundamente gleich.

*a)* Das Fundament und die Terz bedürfen keiner Vorbereitung und keiner Auflösung, darum kann man zu ihnen und von ihnen gehen und springen. Darum sind Dreiklänge und Sextaccorde die brauchbarsten Accorde.

*b)* Bei der Quint muss entweder sie selbst oder der Ton, wogegen sie eine Quint macht, vorbereitet sein und eines davon stufenweise weiter gehen. Darum muss beim Quartsextaccord der Bass oder die Quart vorbereitet sein und sodann eines der beiden stufenweise weiter gehen, wenn nicht beide noch bleiben. Ist aber die Quint falsch, so muss sie selbst vorbereitet sein und dann entweder sogleich um eine Stufe herab gehen oder zuvor noch Sept werden. Die Anwendung auf den Quartsextaccord, wenn der Bass selbst die falsche Quint hat, ist sonach leicht zu machen.

*c)* Die Sept muss vorbereitet sein und hernach stufenweise herab gehen; darum muss beim Secundaccord der Bass vorbereitet sein und hierauf um eine Stufe herab gehen.

Wenn mit allen Stimmen so streng verfahren wird, wie mit dem Basse, so wird auch jede Stimme fähig, durch Umkehrung Bass zu werden, was zum Wesen des doppelten Contrapunctes gehört. Wenn es sich aber um den gewöhnlichen Gebrauch handelt, so haben die beiden mittleren Stimmen manche Freiheit, die der Sopran und Bass

nicht haben dürfen; aber sogar der Sopran hat mehr Freiheit in der
Fortschreitung, als der Bass.

Viele Componisten haben die gute Fortschreitung des Basses
durch gute Muster erlernt, ohne sich darüber bestimmte Rechenschaft
geben zu können, warum es gerade so sein müsse. Da aber zugleich
die Componisten auch neue Wendungen der Harmonie suchten, so
musste es endlich dahin kommen, dass eine strengere Prüfung nothwendig wurde, um das Gute und Brauchbare vom Verwerflichen unterscheiden zu können.

## § 5.

Die Forderungen an einen guten vierstimmigen Satz sind unge-
fähr folgende:

1. Jede Stimme soll eine von den andern verschiedene Fortschreitung haben, womit das Fortschreiten in Octaven und Einklängen ausgeschlossen wird.

2. Je zwei nach einander folgende Stammaccorde sollen eine
natürliche Beziehung zu einander haben, wobei sich ergiebt, dass
bei einigen die Beziehung enger als bei andern ist. Zwei Stammaccorde beziehen sich gut auf einander, wenn die Quint des zweiten vorbereitet ist; dieser Fall tritt ein, wenn der Fundamentalbass um eine Terz fällt, oder wenn er um eine Quart steigt, was
ebensoviel ist, als wenn er um eine Quint fällt. Wenn der Fundamentalbass um eine Terz oder Quint steigt, welches letztere
ebensoviel ist, als wenn er um eine Quart fällt, so ist die Octav
des zweiten Accordes vorbereitet, welches in einigen Fällen eine
gute Beziehung hat, in manchen aber nicht genügt, wovon später.

3. Bei jeder Accordfolge soll wenigstens eine Stimme eine
melodische, das heisst stufenweise Fortschreitung haben. Haben
zwei Stimmen zugleich stufenweise Fortschreitungen, so geschieht
es entweder in der entgegengesetzten oder in der geraden Bewegung; in der letzten ist es am natürlichsten und besten, wenn sie
Terzen oder Sexten zusammen machen. Haben drei Stimmen zugleich stufenweise Fortschreitungen, so gehen entweder zwei in
der entgegengesetzten Bewegung und die dritte mit einer der vorigen in der geraden Bewegung; oder es gehen alle drei in der geraden Bewegung, wo der beste Fall ist, wenn mit der untersten dieser
drei Stimmen die mittlere Terzen und die obere Sexten macht, wo
also die oberen unter sich Quarten machen. Ein bedenklicherer Fall
ist, wenn mit der untersten dieser drei Stimmen die nächst obere
eine Quart und die oberste eine Sext macht; diese unterste Stimme
kann aber nicht der Bass, sondern muss (im vierstimmigen Satze)
der Tenor sein, denn der Bass ist in diesem Falle verpflichtet, Ge-

genbewegung mit den drei übrigen Stimmen zu machen. Der fehlerhafteste Fall wäre, wenn bei zwei stufenweise fortschreitenden Stimmen die obere gegen die untere Quinten machen würde.

Alles, was hier von stufenweiser Fortschreitung in der geraden Bewegung gesagt wurde, kann auch bei springender Fortschreitung Anwendung finden.

Bemerkenswerth ist noch, wenn die eine Stimme sich stufenweise und die andere sich in der gleichen Richtung sprungweise bewegt, oder wenn die eine einen grösseren Sprung als die andere in der gleichen Richtung macht. Hier ist besonders auf das letzte Intervall bei zwei nach einander folgenden zu sehen, welches die beiden Stimmen zu einander haben; ist es eine Terz oder Sext, so ist es am besten; ist es aber eine Quart, Quint oder Octav, so können es nur besondere Umstände entschuldigen, wovon später.

## Vom Schlussfalle.

### § 6.

Der Schritt vom Septaccord der 5$^{ten}$ zum Dreiklang der 1$^{ten}$ Stufe wird Schlussfall genannt und ist der wichtigste unter allen musikalischen Schritten, welcher vielen andern zum Muster dient. Er geschieht folgenderweise:

1. Diejenige Stimme, welche bei dem Septaccord der 5$^{ten}$ Stufe den Grundton hat, springt in den Grundton des Dreiklangs der 1$^{ten}$ Stufe, entweder um eine Quint herab oder um eine Quart hinauf. Darum nennt man dieses die Fundamentalstimme oder den Fundamentalbass.

2. Diejenige Stimme, welche beim Septaccord der 5$^{ten}$ Stufe die Sept hat, geht um eine Stufe abwärts in die Terz des Dreiklangs der 1$^{ten}$ Stufe; dieses ist eine melodische Fortschreitung.

3. Diejenige Stimme, welche beim Septaccord der 5$^{ten}$ Stufe die Terz hat, geht um eine Stufe aufwärts in die Octav des Dreiklangs der 1$^{ten}$ Stufe; ist also wieder eine melodische Fortschreitung.

4. Diejenige Stimme, welche beim Septaccord der 5$^{ten}$ Stufe die Quint hat, geht am besten eine Stufe abwärts in die Octav oder nach Bedürfniss eine Stufe aufwärts in die Terz des Dreiklangs der 1$^{ten}$ Stufe. Beides sind melodische Fortschreitungen.

5. Diejenige Stimme, welche beim Septaccord der 5$^{ten}$ Stufe die Octav hat, bleibt als Quint des Dreiklangs der 1$^{ten}$ Stufe, ist also das harmonische Bindungsmittel für beide Accorde.

Der Schlussfall kann auch vom Dreiklang (statt des Septaccordes) der 5$^{ten}$ zu jenem der 1$^{ten}$ Stufe geschehen, wobei nichts verändert ist, als dass die Sept der 5$^{ten}$ Stufe wegbleibt und entweder dafür die Octav genommen wird, welche sodann um eine Terz herab springt, oder dass die Quint der 5<sup>ten</sup> Stufe steigt, um die Terz des Dreiklangs der 1<sup>ten</sup> Stufe zu bekommen. Z. B.

Mit weniger Stimmen:

Hier einige Beispiele mit Verwechslungen der beiden Accorde. Die unten beigefügten Buchstaben bedeuten das Fundament.

Ist der gänzliche Schluss nicht beabsichtigt, so kann die Terz der 5<sup>ten</sup> Stufe, statt in die Octav der 1<sup>ten</sup> Stufe zu gehen, in die Terz derselben springen. Z. B.

Mit Verwechslungen:

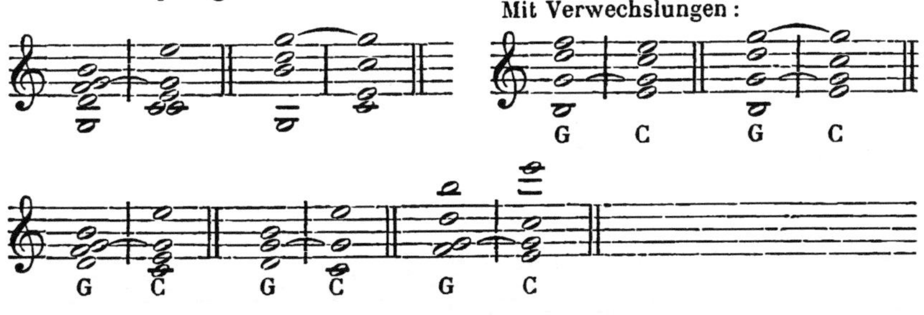


## § 7.

Dem Schlussfall sind folgende Schritte nachgebildet:

a) Vom Dreiklang oder Septaccord der 1<sup>ten</sup> Stufe zum Dreiklang der 4<sup>ten</sup> Stufe.
b) Vom — — — 2<sup>ten</sup> — — 5<sup>ten</sup> —
c) Vom — — — 3<sup>ten</sup> — — 6<sup>ten</sup> —
d) Vom — — — 4<sup>ten</sup> — — 7<sup>ten</sup> —
e) Vom — — — 6<sup>ten</sup> — — 2<sup>ten</sup> —
f) Vom — — — 7<sup>ten</sup> — — 3<sup>ten</sup> —

Alle diese dem Schlussfall nachgebildeten Schritte sind unvollkommener als der eigentliche Schlussfall, mit welchem allein geschlossen werden kann. Hier die Beispiele:

Dem Schlussfall müssen auch die Schritte nachgebildet werden, die mit dem Fundamente eine Stufe zu steigen scheinen. Um zum Beispiel den Schritt vom Dreiklang der 1ten zu jenem der 2ten Stufe naturgemäss zu machen, muss dazwischen der Septaccord der 6ten Stufe entweder wirklich gemacht oder hinein gedacht werden.

In Noten in C dur so :　　　　oder mit Verschweigung des zweiten Fundamentes so :

C　A　D

Also gehört auch entweder zu machen oder hinein zu denken :

a) Zwischen dem Dreikl. der 2ten u. jenem der 3ten Stufe den Septacc. der 7ten.
b) Zwischen　—　—　3ten　—　4ten　—　—　1ten.
c) Zwischen　—　—　4ten　—　5ten　—　—　2ten.
d) Zwischen　—　—　5ten　—　6ten　—　—　3ten.
e) Zwischen　—　—　6ten　—　7ten　—　—　4ten.
f) Zwischen　—　—　7ten　—　8ten　—　—　5ten.

Mit Verschweigung des zweiten Fundamentes, welches unten mit Buchstaben ausgedrückt ist, so :

D　H　E　　E　C　F　　F　D　G　　G　E　A

A　F　H　　H　G　C

## § 8.

Die **Kette** aller Septaccorde der Dur-Tonleiter nach einander beruht auch auf der natürlichen Ordnung der dem Schlussfall ähnlichen Schritte. Man beginnt mit dem besten der Septaccorde, nämlich mit jenem der 5ten Stufe, und lässt statt des Dreiklangs den Septaccord der 1ten Stufe folgen, wozu weiter nichts Neues gehört, als dass die Terz der 5ten Stufe nicht steigt, sondern als Sept der 1ten Stufe bleibt. Der Septaccord der 1ten Stufe wird sodann statt in den Dreiklang der 4ten, in den Septaccord derselben Stufe übergehen. Dann folgt der Septaccord der 7ten, dann jener der 3ten, dann jener der 6ten, dann jener der 2ten, dann jener der 5ten Stufe, welcher sich nach langer Unruhe nun in den Dreiklang der 1ten Stufe auflöset.

$$\overset{7}{V} \quad \overset{7}{I} \quad \overset{7}{IV} \quad \overset{7}{VII} \quad \overset{7}{III} \quad \overset{7}{VI} \quad \overset{7}{II} \quad \overset{7}{V} \quad \overset{3}{I}.$$ In dieser Kette sind ausser der ersten Sept auf der 5ten Stufe, welche die Freiheit hat, unvorbereitet einzutreten, alle folgenden Septen gehörig vorbereitet und aufgelöset worden, wie man in folgendem fünfstimmigen Beispiele sehen kann.

## § 9.

Daraus lässt sich auch erkennen, dass wo der Fundamentalbass von einem Dreiklang zu einem Septaccord um eine Stufe zu steigen scheint auch ein nachgebildeter Schlussfall zum Grunde liegt. Um zum Beispiel den Schritt vom Dreiklang der 4ten zum Septaccord der 5ten Stufe naturgemäss zu machen, muss der Septaccord der 2ten Stufe dazwischen entweder wirklich gemacht oder hinein gedacht werden, wie hier zu sehen:

oder mit Verschweigung des zweiten Fundamentes so:

Also gehört auch entweder zu machen oder hinein zu denken:

a) Zwischen d. Dreikl. der 1ten u. d. Septacc. der 2ten Stufe d. Septacc. der 6ten.
b) Zwischen — — 2ten — — 3ten — — 7ten.
c) Zwischen — — 3ten — — 4ten — — 1ten.
d) Zwischen — — 5ten — — 6ten — — 3ten.
e) Zwischen — — 6ten — — 7ten — — 4ten.
f) Zwischen — — 7ten — — 8ten — — 5ten.

Mit Verschweigung des zweiten Fundamentes, welches unten mit Buchstaben
ausgedrückt ist, so:

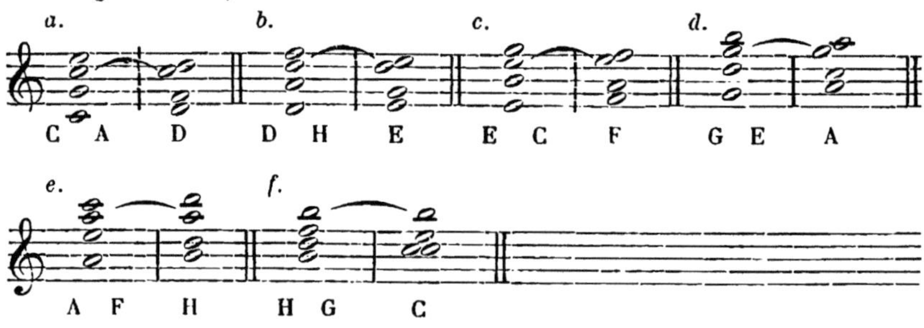


## § 10.

Die Vorbereitung der Sept erschien bereits auf dreierlei Art:
erstens durch die Terz des vorigen Fundamentes, wenn dasselbe um
eine Quart hinauf oder um eine Quint herab springt; zweitens durch
die Quint des vorigen Fundamentes, wenn dasselbe um eine Terz abwärts oder um eine Sext aufwärts springt; drittens scheinbar durch
die Octav des vorigen Fundamentes, wenn dasselbe um eine Stufe zu
steigen scheint, in Wahrheit aber, weil der dazwischen liegende
Septaccord im Fundamente dazu gerechnet werden muss, wieder
durch die Terz des Fundamentes, wie man aus den zuletzt gegebenen
Notenbeispielen sehen kann.

## § 11.

Nun zur durchgehenden Sept. — Nach jedem Dreiklange
kann auf derselben Stufe ein Septaccord folgen, wenn die Octav des
ersteren um eine Stufe in die Sept herab geht; die übrigen Antheile
bleiben am natürlichsten an demselben Platze (a.), obgleich es nicht
verwehrt ist, dass eine andere Octav zu gleicher Zeit in die Terz oder
Quint desselben Fundamentes hinauf springt, oder dass die Terz in
die Quint hinauf springt (b.). Z. B.

Die Beispiele bei *b.* haben das nämliche Fundament wie bei *a.*

Wenn das Fundament zuerst einen Terzsprung hinauf und dann noch eine Stufe hinauf zu gehen scheint, so gelten nur zwei Fundamente, nämlich das erste und letzte, und die scheinbare Quint des zweiten Accordes ist eigentlich nur durchgehende Sept, wozu das eben gehabte Beispiel als Erklärung dienen mag, indem es mit dem hier folgenden verglichen wird.

Zur Uebung möge auch folgendes Beispiel dienen:

## § 12.

Bevor das Weitere gezeigt werden kann, ist es nöthig, von der Beschränkung zweier Dreiklänge in der Dur-Tonleiter zu sprechen.

Von einem derselben, nämlich vom Dreiklang der 7ten Stufe mit der falschen Quint, war schon die Rede, dass entweder der Dreiklang der 4ten oder jener der 2ten Stufe vorhergehen müsse, damit die falsche Quint vorbereitet werde; nun setzen wir hinzu, dass nach diesem falschen Dreiklang entweder der Dreiklang oder der Septaccord der 3ten Stufe folgt, damit die falsche Quint um eine Stufe herab gehen könne, oder es kann der Septaccord der 5ten Stufe folgen, in welchem Falle die falsche Quint zur Sept wird, welche sich sodann aufzulösen hat.

Nun muss aber noch vom Dreiklang der 2<sup>ten</sup> Stufe gesprochen werden, von welchem man die Quint ebenfalls vorbereitet (weil sie aus mathematischen Gründen als Quint nicht die vollkommene Reinheit hat). Wenn der Dreiklang der 4<sup>ten</sup> oder jener der 6<sup>ten</sup> Stufe vorangeht, so findet sich die Quint der 2<sup>ten</sup> Stufe vorbereitet, welche Schritte bereits § 2 unter die guten gezählt wurden. Nach dem Dreiklang der 2<sup>ten</sup> Stufe folgt sodann der Septaccord oder der Dreiklang der 5<sup>ten</sup> Stufe, damit die Quint der 2<sup>ten</sup> Stufe zur Auflösung um eine Stufe herab gehen könne, oder es folgt der Septaccord der 7<sup>ten</sup> Stufe, wo die Quint der 2<sup>ten</sup> Stufe zur Sept wird, welche sich sodann auflösen muss. Damit will nicht gesagt sein, dass die Quint der 2<sup>ten</sup> Stufe gar nicht aufwärts gehen könne. Sie kann aufwärts gehen, wenn der Septaccord der 5<sup>ten</sup> Stufe darauf folgt, wo eine andere Stimme ihre eigentliche Auflösung übernehmen kann. (Näheres über den Dreiklang der 2<sup>ten</sup> Stufe im Anhang.)

## § 13.

Früher (§ 5) war die Rede, dass die Schritte des Fundamentalbasses in die Oberquint oder Oberterz nicht jederzeit eine gute Beziehung haben. Eine gute Beziehung können aber in dieser Fortschreitung die Dreiklänge der 7<sup>ten</sup> und 2<sup>ten</sup> Stufe nicht haben; denn will man *a*) vom Dreiklang der 7<sup>ten</sup> Stufe eine Quint mit dem Fundamente steigen, so kommt man zum Dreiklang der 4<sup>ten</sup> Stufe, wo also die falsche Quint, statt herab gehen zu können, als Octav bleiben müsste (wohlgemerkt: zur Sept der 5<sup>ten</sup> Stufe darf sie wohl werden, weil man da die Auflösung im Geiste voraussieht; aber wenn sie zur Octav würde, wäre die Auflösung der falschen Quint in Gefahr, vergessen zu werden); und wenn man vom Dreiklang der 7<sup>ten</sup> Stufe eine Terz steigen will, so kommt man zum Dreiklang der 2<sup>ten</sup> Stufe, wo also die falsche Quint, statt herab gehen zu können, als Terz bleiben müsste und überdies die Quint der 2<sup>ten</sup> Stufe nicht vorbereitet wäre.

Will man *b*) vom Dreiklang der 2<sup>ten</sup> Stufe eine Quint steigen, so kommt man zum Dreiklang der 6<sup>ten</sup> Stufe, wo also die Quint der 2<sup>ten</sup> Stufe, statt herab gehen zu können oder Sept der 7<sup>ten</sup> Stufe zu werden, als Octav bleiben müsste; und wenn man vom Dreiklang der 2<sup>ten</sup> Stufe um eine Terz steigen will, so kommt man zum Dreiklang der 4<sup>ten</sup> Stufe, wo abermals die Quint der 2<sup>ten</sup> Stufe, statt herab zu gehen oder Sept der 7<sup>ten</sup> Stufe zu werden, zur Terz werden müsste. (Zwar scheint das § 11 gegebene Notenbeispiel, wo der Dreiklang der 4<sup>ten</sup> zwischen jenem der 2<sup>ten</sup> und 5<sup>ten</sup> Stufe steht, dieser Strenge zu widersprechen, aber die vorausgegangene Erklärung wird zeigen, dass dort der Dreiklang der 4<sup>ten</sup> Stufe als Durchgang angesehen wird. Ebenso wird der Dreiklang der 2ten Stufe zwischen jenem der 7ten und 3ten Stufe im letzten Beispiele des § 11 nur als Durchgang angesehen.)

Ferner kann c) nach dem Dreiklang der 3ten Stufe jener der 7ten nicht folgen, weil die falsche Quint auf der 7ten Stufe keine Vorbereitung hat.

Ebenso kann d) nach dem Dreiklang der 5ten Stufe jener der 2ten nicht folgen, weil die nicht vollkommen reine Quint der 2ten Stufe nicht vorbereitet ist.

(In § 25 wird das Scheinbare solcher hier als unrichtig angegebenen Schritte auf ihre eigentliche Bedeutung zurückgeführt werden.)

## § 14.

Es bleiben also von den Schritten des Fundamentes in die O b e r - q u i n t nur folgende richtige :

Vom Dreiklang der 1ten zu jenem der 5ten Stufe,
vom — 4ten — 8ten oder 1ten Stufe,
vom — 6ten — 3ten Stufe.

Von den Schritten des Fundamentes in die O b e r t e r z bleiben folgende richtige :

Vom Dreiklang der 4ten zu jenem der 6ten Stufe,
vom — 6ten — 8ten Stufe,
vom — 1ten — 3ten Stufe,
vom — 3ten — 5ten Stufe.

Hier die dazu gehörigen Beispiele in C dur :

Hier folgen noch zur Uebung Beispiele mit Verwechslungen dieser Dreiklänge, wobei das Fundament unten mit Buchstaben angedeutet ist.

## § 15.

Alle bisherigen Untersuchungen sollten hauptsächlich dazu dienen, die möglichen Fortschreitungen des Fundamentes genau festsetzen und von andern, untergeordneten Fortschreitungen unterscheiden zu können. Zu diesem Behufe sollen alle Stammaccorde der Dur-Tonleiter noch einmal gemustert werden.

*a*) Ganz reine, d. h. keiner Vorbereitung oder Auflösung bedürftigen Accorde sind die Dreiklänge der 1ten, 5ten, 4ten, 6ten und 3ten Stufe.

*b*) Solche, welche wegen ihrer Quint allein eine Vorbereitung und Auflösung bedürfen, sind die Dreiklänge der 7ten und 2ten Stufe.

*c*) Ein einziger Septaccord, welcher die Vorbereitung nicht nothwendig bedarf, ist der Septaccord der 5ten Stufe; aber aufgelöset muss er werden.

*d*) Bei allen übrigen Septaccorden muss die Sept entweder vorbereitet werden oder nach der Octav desselben Grundtons durchgehend erscheinen und hernach sich auflösen.

## § 16.

Vom Dreiklang der 1ten Stufe eröffnen sich folgende Fundamentalwege: in den Dreiklang oder Septaccord der 4ten Stufe, in den Dreiklang oder Septaccord der 5ten Stufe, in den Dreiklang oder Septaccord der 6ten Stufe und in den Dreiklang der 3ten Stufe. Z. B.

Vom Dreiklang der 5ten Stufe hat man nur folgende Fundamentalwege: in den Dreiklang oder Septaccord der 1ten und in den Dreiklang oder Septaccord der 3ten Stufe. Z. B.

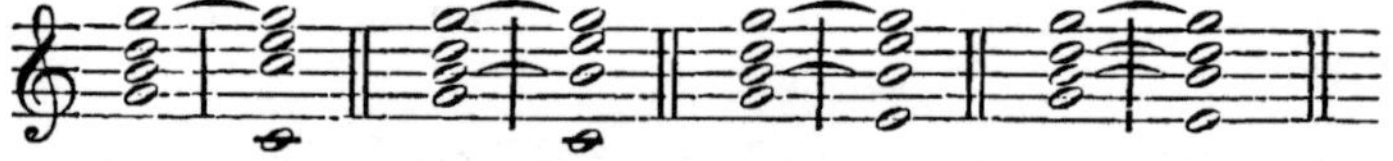

Vom Dreiklang der 4ten Stufe hat man die Fundamentalfortschreitungen: in den Dreiklang oder Septaccord der 7ten, in den Dreiklang der 1ten, in den Dreiklang oder Septaccord der 2ten und in den Dreiklang der 6ten Stufe. Z. B.

Vom Dreiklang der 2$^{\text{ten}}$ Stufe hat man nur folgende Fundamentalwege: in den Dreiklang oder Septaccord der 5$^{\text{ten}}$ und in den Septaccord der 7$^{\text{ten}}$ Stufe.  Z. B.

Vom Dreiklang der 6$^{\text{ten}}$ Stufe hat man die Fundamentalwege: in den Dreiklang oder Septaccord der 2$^{\text{ten}}$ Stufe, in den Dreiklang oder Septaccord der 4$^{\text{ten}}$, in den Dreiklang der 3$^{\text{ten}}$ und in den Dreiklang der 1$^{\text{ten}}$ Stufe. Z. B.

Vom Dreiklang der 3$^{\text{ten}}$ Stufe hat das Fundament folgende Wege: in den Dreiklang oder Septaccord der 1$^{\text{ten}}$, in den Dreiklang oder Septaccord der 6$^{\text{ten}}$ und in den Dreiklang oder Septaccord der 5$^{\text{ten}}$ Stufe. Z. B.

Vom Dreiklang der 7$^{\text{ten}}$ Stufe hat das Fundament nur folgende Wege: in den Dreiklang oder Septaccord der 3$^{\text{ten}}$ und in den Septaccord der 5$^{\text{ten}}$ Stufe.  Z. B.

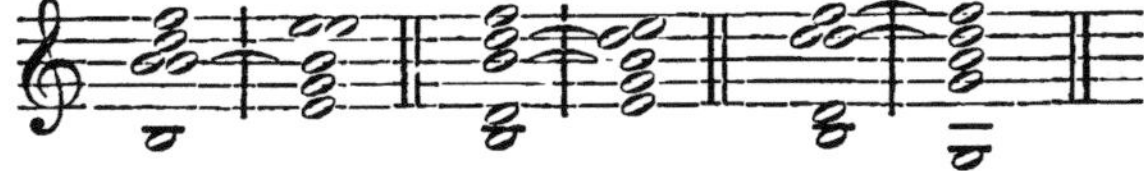

## § 17.

Vom Septaccord der 5$^{\text{ten}}$ Stufe eröffnen sich folgende Fundamentalwege: der bessere in den Dreiklang oder Septaccord der 1$^{\text{ten}}$ Stufe; der künstlichere (der seine Erklärung in § 19 findet) in den Dreiklang oder Septaccord der 3$^{\text{ten}}$ Stufe (aber mit der gehörigen Beschränkung, dass nicht beide der sich folgenden Accorde Stammaccorde sein können, welche Beschränkung auch in der Folge, wo vom künstlichen Wege die Rede ist, zu gelten hat). Z. B.

Vom Septaccord der 2$^{\text{ten}}$ Stufe hat man die Fundamentalwege: der bessere in den Dreiklang oder Septaccord der 5$^{\text{ten}}$ Stufe, der künstlichere in den Septaccord der 7$^{\text{ten}}$ Stufe. Z. B.

Vom Septaccord der 6<sup>ten</sup> Stufe sind folgende Wege des Fundamentes: der bessere in den Dreiklang oder Septaccord der 2<sup>ten</sup> Stufe, der künstlichere in den Dreiklang oder Septaccord der 4<sup>ten</sup> Stufe. Z. B.

Vom Septaccord der 3<sup>ten</sup> Stufe folgende: der bessere in den Dreiklang oder Septaccord der 6<sup>ten</sup> Stufe, der künstlichere in den Dreiklang oder Septaccord der 1<sup>ten</sup> Stufe. Z. B.

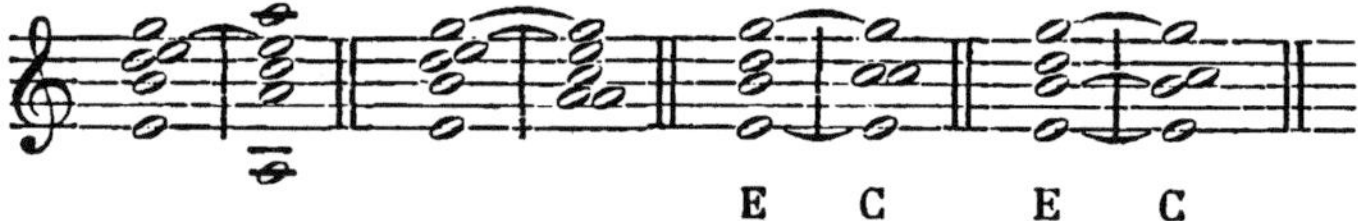

Vom Septaccord der 7<sup>ten</sup> Stufe folgende: der bessere in den Dreiklang oder Septaccord der 3<sup>ten</sup> Stufe, der künstlichere in den Septaccord der 5<sup>ten</sup> Stufe. Z. B.

Vom Septaccord der 4<sup>ten</sup> Stufe folgende: der bessere in den Dreiklang oder Septaccord der 7<sup>ten</sup> Stufe, der künstlichere in den Dreiklang oder Septaccord der 2<sup>ten</sup> Stufe. Z. B.

Vom Septaccord der 1<sup>ten</sup> Stufe folgende: der bessere in den Dreiklang oder Septaccord der 4<sup>ten</sup> Stufe, der künstlichere in den Dreiklang oder Septaccord der 6<sup>ten</sup> Stufe. Z. B.

## § 18.

Die Eigenschaften einer Fundamentalfortschreitung sind:

1. Dass wenigstens ein gemeinschaftlicher Ton bei zwei nach einander folgenden Accorden sei, und zwar *a)* wenn die Octav oder

die Terz des ersten zur Quint des zweiten wird, oder *b*) wenn die Quint oder die Terz des ersten zur Octav des zweiten wird. (Siehe § 5.)

2. (Wodurch das Vorige noch beschränkt wird) dass die Dissonanzen, wozu auch die Quint der 2ten Stufe gehört (§ 12), gehörig vorbereitet und aufgelöset werden können, wobei die Quinten der 7ten und 2ten Stufe nur die Freiheit haben, erst noch zur Sept des nächsten Fundamentes zu werden.

Alles dieses wurde in den Fundamentalwegen (§ 16 und 17) beobachtet.

Alle diejenigen Schritte, welche die eben bemerkten Eigenschaften nicht haben, sind keine Fundamentalschritte, sondern durch Auslassung des Fundamentaltones (§ 7 und 9) oder durch Vorhalte oder durch Durchgänge bewirkte Veränderungen derselben, wie nun gezeigt werden soll.

§ 19.

Vorhalt ist eine Verzögerung der natürlichen melodischen Auflösung, welche bekanntlich stufenweise geschieht, und wird vorzüglich bei solchen Antheilen des Accordes, welche bestimmt sind, um eine Stufe abwärts zu gehen, angewandt, und zwar:

1. Wenn der Fundamentalbass um eine Quint abwärts oder, was einerlei ist, um eine Quart aufwärts springt und der erste Accord ein Septaccord ist, dann sind die Sept und Quint bestimmt, stufenweise abwärts zu gehen; werden nun diese beiden noch aufgehalten, nachdem bereits der zweite Grundton eingetreten ist, so machen sie zu diesem die Undezime (Quart) und Non, welche sodann in die Dezime (Terz) und Octav herab gehen. Z. B.

Grund der Benennung Non und Undez ist, dass die Non wenigstens der neunte Ton über dem Grundton und die Undez wenigstens der neunte Ton über der Terz sein muss, wie in den vorhergehenden Beispielen zu sehen ist.

2. Wenn der Fundamentalbass um eine Quart abwärts oder, was einerlei ist, um eine Quint aufwärts springt und beide Accorde Dreiklänge sind, dann sind die Octav und Terz des ersten Accordes diejenigen, welche melodisch um eine Stufe abwärts gehen; werden

nun diese beiden noch aufgehalten, nachdem bereits der zweite Fundamentalton eingetreten ist, so machen sie zu diesem die Undez (Quart) und Tredez (Sext), welche sodann in die Dez (Terz) und Duodez (Quint) herab gehen. Z. B.

Grund der Benennung Tredezime ist, weil sie wenigstens der neunte Ton über der Quint sein muss.

Besser ist es noch, beim Gebrauch der Undez die Terz gar auszulassen, so wie es besser ist, die Quint wegzulassen, wenn die Tredez gebraucht wird.

Aufwärts gehende Vorhalte kommen im freien Satze vor, wenn der Fundamentalbass um eine reine Quart hinauf oder, was einerlei ist, um eine reine Quint hinab springt und der erste ein Dur-Accord ist, dessen grosse Terz um eine kleine Secund aufwärts zu gehen bestimmt ist und dessen reine Quint ebenfalls die Freiheit hat, aufwärts zu gehen; werden nun diese beiden noch aufgehalten, nachdem bereits der zweite Fundamentalton eingetreten ist, so wird die grosse Terz zur grossen Sept, welche sodann in die Octav hinauf geht, und die reine Quint wird zur grossen Non, welche in die Dez steigt. Z. B.

Dass die als aufgehaltener Leitton vorkommende grosse Sept etwas Anderes ist, als die Sept eines selbstständigen Septaccordes, braucht kaum erinnert zu werden.

Die aufwärts gehenden Vorhalte können im mehrstimmigen Satze zugleich mit den abwärts gehenden vorkommen. Z. B.

Man merkt bei den abwärts gehenden Vorhalten, als den gebräuch-
lichsten, dass die Non eine Zeit lang die Stelle der Octav einnimmt,
bis sie endlich in dieselbe übergeht; dass die Undez eine Zeit lang
die Stelle der Dez (Terz) einnimmt und sich hernach in diese auflöset, und dass die Tredez eine Weile die Stelle der Duodez (Quint)
einnimmt, wohin sie sich auch auflösen muss.

Wenn man, wie zuvor erwähnt, bei dem Gebrauch der Undez
die Terz (gegen welche sie eine Non macht) weglässt, so wird erstere
gewöhnlich als Quart bezeichnet, welche dann in die Terz übergeht
(a.). Wenn man bei dem Gebrauch der Tredez die Quint (gegen welche
sie eine Non macht) weglässt, so wird erstere gewöhnlich als Sext bezeichnet, die in die Quint übergeht (b.). Wenn man bei dem Doppel-
vorhalte Undez und Tredez die Terz und Quint weglässt, so bezeichnet man erstere gewöhnlich als Quart und Sext, welche in die Terz
und Quint übergehen (c.).

Hier kann man sehen, was § 4 gemeint war, wo vom natürlichen und gekünstelten Satze gesprochen wurde, denn bei b. erschien
eben ein gekünstelter Sextaccord und bei c. ein gekünstelter Quartsextaccord.

Wenn der Fundamentalbass um eine Quart aufwärts springt
und der zweite Accord ein Septaccord sein soll, so wird, insofern die
Quint des ersten Accords noch aufgehalten wird, nachdem bereits
der zweite Fundamentalton eingetreten ist, dieselbe zur Non, wo-

durch nebst der Terz, Quint und Sept auch die Non zugleich gehört wird, welche letztere sodann in die Octav herab geht. Z. B.

Es ist jetzt möglich zu zeigen, dass man der hier als willkührlich angebrachten Non, die eigentlich nur das Eintreten der Octav verzögert, eine, zwar uneigentliche, Selbstständigkeit beilegen kann, indem man den Zusammenklang von Grundton, Terz, Quint, Sept und Non einen Septnonaccord nennt.

Wenn im letzten Beispiel beim Septnonaccord der Grundton weggelassen wird, so scheint es, nach dem Septaccord der 7ten Stufe folge die erste Verwechslung des Septaccords der 5ten Stufe. Dieser Umstand führt eine nothwendige Bemerkung herbei, die nicht früher gemacht werden konnte, dass nämlich nach jedem Septaccorde das Fundament um eine Terz fallen könne, wodurch die Sept zur Non, die Quint zur Sept, die Terz zur Quint und der Grundton zur Terz bei dem neuen Fundamente werden; wenn sich dann die Non in die Octav auflöset, so erscheint ein neuer Septaccord. Z. B.

Wenn in diesem Beispiel beim zweiten Tacte die Fundamentalstimme wegbleibt, so erscheint nach der Harmonie des Septaccordes der 5ten Stufe sogleich jene des Septaccordes der 3ten Stufe, und dieses wurde § 17 der künstliche Fundamentalweg genannt, wonach die Anwendung auf ähnliche Fälle leicht zu machen ist.

§ 20.

## Verzögerung der natürlichen Auflösung der Non.

Bis jetzt wurde die Non bei demselben Fundamente in die Octav aufgelöset; nun soll gezeigt werden, wie sie sich erst bei dem nächsten Fundamente in die Quint auflösen kann. Dazu gehören zwei Fundamentalfortschreitungen, und zwar die erste, um die Non als Stellvertreterin der Octav vorzubereiten, und die zweite, um diese Non, statt dieselbe noch beim zweiten Fundamente in die Octav, in die Quint des dritten Fundamentes aufzulösen. Z. B.

Wenn die Non in die Quint des nächsten Fundamentes aufgelöset wird, so ist die Quint, welche mit der Non zugleich ist, einer Beschränkung benöthigt, besonders dann, wenn die Lage des Accordes so gestellt ist, dass die Non über der Quint zu stehen kommt; die Non muss nämlich nothwendig herab gehen; würde nun die darunter stehende Quint auch abwärts gehen, so kämen zwei Quinten nach einander zum Vorschein, welches bereits § 5 als fehlerhaft angezeigt wurde. Darum ist es in diesem Falle nöthig, dass die Quint, wenn sie rein ist, um eine Stufe aufwärts geht, wie im letzten Beispiele im letzten Tacte. Sonst, besonders wo die mit der Non zugleich sich auflösende Quint unrein oder falsch ist, sucht man die Lage des Accordes so heraus zu bringen, dass die Non unter der Quint zu stehen komme, damit, wenn die Non mit der Quint zugleich abwärts geht, nur Quarten herauskommen mögen. Z. B.

Aus dieser Auflösung der Non in die Quint des folgenden Fundamentes entspringen auch die scheinbaren Schritte in die Obersecunde von einem Septaccord zu einem Dreiklang oder wieder zu einem Septaccorde. Um den Schritt vom Septaccord der 4<sup>ten</sup> zum Dreiklang oder Septaccord der 5<sup>ten</sup> Stufe naturgemäss zu machen, muss der Septnonaccord der 2<sup>ten</sup> Stufe dazwischen entweder wirklich gemacht oder hinein gedacht werden. Z. B.

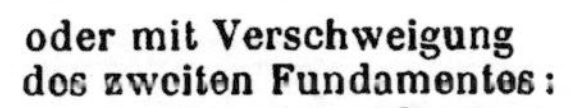

Also gehört auch zu machen oder hinein zu denken:

a) Zwischen dem Septaccord der 1<sup>ten</sup> und dem Dreiklang oder Septaccord der 2<sup>ten</sup> Stufe den Septnonaccord, als Stellvertreter des Septaccordes, der 6<sup>ten</sup> Stufe.

b) Zwischen dem Septaccord der 2<sup>ten</sup> und dem Dreiklang oder Septaccord der 3<sup>ten</sup> den Septnonaccord der 7<sup>ten</sup> Stufe.

*c)* Zwischen dem Septaccord der 3ten und dem Dreiklang oder Septaccord der 4ten den Septnonaccord der 1ten Stufe.

*d)* Zwischen dem Septaccord der 5ten und dem Dreiklang oder Septaccord der 6ten den Septnonaccord der 3ten Stufe.

*e)* Zwischen dem Septaccord der 6ten und dem Dreiklang oder Septaccord der 7ten den Septnonaccord der 4ten Stufe.

*f)* Zwischen dem Septaccord der 7ten und dem Dreiklang oder Septaccord der 1ten den Septnonaccord der 5ten Stufe.  Z. B.

## § 21.

Um die scheinbaren Schritte in die Untersecunde mit zwei Dreiklängen möglichst naturgemäss zu machen, bedient man sich des Mittels, die Quint des ersten Dreiklangs als Non, die Terz desselben als Sept und den Grundton und dessen Verdoppelung als Quinten zu betrachten, welches sodann ein unvollständiger Septnonaccord ist, welchem die Terz und der Fundamentalton fehlen. Darum muss z. B. der Dreiklang der 2ten Stufe, bevor er, nicht in den Dreiklang der 1ten

Stufe selbst, sondern nur in dessen erste Umkehrung, in den Sextaccord der 3ten Stufe, übergehen kann, als unvollständiger Septnonaccord der 5ten Stufe betrachtet werden. Z. B.

Die Lage des ersten Dreiklangs ist jedoch so zu nehmen, dass die
Quint, welche als Non angesehen wird, nicht in die oberste Stimme
komme, weil sonst Quinten unvermeidlich wären, und dass sie ebensowenig in den Bass komme, weil sonst gegen den Bass Quarten unvermeidlich wären. (Man sehe § 4 über die Vorbereitung des Quart-
sextaccordes.) Der Bass kann also vom ersten Dreiklang nur den
Grundton, welcher als Quint, oder die Terz, welche als Sept des
Septnonaccordes angesehen wird, nehmen, wie hier zu sehen:

Als Folgerung des eben gezeigten Schrittes zeigt sich auch:

a) Der Dreiklang der 3ten Stufe und seine erste Verwechslung müssen, bevor sie in den Sextaccord der 4ten Stufe übergehen
können, als unvollständiger Septnonaccord der 6ten Stufe angesehen werden.

b) Der Dreiklang der 5ten Stufe und seine erste Verwechslung müssen, bevor sie in den Sextaccord der 6ten Stufe übergehen
können, als unvollständiger Septnonaccord der 1ten Stufe angesehen werden.

c) Der Dreiklang der 1ten Stufe und seine erste Verwechslung müssen, bevor sie in den Sextaccord der 2ten Stufe übergehen
können, als unvollständiger Septnonaccord der 4ten Stufe angesehen
werden.

d) Der Dreiklang der 7ten Stufe und seine erste Verwechslung müssen, bevor sie in den Sextaccord der 1ten Stufe übergehen
können, als unvollständiger Septnonaccord der 3ten Stufe angesehen
werden. Z. B.

Die noch übrigen Schritte dieser Art haben noch mehr Beschränkung und können nur dreistimmig richtig ausgeübt werden, und man kann 1. nicht vom Dreiklang der 4ten zum Sextaccord der 5ten Stufe kommen, weil ersterer als unvollständiger Septnonaccord der 7ten Stufe angesehen werden muss und der Bass, der die falsche Quint der 7ten Stufe vorstellt, kein Recht hat, aufwärts zu gehen und abwärts deswegen nicht gehen darf, weil sonst zwei Quinten unvermeidlich wären. Es wird also statt des Dreiklangs der 4ten Stufe dessen erste Umkehrung, der Sextaccord der 6ten Stufe, genommen, der sodann in den Sextaccord der 5ten Stufe übergeht. Also:

2. kann man nicht wohl vom Dreiklang der 6ten zum Sextaccord der 7ten Stufe übergehen, weil ersterer als unvollständiger Septnonaccord der 2ten Stufe angesehen werden muss und der Bass, der die nicht vollkommen reine Quint der 2ten Stufe vorstellt, kein volles Recht hat, aufwärts zu gehen und abwärts deswegen nicht gehen darf, weil sonst zwei Quinten unvermeidlich wären. Es wird also am richtigsten statt des Dreiklangs der 6ten Stufe dessen erste Verwechslung, der Sextaccord der 4ten (8ten) Stufe, genommen, der sodann in den Sextaccord der 7ten Stufe übergeht. Also:

Inwiefern und unter welchen Bedingungen gewisse Freiheiten stattfinden können, ist hier noch nicht der Ort.

Aehnlich scheinende, aber eine ganz andere Bedeutung habende Schritte, welche dem in diesem § Gesagten widersprechen, finden sich § 28.

## § 22.

Doppelte und letzte Verzögerung der Auflösung der Non.

Diese besteht darin, dass sie sich nicht einmal sogleich bei dem Eintritt des nächsten Fundamentes in die Quint auflöset, sondern bei diesem erst noch als Tredez (Sext) aufgehalten wird, welche sich so—

dann erst in die Duodez (Quint) auflöset. Z. B. wenn das Fundament von der 5ten Stufe in die 1te übergeht:

Der letzte Fall, wo das Fundament verschwiegen ist, bringt den Schein hervor, es sei nach dem Septaccord der 7ten Stufe die erste Umkehrung des Dreiklangs der 6ten Stufe gefolgt, bevor der Dreiklang der 1ten Stufe sich hören lässt. Aber auch jetzt wird man verstehen, was § 4 gleich anfangs gesagt wurde; denn unser jetziger Satz ist wahrlich schon gekünstelt, und daher ist der Bass im letzten Beispiel beim scheinbaren Septaccord kein Fundament, sondern die Terz, und beim Sextaccord ist er nicht wie bei einem natürlichen Satze die Terz eines Fundamentes, sondern das Fundament selbst.

Die Folgerungen aus diesem Beispiel sind nach allem Bisherigen leicht zu machen.

Nebst der doppelt verzögerten Auflösung der Non kann zugleich auch die Auflösung der Sept verzögert werden, und zwar, wenn die nämliche Fortschreitung des Fundamentes wie im vorigen Beispiel genommen wird, auf folgende Weise:

Der letzte Fall, wo das Fundament verschwiegen ist, bringt den Schein hervor, es sei nach dem Septaccord der 7ten Stufe die zweite Verwechslung des Dreiklangs der 4ten Stufe gefolgt, bevor der Dreiklang der 1ten Stufe sich hören lässt; aber der Bass ist beim scheinbaren Septaccord kein Fundament, sondern die Terz, und beim scheinbaren Quartsextaccord ist er nicht wie bei einem natürlichen Satze die Quint eines Fundamentes, sondern hier das Fundament selbst.

Die Folgerungen aus diesem Beispiele für ähnliche Fortschreitungen ergeben sich nach allem Bisherigen von selbst.

§ 23.

Während der Dauer eines und desselben Fundamentalaccordes können die Stimmen ihre Antheile vertauschen. Die angenehmste Vertauschung ist, wenn diejenige Stimme, welche den Grundton hat, auf die Terz springt, während die andere, welche die Terz hat, auf den Grundton springt (*a.*). Die nächste daran ist, wenn diejenige Stimme, welche die Terz hat, auf die Quint springt, während die andere, welche die Quint hat, auf die Terz springt (*b.*). Die nächste daran ist, wenn die Stimme, welche den Grundton hat, auf die Terz springt, während die andere, welche die Octav hat, auf die Quint springt (*c.*). Ebenso rückwärts (*d.*). Die nächste daran ist, wenn von zwei Stimmen, welche jede die Quint haben, die eine in die Octav und die andere in die Terz springt (*e.*). Ebenso rückwärts (*f.*). Die nächste daran ist, wenn von zwei Stimmen, welche jede die Terz haben, die eine in die Quint und die andere in den Grundton springt (*g.*). Ebenso rückwärts (*h.*). Die letzte ist, wenn diejenige Stimme, welche den Grundton hat, in die Quint springt, während die andere, welche die Quint hat, in den Grundton springt (*i.*). Ebenso wenn statt des Grundtons die Octav ist (*k.*).

Nun einige Vermischungen:

## § 24.

Bei jedem Sprunge können bei diesen Vertauschungen melodische Fortschreitungen angebracht werden, indem man 1. zwischen
einem jeden Terzsprung die dazwischen liegende Stufe, die aber
nicht zum Accord gehört und deswegen D u r c h g a n g genannt wird,
hören lässt, womit also statt des Terzsprunges zwei stufenweise Fortschreitungen gemacht werden; z. B.

2. indem man zwischen einem Quartsprung die zwei dazwischen
liegenden Stufen, die aber nicht zum Accorde gehören und deswegen D u r c h g ä n g e genannt werden, hören lässt, womit also statt des
Quartsprunges drei stufenweise Fortschreitungen herauskommen.
Z. B.

Folgende Beispiele zeigen die Anwendung dieser Durchgänge im
vierstimmigen Satze.

Bis jetzt wurde die Anwendung der Durchgänge beim Dreiklang
gezeigt; nun sollen sie auch beim Septaccord in Anwendung kommen, wobei weiter nichts Neues vorkommt, als dass die Sept während der Vertauschung der übrigen Antheile des Accordes stehen
bleibt, wie in folgenden vierstimmigen Beispielen zu sehen ist.

In allen diesen Beispielen sind die zwischen dem Anfang des ersten und dem Anfang des dritten Viertheils des Tactes erscheinenden zufälligen Accorde als unwesentlich zu betrachten.

## § 25.

Nun soll auch die Anwendung der Durchgänge bei dem Falle, wo die Octav des Dreiklangs in die Sept des Septaccordes derselben Stufe übergeht, gezeigt werden. In § 11 ist bereits gezeigt worden, dass zugleich eine andere Octav um eine Terz hinauf springen kann; hier setzen wir noch dazu, dass — unter Bedingungen — zugleich die Terz einen Terzsprung in die Octav herab machen kann. Z. B.

Bei den Vertauschungen ohne Durchgänge zeigt es sich, dass die Sept mit der Octav zugleich eintritt, welches zwar hier beim Septaccord der 5ten Stufe erlaubt ist, aber bei den übrigen Stufen eine zu grosse Härte verursachen würde: darum nimmt man bei derlei Vertauschungen lieber auch die Durchgänge dazu, damit die Sept nicht mit der Octav zugleich einzutreten nöthig habe. Folgendes längere Beispiel wird es deutlich machen, und zwar erscheint es zuerst einfach, dann mit Vertauschungen, wo einige Härten vorkommen; zuletzt mit Durchgängen bei der Vertauschung, wo die Härten gemildert werden.

Im 1ten, 5ten, 7ten, 11ten und 15ten Tact scheint ein Widerspruch gegen die Grundsätze in § 13 zu sein, aber das dritte Viertheil dieser Tacte ist nur ein Durchgang und gehört nicht zur Wesenheit.

Wenn in dem Augenblicke, als die Octav in die Sept herab geht, zugleich mit den übrigen Durchgängen die Quint sich um eine Stufe herab bewegt, um sogleich wieder zurückzukehren, so muss gesorgt werden, dass die Octav höher stehe als die Quint, wie in folgendem Beispiele bei *a.* und *b.*; im entgegengesetzten Falle entstehen Fehler, nämlich Quinten in gerader Bewegung, wie bei *c.*

Um vorstehende Erklärung desto besser zu verstehen, wird angemerkt, dass dieses Beispiel abermals nur eine weitere Veränderung des ersten in diesem § gegebenen Beispiels vorzustellen hat.

§ 26.

Ueber die **zurückkehrenden** Durchgänge, wovon bereits ein Muster im letzten Beispiel des vorigen § vorkam, ist noch folgendes Nähere zu sagen: Während der Dauer eines und desselben Fundamentes können sich einzelne Antheile desselben um eine Stufe auf- oder abwärts bewegen, um sogleich wieder auf ihren früheren Platz zurückzugehen, z. B. bei dem Dreiklang der 1<sup>ten</sup> Stufe auf folgende Weise:

Wenn zwei Stimmen zugleich zurückkehrende Durchgänge machen, so müssen sie in der geraden Bewegung in Terzen oder Sexten gehen, oder in der Gegenbewegung, wie in folgenden Beispielen.

Zurückkehrende Durchgänge mit drei Stimmen zugleich sehe man in folgenden Beispielen.

Man kann übrigens bemerken, dass bei diesen zwei- und dreifachen Durchgängen das zweite Viertheil jedes Tactes aus einem mit dem Dreiklang der Tonica verwandten Accorde herrühre, und zwar aus dem Septaccord oder Septnonaccord der $5^{ten}$, und eines aus dem Dreiklang der $4^{ten}$ Stufe.

## § 27.

Als Fortsetzung des in § 25 berührten Durchganges ist noch zu erwähnen, dass zugleich, indem die Octav in die Sept herab geht, auch die Dez in die Non desselben Fundamentes herab gehen kann, wonach die Sept in die Terz und die Non in die Quint des folgenden Fundamentes herab gehen. Z. B.

Wenn die Non, wie in vorstehenden Beispielen, über der Quint steht und in die Quint des nächsten Fundamentes herab geht, so muss, wie bereits bekannt, die Quint des ersten Fundamentes aufwärts gehen, welches auch in allen vier Fällen geschehen konnte, weil jedes Mal die Quinte rein war. Ist aber die Quint des ersten Fundamentes unrein oder gar falsch, wie in folgenden Beispielen, so muss sie höher stehen als die Non, damit wenn diese, wie billig, zugleich fallen, nicht Quinten, sondern nur Quarten entstehen mögen.

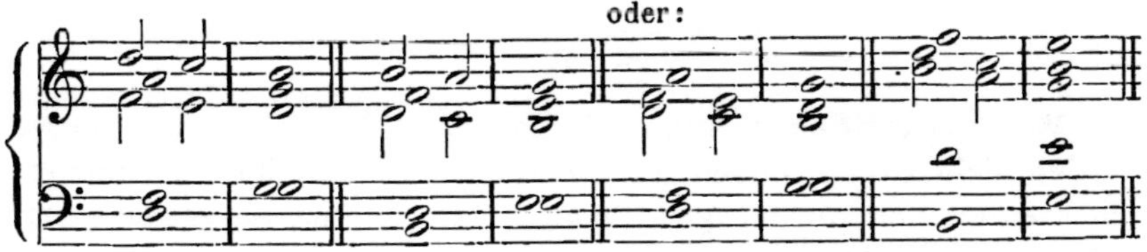


Wenn die Quint über der Non steht, so können alle derlei Gänge ohne Unterschied gebraucht werden, hiernach kann dann auch die Quint fallen, ob sie rein oder nicht rein ist.

Im vierstimmigen Satze wird die Fundamentalstimme bei diesen Gängen gewöhnlich weggelassen; im dreistimmigen sogar die untere

Terz des Fundamentes. Im letzteren Falle müssen die zwei letzten
Beispiele so aussehen:

Ohne Fundament enthalten diese dreistimmigen Sätze einen
scheinbaren Widerspruch mit den in § 13 gegebenen Grundsätzen;
aber die scheinbare A moll Harmonie gehört zum Fundamente D, und
die scheinbare F dur Harmonie zum Fundamente H.


## § 28.

Alle bisher gezeigten Durchgänge waren regelmässig, und zwar
sowohl jene, die während der Dauer eines und desselben Fundamentes statthaben, als auch diejenigen, welche unmittelbar vor dem Eintritt eines neuen Fundamentes erscheinen. Unregelmässig heisst
der Durchgang, welchen man, statt vor dem Eintritt des neuen Fundamentes, erst bei dem Eintritt desselben erscheinen lässt; wie man
bei Vergleichung der folgenden Sätze sehen kann.

Hier tritt also beim unregelmässigen Durchgange die Undez unvorbereitet ein, beim letzten Beispiele auch die Tredez. Dass man
die Lage wohl zu wählen habe, damit hierbei keine Quinten entstehen, versteht sich von selbst.


## § 29.

Wenn zwei Stimmen in gerader Bewegung Octaven machen, so
werden nicht zwei Stimmen gerechnet, sondern nur eine verdoppelte;
daher kann man nicht sagen, man habe vierstimmig geschrieben,
wenn zwei dieser Stimmen in Octaven oder, was ebensoviel ist,
in Einklängen gehen, wie bereits § 5 gesagt wurde; man nennt dieses offenbare Octaven.

Wenn zwei Stimmen in gerader Bewegung das erste Mal ein anderes Intervall, das zweite Mal aber eine Octav machen, so kommen
verdeckte Octaven heraus. Um dieses zu begreifen, braucht man

nur die folgenden Beispiele mit der Variation zu vergleichen, wo die verdeckten Octaven zu offenbaren werden. Jede Variation besteht nämlich hier darin, dass die Stimme, welche den Sprung hat, den ersten Ton nicht vollkommen aushält, sondern in der Zwischenzeit die dazwischen liegenden Stufen ausfüllt, wonach unmittelbar vor dem Ziele zwei Octaven sich offenbaren.

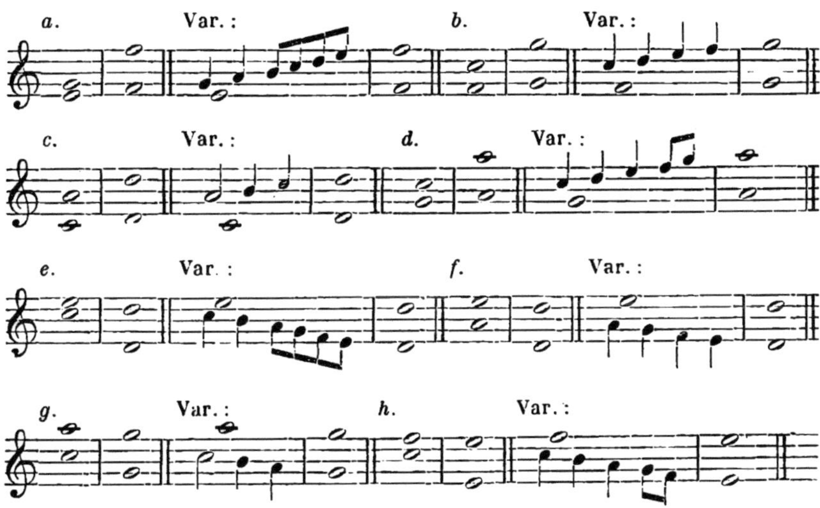

Nun können aber beide Stimmen in gerader Bewegung auch sprungweise fortschreiten, nur kann die eine einen grösseren Sprung als die andere machen, wo ebenfalls verdeckte Octaven herauskommen, wenn sie das letzte Mal eine Octav zusammen machen. Z. B.

Die verdeckten Octaven sind zwar alle im schlechten Credit, aber sie können und dürfen durchaus nicht alle vermieden werden, wenn nicht auch die natürlichsten Gänge in der Musik verworfen werden sollen. Von dem Verbote sind namentlich auszunehmen:

*a)* Diejenigen, welche entstehen, wenn das Fundament um eine Quint fällt und zugleich die Quint des ersteren um eine Stufe in die Octav des zweiten Fundamentes herab geht;

*b)* diejenigen, welche dadurch entstehen, dass das Fundament um eine Quart steigt, während die Terz des ersteren um eine Stufe in die Octav des zweiten Fundamentes steigt (§ 6); z. B.

wobei jedoch zu bedingen ist, dass dieses nicht im zweistimmigen strengen Satze geschehe, weil sonst die verdeckten Octaven zu leer da stehen würden, sondern nur bei mehreren Stimmen, welche mit den übrigen harmonischen Antheilen das Leere ausfüllen können, und dass bei der springenden Stimme der Sprung nicht ausgefüllt werde. Z. B.

## § 30.

Wenn zwei Stimmen in gerader Bewegung r e i n e  Q u i n t e n nach einander machen, so gehört dieses unter die im schlechtesten Credit stehenden Fortschreitungen, wo also wirklich nichts verloren ist, wenn man diese o f f e n b a r e n Quinten vermeidet. (§ 5.)

Wenn zwei Stimmen in gerader Bewegung zwar das erste Mal ein anderes Intervall, aber das zweite Mal eine Quint machen, so nennt man dieses v e r d e c k t e Quinten, welche bei der Variation zu offenbaren werden. Z. B.

Alle verdeckten Quinten ohne Unterschied zu verbieten ist nicht möglich, wenn nicht mehrere natürliche Accordfolgen wegfallen sollen. Von dem Verbote sind namentlich auszunehmen:

*a)* Diejenigen, welche entstehen, wenn das Fundament um eine Quart fällt, während die Terz des ersteren um eine Stufe in die reine Quint des zweiten Fundamentes herab geht;

*b)* diejenigen, welche entstehen, wenn das Fundament um eine reine Quint steigt und zugleich die Octav des ersteren in die reine Quint des zweiten Fundamentes aufwärts geht; sogar noch

*c)* welche entstehen, wenn die Terz des ersten Fundamentes um eine Terz aufwärts in die Octav des zweiten springt, während die Octav des ersten Fundamentes in die reine Quint des zweiten aufwärts geht; z. B.

wobei jedoch zu bedingen ist: 1. dass dieses nicht im zweistimmigen strengen Satze geschehe, weil sonst die verdeckten Quinten zu leer klingen würden, sondern nur bei mehreren Stimmen, damit man die beiden Accorde vollständig hören könne; 2. dass bei der springenden Stimme der Sprung nicht ausgefüllt werde. Z. B.

Endlich *d)* werden ebenfalls verdeckte Quinten erlaubt, wenn ein und derselbe Accord in andere Lagen versetzt oder umgewendet wird. Z. B.

## § 31.

Unregelmässige Fortschreitungen der Stimmen sind nur unter gehörigen Einschränkungen gestattet. Hier einige der bekannteren.

I. Wenn die Sept, statt regelmässig zu fallen, um eine Stufe steigt. Diese Freiheit bei den schlussfallähnlichen Schritten findet nie in der Bassstimme statt und wird auch bei den übrigen Stimmen nur unter folgenden Bedingungen gestattet:

a) dass das Fundament nicht gehört wird, also die Sept nicht als solche vernommen werden kann; b) dass eine andere Stimme, am gewöhnlichsten der Bass, denjenigen Ton nimmt, wohin die Sept eigentlich hätte gehen sollen; c) dass eine solche Stellung genommen wird, worin die steigende Terz des ersten (unhörbaren) Fundamentes in eine höhere Stimme zu stehen komme als die unregelmässig steigende Sept, damit nur Quarten, nicht aber, wie im entgegengesetzten Falle, Quinten entstehen mögen. Z. B.

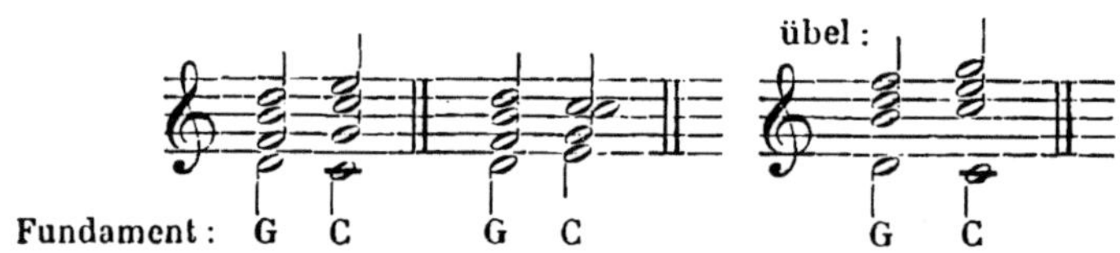


Unter obigen Bedingungen kann auch eine steigende Sept mit einer fallenden zugleich vorkommen. Z. B.

II. Wenn die Terz bei den schlussfallähnlichen Schritten, statt um eine Stufe zu steigen oder als Sept zu bleiben, oder statt in die Terz des nächsten Fundamentes zu springen (welches alles regelmässig ist), in die Quint des nächsten Fundamentes entweder einen Terzsprung abwärts oder einen Sextsprung aufwärts macht. Auch diese Freiheit findet in der Bassstimme nicht statt, und auch bei den übrigen Stimmen kann sie nur unter folgenden Bedingungen statthaben:

a) es muss der Sprung von der Terz des ersten Fundamentes in die Quint des nächsten, wenn er um eine Terz abwärts geschieht, in einer tieferen Stimme vorkommen, als wo die regelmässige Fortschreitung des Fundamentes um eine Quint abwärts in das nächste Fundament und als wo die regelmässige Fortschreitung der Quint des ersten in die Octav des zweiten Fundamentes vorkommt, weil man sonst in der geraden Bewegung zu Quinten gelangen würde; z. B.

*b)* ebenfalls, um nicht in der geraden Bewegung zu Quinten zu gelangen, muss der Sprung von der Terz des ersten Fundamentes in die Quint des zweiten, wenn er um eine Sext aufwärts geschieht, in einer tieferen Stimme vorkommen, als wo die regelmässige Fortschreitung des Fundamentes um eine Quart aufwärts und als wo die regelmässige Fortschreitung der Terz des ersten Fundamentes in die Octav des zweiten vorkommt. Z. B.

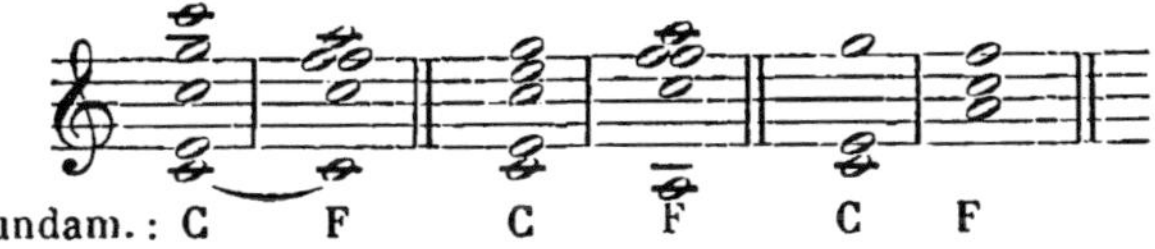


III. Wenn die Quint bei schlussfallähnlichen Schritten, statt, wie es regelmässig wäre, um eine Stufe in die Octav des nächsten Fundamentes zu fallen oder um eine Stufe in die Terz des nächsten Fundamentes zu steigen, — entweder um eine Quint abwärts oder um eine Quart aufwärts in die Quint des nächsten Fundamentes springt. Auch diese Freiheit hat die Bassstimme nicht, und auch in den übrigen Stimmen kann sie nur unter folgenden Bedingungen angewendet werden:

*a)* es muss der Sprung von der Quint des ersten Fundamentes in die Quint des zweiten, wenn er um eine Quint abwärts geschieht, in einer tieferen Stimme vorkommen, als wo die regelmässige Fortschreitung des Fundamentes um eine Quint abwärts und als wo die regelmässige Fortschreitung der Quint des ersten Fundamentes in die Octav des zweiten vorkommt; z. B.

*b)* es muss der Sprung von der Quint des ersten Fundamentes in die Quint des zweiten, wenn er um eine Quart aufwärts geschieht, in einer tieferen Stimme vorkommen, als wo die regelmässige Fortschreitung des Fundamentes um eine Quart aufwärts und als wo die regelmässige Fortschreitung der Terz des ersten in die Octav des zweiten Fundamentes vorkommt, um nicht in der geraden Bewegung Quinten zu bekommen. Z. B.

## § 32.

Dadurch, dass die Sept des Septaccordes der $5^{\text{ten}}$ Stufe ohne Vorbereitung eintreten kann, hat dieser Septaccord so wie seine Verwechslungen vielen Spielraum, und sie können nach folgenden Accorden **frei** eintreten.

1. Nach dem Dreiklang der $1^{\text{ten}}$ Stufe und nach seinen Verwechslungen.

2. Nach dem Dreiklang der $5^{\text{ten}}$ Stufe und nach seinen Verwechslungen.

3. Nach dem Dreiklang der $3^{\text{ten}}$ Stufe alle; nach seiner ersten Verwechslung, dem Sextaccord der $5^{\text{ten}}$ Stufe alle, ausser dem Terzquartaccord der $2^{\text{ten}}$ Stufe; nach dem Quartsextaccord der $7^{\text{ten}}$ Stufe nur der Quintsextaccord der $7^{\text{ten}}$ Stufe.

Auch nach jenen Accorden, wo die Sept der $5^{\text{ten}}$ Stufe vorbereitet ist, wird es gemäss seiner Freiheit gestattet, die Sept in einer anderen Stimme zu nehmen, als wo sie vorbereitet wäre, nur nicht in derjenigen, welche eben selbst eine Dissonanz aufzulösen hat.

Nur nach dem Dreiklang der $6^{\text{ten}}$ Stufe und nach seinen Verwechslungen, mit welchen gegenwärtiger Septaccord keinen einzigen Ton gemeinschaftlich hat, folgt er am willkührlichsten, weil das vermittelnde Band, die Harmonie der $2^{\text{ten}}$ Stufe, übergangen wird.

Da er aber öfters zur scharfen Sonderung zweier nach einander folgenden Sätze dient, so folgt hier der mögliche Gebrauch, der sich der natürlichen Folge möglichst nähert.

Zu den Freiheiten dieses Septaccordes gehört sonach auch, dass, während die Tredez sich in die Quint auflöset, die Octav in die Sept herab gehen kann, wie hier zu sehen :

Aus diesen Beispielen sieht man, dass der Anfang jedes zweiten
Tactes wie die Harmonie der 3$^{ten}$ Stufe klingt, und wer sie wirklich
dafür halten will, muss wenigstens gestehen, dass der Septaccord
der 5$^{ten}$ Stufe und seine Verwechslungen auf diese Art am fliessend-
sten darauf folgen.

Wenn bei dem Schritte vom Dreiklang der 1$^{ten}$ zum Septaccord
der 5$^{ten}$ Stufe die Octav des ersten in die Terz des zweiten und zugleich die Quint des ersten in die Sept des zweiten herab geht, so
erscheint in denselben Stimmen entweder nach einer reinen Quint
eine falsche (*a.*), oder nach einer reinen Quart eine übermässige (*b.*),
welches ohne Bedenken, nur nicht im strengen Satze, gemacht wird.
Z. B.

Das umgekehrte Verfahren, nach einer falschen eine reine Quint
folgen zu lassen, ist durchaus übel, so wie es nicht gestattet wird,
gegen den Bass nach einer übermässigen eine reine Quart in gerader
Bewegung zu machen; die oberen Stimmen unter sich können den
letzten Fall machen, wenn sie durch einen regelmässigen Bass ge-
deckt sind.  (§ 31 die ersten beiden Beispiele.)

## § 33.

Da der Dreiklang der 7$^{ten}$ Stufe und seine Verwechslungen, besonders im dreistimmigen Satze, öfters Stellvertreter des Septaccordes der 5$^{ten}$ Stufe und seiner Verwechslungen sind, so können die
ersteren auch nach den Dreiklängen der 1$^{ten}$, 5$^{ten}$ und 3$^{ten}$ Stufe in
genannter Eigenschaft folgen.  Z. B.

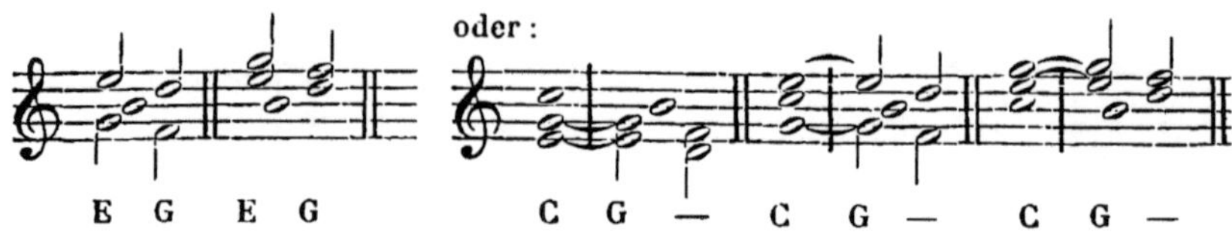


Im freien Satze kann die Non der Dominant ohne Vorbereitung
eintreten, wenn sie in der Oberstimme ist; daher folgende Sätze:

Noch öfter kommen solche Sätze vor, wenn beim Septnonaccord
der Dominant das Fundament ausgelassen wird und dafür ein un-
selbstständiger Septaccord der 7$^{\text{ten}}$ Stufe oder eine seiner Umkehrungen erscheint. Z. B.

Aus allem Bisherigen kann man sehen, dass ein einzelner Accord
unter verschiedenen Umständen erscheinen kann, so zwar, dass man
erst aus dem Zusammenhange seine eigentliche Bedeutung zu erkennen vermag. Dazu sollen aber die § 16 und § 17 angegebenen Fundamentalwege und ihre § 18 gegebene Begründung vorzüglich dienen, indem man sie mit den Umgestaltungen mittelst Verschweigung
des Fundamentes, mittelst Vorhälten und Durchgängen in den darauf folgenden §§ vergleicht.

## Anhang.

Um dem Missverständnisse vorzubeugen, als ob nur der Dreiklang der 2<sup>ten</sup> Stufe in der C dur Tonleiter nicht im reinen Verhältniss anzusehen wäre, und demnach der D moll Dreiklang an sich das Unglück hätte, der unvollkommene zu sein, soll hier bemerkt werden: dass er in der F dur Tonleiter, wo er auf der 6<sup>ten</sup> Stufe vorkommt, und in der B dur Tonleiter, wo er auf der 3<sup>ten</sup> Stufe steht, als rein angesehen wird. Dafür wird z. B. der A moll Dreiklang, der in der C dur Tonleiter auf der 6<sup>ten</sup> und in der F dur Tonleiter auf der 3<sup>ten</sup> Stufe stehend als rein angesehen wird, in der G dur Tonleiter, wo er auf der 2<sup>ten</sup> Stufe steht, als nicht vollkommen rein betrachtet. Kurz, jeder Moll-Dreiklang gilt als rein, wenn er auf der 3<sup>ten</sup> oder 6<sup>ten</sup> Stufe einer Dur-Tonleiter vorkommt; ist er auf der 2<sup>ten</sup> Stufe, so gilt er als nicht vollkommen rein. Auf unsern temperirten Clavierinstrumenten kann dies freilich nicht nachgewiesen werden.

Um die Regeln der Dur-Tonleiter, besonders wegen der Beschränkung der Harmonie der 2<sup>ten</sup> Stufe, besser würdigen zu können, betrachte man eine einzige Dur-Tonleiter, unabhängig von jeder andern, nebst der Art, sie zu stimmen.

Es ist billig, dass die Hauptaccorde derselben, nämlich die Dreiklänge der Tonica und der Ober- und Unterdominant, diejenigen sind, auf welche vorzüglich Rücksicht zu nehmen ist. Ist *c* die gewählte Tonica der Dur-Tonleiter, so wird zuerst deren reine Oberquint, *g*, dann deren reine Unterquint, *f*, zu stimmen sein. Durch die reine Oberquint hat man sowohl die Quint des C dur Dreiklangs, als auch den Grundton des G dur Dreiklangs, zu welchem nun auch seine reine Quint, *d*, zu stimmen ist. Durch die reine Unterquint von *c* hat man den Grundton des F dur Dreiklangs, wozu *c* dessen Quint macht. Hat man hernach von jedem Grundton die grosse Terz überall gleich rein gestimmt, nämlich zu *c* das *e*, zu *g* das *h* und zu *f* das *a*, so ist leicht einzusehen, dass *e* und *h* so wie *a* und *e* auch reine Quinten bilden werden.

Da aber *a* als Terz von *f*, *d* hingegen als Quint von *g*, beide also ohne Rücksicht auf einander gestimmt wurden, so müsste es nur ein Zufall sein, wenn sie eine reine Quint bilden sollten; in der Wirklichkeit ist es aber nur eine Annäherung, denn es fehlt noch der neunte Theil eines ganzen Tons, damit das *a* eine reine Quint von *d* wäre.

Die Quinten der Tonica, Dominant und Unterdominant machen zu den grossen Terzen ihrer Grundtöne jedes Mal eine kleine Terz im reinen Verhältniss; hingegen das *f* gegen *d*, welches erstere als reine Unterquint von *c* und das andere als reine Oberquint von *g*, also ohne Rücksicht auf einander, gestimmt wurden, haben als kleine

Terz kein so reines Verhältniss, denn es fehlt noch der neunte Theil eines ganzen Tones, damit das *f* die richtige kleine Terz von *d* wäre.

So wie es mit der Stimmung der C dur Tonleiter zugeht, so müsste es mit der Stimmung einer jeden andern Dur-Tonleiter zugehen, wenn man das Instrument nur für eine einzige Dur-Tonleiter zu stimmen hätte. Da aber die Tasteninstrumente den Inbegriff aller Tonleitern auf ein Mal, d. h. ohne erst umzustimmen, darstellen sollen, so musste die Temperatur, d. h. die möglichste Ausgleichung der sich in etwas widersprechenden Tonverhältnisse, eingeführt werden.

Nichtsdestoweniger wird es sehr nützlich sein, sich mit den ursprünglichen Tonverhältnissen in etwas bekannt gemacht zu haben.

Wie es in der Moll-Tonleiter gehalten wird, folgt im nächsten Theile.

# Zweiter Theil.

## Diatonisches Fortschreiten in der Moll-Tonleiter.

# EINLEITUNG.

Alle allgemeinen musikalischen Regeln und erlaubten Freiheiten, welche im ersten Theile angeführt wurden, werden hier schon als bekannt vorausgesetzt; dafür wird Alles, was dort noch nicht gesagt werden konnte, hier getreulich erklärt werden. Um so nothwendiger wird es sein, dass der erste Theil gut verstanden wurde, weil sonst Vieles im jetzigen Theile unverständlich bleiben würde. Dass übrigens hier viele Mal eine andere Ordnung und ein verschiedenes Verfahren bei der Lehrart beobachtet werden musste, wird man bei genauer Durchsicht bald einsehen. Dass mehr Beispiele als im ersten Theile nöthig waren, kommt daher, dass bei der Moll-Tonleiter noch mehr Bestimmtheit sein muss, als bei der Dur-Tonleiter.

## § 1.

Bevor die Regeln des Fundamentalbasses in der Moll-Tonleiter angegeben werden können, ist es nöthig zu zeigen, dass die Moll-Tonleiter auf d r e i e r l e i Weise gebraucht wird. Die erste und natürliche Art geht von der 1ten Stufe bis zur 6ten aufwärts, und von da wieder zurück bis zur 1ten, nach welcher der Unterhalbton der Tonleiter folgt und sogleich wieder auf die 1te Stufe zurückgeht. Z. B. in A moll:

Die zweite Art geht von der 1ten bis zur 8ten Stufe aufwärts, wobei die 6te Stufe erhöht wird, um den Uebergang auf die 7te erhöhte Stufe zu bilden. Z. B. in A moll:

Die dritte Art geht von der 8<sup>ten</sup> bis zur 1<sup>ten</sup> Stufe abwärts, wobei die 7<sup>te</sup> und 6<sup>te</sup> Stufe ohne Erhöhung vorkommen. Z. B. in A moll:

In allen diesen drei Arten bleiben die 1<sup>te</sup>, 2<sup>te</sup>, 3<sup>te</sup>, 4<sup>te</sup> und 5<sup>te</sup> Stufe gleich; verändert werden nur die 6<sup>te</sup> und 7<sup>te</sup> Stufe, denn die 8<sup>te</sup> bleibt wie die 1<sup>te</sup> Stufe unverändert.

Diese Veränderungen werden folgenderweise am leichtesten verstanden:

1. Soll nach der 5<sup>ten</sup> Stufe die 6<sup>te</sup> folgen, so kommt es darauf an, ob man nach der letzteren wieder abwärts oder noch weiter aufwärts gehen will. Will man nach der 6<sup>ten</sup> Stufe wieder abwärts gehen, so darf sie nur eine kleine Secunde höher sein, als die 5<sup>te</sup> Stufe; will man aber nach der 6<sup>ten</sup> Stufe noch weiter aufwärts gehen, so muss sie um eine grosse Secunde höher sein, als die 5<sup>te</sup>, um auf den Leitton, d. i. zur 7<sup>ten</sup> erhöhten Stufe, und von da zur 8<sup>ten</sup> Stufe überzugehen.

2. Soll nach der 8<sup>ten</sup> Stufe die 7<sup>te</sup> folgen, so kommt es ebenfalls darauf an, ob man sogleich wieder aufwärts oder noch weiter abwärts gehen will. Will man nach der 7<sup>ten</sup> Stufe wieder aufwärts gehen, so darf sie nur um eine kleine Secunde tiefer sein, als die 8<sup>te</sup> Stufe; will man aber nach der 7<sup>ten</sup> Stufe noch weiter abwärts gehen, so muss sie um eine grosse Secunde tiefer sein, als die 8<sup>te</sup>, um in die 6<sup>te</sup> natürliche und von da in die 5<sup>te</sup> Stufe zu kommen. Darum ergeben sich in A moll, als Muster der übrigen Moll-Tonleitern, folgende vier Wendungspunkte:

Die von der 8<sup>ten</sup> bis 1<sup>ten</sup> Stufe absteigende A moll Tonleiter, welche ganz wie in der C dur Tonleiter von der 13<sup>ten</sup> bis 6<sup>ten</sup> Stufe klingt, enthält lauter natürliche Stufen. Die von der 1<sup>ten</sup> bis 8<sup>ten</sup> Stufe aufsteigende A moll Tonleiter hat z w e i erhöhte Stufen, nämlich die 6<sup>te</sup> und 7<sup>te</sup>, und ist, ausser der 3<sup>ten</sup> Stufe, wie die A dur Tonleiter.

Die von der 1<sup>ten</sup> bis 6<sup>ten</sup> Stufe aufsteigende und von da wieder bis zum Leittone herab gehende A moll Tonleiter enthält nur e i n e erhöhte Stufe, d. i. die 7<sup>te</sup> um eine Octav tiefer versetzt, weswegen die wieder nachfolgende 1<sup>te</sup> Stufe als die um eine Octav herabgesetzte 8<sup>te</sup> Stufe angesehen werden kann.

## § 2.

Dadurch dass die 6<sup>te</sup> und 7<sup>te</sup> Stufe im Auf- und Absteigen v e r-
s c h i e d e n sind, wird die Anzahl der D r e i k l ä n g e in der Moll-Tonleiter grösser als in der Dur-Tonleiter.

Auf der 1<sup>ten</sup> Stufe ist ein Moll-Dreiklang. Z. B. in A moll: *A–c–e.*

Auf der 2<sup>ten</sup> Stufe findet sich ein verminderter (falscher) und ein
Moll-Dreiklang. Z. B. in A moll: *H–d–f* und *H–d–fis.*

Auf der 3<sup>ten</sup> Stufe findet sich ein Dur- und ein übermässiger
Dreiklang. Z. B. in A moll: *c–e–g* und *c–e–gis.*

Auf der 4<sup>ten</sup> Stufe findet sich ein Moll- und ein Dur-Dreiklang.
Z. B. in A moll: *d–f–a* und *d–fis–a.*

Auf der 5<sup>ten</sup> Stufe ebenso. Z. B. in A moll: *e–g–h* und *e–gis–h.*

Auf der 6<sup>ten</sup> natürlichen Stufe findet sich ein Dur-Dreiklang
und auf der 6<sup>ten</sup> erhöhten Stufe ein verminderter. Z. B. in A moll:
*f–a–c̄* und *fis–a–c̄.*

Auf der 7<sup>ten</sup> natürlichen Stufe findet sich ein Dur-Dreiklang und
auf der 7<sup>ten</sup> erhöhten Stufe ein verminderter. Z. B. in A moll: *g–h–d̄*
und *gis–h–d̄.*

Also finden sich in der Moll-Tonleiter d r e i z e h n Dreiklänge,
worunter fünf Dur-, vier Moll-, drei verminderte Dreiklänge und
ein übermässiger Dreiklang. Die Zahl der Sext- und Quartsextaccorde ist gleich der Zahl der Dreiklänge. (Siehe ersten Theil § 1.)

## § 3.

Bevor die S e p t a c c o r d e in Betracht kommen, ist nöthig zu
erinnern, dass die zwei erhöhten Stufen, nämlich die 6<sup>te</sup> und 7<sup>te</sup>, nie
als Sept dienen können, weil diese Stufen nur zum Aufwärtsgehen
bestimmt sind, die Septen als selbstständig gedacht aber nur abwärts gehen sollen.

Diese beiden erhöhten Stufen können auch nicht verdoppelt werden, weil sie ihre bestimmte Fortschreitung haben, und also im Falle
der Verdoppelung offenbare Octaven entstehen würden. Darum wäre
auch ein Septaccord auf der 2<sup>ten</sup> Stufe mit reiner Quint zu tadeln,
weil diese als die 6<sup>te</sup> erhöhte Stufe in die 7<sup>te</sup> erhöhte übergehen müsste,
wohin auch die Sept der 2<sup>ten</sup> Stufe ihren Weg zu nehmen hätte, und
also die 7<sup>te</sup> erhöhte Stufe doppelt zum Vorschein kommen würde.

Daher wundere man sich nicht, wenn er in folgender Aufzählung
der brauchbaren Septaccorde nicht vorkommt.

Auf der 1<sup>ten</sup> Stufe ist der Septaccord aus einem Moll-Dreiklang
und einer kleinen Sept zusammengesetzt. Z. B. in A moll: *A–c–e–g.*

Auf der 2<sup>ten</sup> Stufe ist der Septaccord aus einem verminderten
Dreiklang und einer kleinen Sept zusammengesetzt. Z. B. in A moll:
*H–d–f–a.*

Auf der 3$^{\text{ten}}$ Stufe findet sich ein Septaccord aus einem Dur–Dreiklang und einer grossen Sept, und ein zweiter aus einem übermässigen Dreiklang und einer grossen Sept zusammengesetzt. Z. B. in A moll: *c–e–g–h* und *c–e–gis–h*.

Auf der 4$^{\text{ten}}$ Stufe findet sich ein Septaccord aus einem Moll–Dreiklang und einer kleinen Sept, und ein zweiter aus einem Dur–Dreiklang und einer kleinen Sept zusammengesetzt. Z. B. in A moll: *d–f–a–c̄* und *d–fis–a–c̄*.

Auf der 5$^{\text{ten}}$ Stufe findet sich ein Septaccord aus einem Moll–Dreiklang und einer kleinen Sept (welcher sehr selten ist), und ein zweiter aus einem Dur–Dreiklang und einer kleinen Sept zusammengesetzt. Z. B. in A moll: *e–g–h–d̄* und *e–gis–h–d̄*.

Auf der 6$^{\text{ten}}$ natürlichen Stufe ist ein Septaccord aus einem Dur–Dreiklang und einer grossen Sept bestehend. Z. B. in A moll: *f–a–c̄–ē*.

Auf der 6$^{\text{ten}}$ erhöhten Stufe aber ein Septaccord aus einem verminderten Dreiklang und einer kleinen Sept bestehend. Z. B. in A moll: *fis–a–c̄–ē*.

Auf der 7$^{\text{ten}}$ natürlichen Stufe ist ein Septaccord bestehend aus einem Dur–Dreiklang und einer kleinen Sept (selten). Z. B. in A moll: *g–h–d̄–f̄*

Auf der 7$^{\text{ten}}$ erhöhten Stufe aber ein Septaccord, welcher aus einem verminderten Dreiklang und einer verminderten Sept zusammengesetzt ist. Z. B. in A moll: *gis–h–d̄–f̄*.

Die Zahl der Quintsext–, Terzquart– und Secundaccorde ist gleich der Zahl der Septaccorde. (Siehe ersten Theil § 1.)

<h2 style="text-align:center">§ 4.</h2>

Es kommen in der Moll-Tonleiter **v i e r  n e u e** Intervalle vor, die in der Dur-Tonleiter nicht vorkommen, nämlich: die übermässige Secunde (in A moll: *f–gis*), die verminderte Quart (*gis–c̄*), die übermässige Quint (*c–gis*) und die verminderte Sept (*gis–f̄*). Der Umstand, dass auf dem Claviere die übermässige Secund und die kleine Terz die gleichen Tasten hat, so wie die verminderte Quart gleiche Tasten mit der grossen Terz hat, gleicherweise die übermässige Quint mit der kleinen Sext und endlich die verminderte Sept mit der grossen Sext gleiche Tasten hat, veranlasst Unkundige, diese verschiedenen Benennungen Schulfuchsereien zu nennen, obgleich sie in dem Wesen der stufenweisen Fortschreitung hinlänglich begründet sind, wie hier sogleich gezeigt werden soll.

Die 7$^{\text{te}}$ Stufe ist von der 6$^{\text{ten}}$ um eine Secunde entfernt; wenn nun hier in der Moll-Tonleiter die 7$^{\text{te}}$ Stufe erhöht wird und die 6$^{\text{te}}$

natürlich bleibt, so wird der Abstand dieser Secunde übermässig, denn das gewöhnliche Maass einer Secunde ist klein oder gross. Z. B. in A moll ist von *f* zu *g* eine grosse und von *f* zu *gis* eine übermässige Secunde.

Die 10te Stufe ist von der 7ten eine Quart entfernt; wenn nun die 7te Stufe erhöht wird, so wird das Intervall einer verminderten Quart entstehen. Z. B. in A moll:

Die 7te Stufe ist von der 3ten eine Quint entfernt; wenn nun die 7te Stufe erhöht wird, so entsteht das Intervall einer übermässigen Quint, da die 7te natürliche Stufe gegen die 3te eine reine Quint macht. Z. B. in A moll:

Die 13te Stufe ist von der 7ten um eine Sept entfernt; wenn nun die 7te Stufe erhöht wird, die 13te aber natürlich bleibt, so entsteht das Intervall einer verminderten Sept, da die 13te natürliche Stufe gegen die 7te natürliche eine kleine Sept macht. Z. B. in A moll:

Hier folgen auch zum Behufe der Uebersetzungen die übrigen Moll-Tonleitern auf dreierlei Weise:

Fis moll :
Cis moll :
Gis moll :
Dis moll :
Ais moll :
D moll :

G moll :
C moll :
F moll :
B moll :
Es moll :
As moll :

Uebrigens wird in diesem Theile bloss von der A moll Tonleiter gehandelt, weil das Uebersetzen in die andern dem Schüler überlassen wird.

## Von der Folge der Dreiklänge.

### § 5.

Wenn nach dem Dreiklange der 1ten Stufe (Tonica) jener der 5ten folgt, und man will sogleich wieder zum Dreiklang der 1ten Stufe zurückkehren, so muss auf der 5ten Stufe ein Dur-Dreiklang sein, welches der wahre Dominanten-Dreiklang ist. Z. B. in A moll:

Wenn nach dem Dreiklang der 1ten Stufe jener der 4ten folgt, und man will sogleich wieder zum Dreiklang der 1ten Stufe zurückkehren, so muss auf der 4ten Stufe ein Moll-Dreiklang sein, welches die wahre Unterdominant ist. Z. B. in A moll:

Diese Accordenfolge bezieht sich auf die erste und natürliche Art der Tonleiter, wobei auch Dominant und Unterdominant in Wechselwirkung mit der Tonica sind.

Wenn man nach dem Dreiklang der 1ten Stufe den Moll-Dreiklang der 5ten Stufe folgen lässt, so kann nicht mehr der Dreiklang, sondern nur der Septaccord der 1ten Stufe nachfolgen, nach welchem sodann die Auflösung in den Moll-Dreiklang der 4ten Stufe erfolgt.

Will man nun, wie billig, den Satz gänzlich zu Ende führen, so kann noch der verminderte Dreiklang der 2ten, sodann der Dur-Dreiklang der 5ten, und endlich der Dreiklang der 1ten Stufe folgen. Z. B. in A moll:

Wenn man die Melodie der obersten Stimme betrachtet, so findet man das stufenweise Absteigen von der 8ten bis 5ten Stufe.

Wenn man nach dem Dreiklang der 1ten Stufe den Dur-Dreiklang der 4ten Stufe folgen lässt, so ist es nicht möglich, auf den Dreiklang der 1ten Stufe zurückzugehen, sondern es folgt am natürlichsten der Moll-Dreiklang der 2ten Stufe, sodann der Dur-Dreiklang der 5ten, und endlich der Dreiklang der 1ten Stufe. Z. B. in A moll:

Betrachtet man hier die Melodie der Oberstimme, so findet man das stufenweise Aufsteigen von der 5ten bis zur 8ten Stufe.

Wenn nach dem Dreiklang der 1ten jener der 6ten natürlichen Stufe folgt, so folgt nach letzterem am besten der Dreiklang der 2ten Stufe mit verminderter Quint, sodann der Dur-Dreiklang der 5ten, welcher endlich in den Dreiklang der 1ten Stufe übergeht. Z. B. in A moll:

Betrachtet man in diesem Beispiele die nächste Stimme unter der oberen, nämlich den Alt, so zeigt sich das Aufsteigen der 5ten Stufe in die 6te natürliche und das Zurückgehen derselben auf die 5te Stufe.

Wenn man nach dem Dreiklang der 1ten jenen der 6ten erhöhten Stufe folgen lässt, so ist die falsche Quint und auch die Terz des letzteren schon vorbereitet. Da sich aber weder die 6te erhöhte Stufe selbst, noch deren falsche (verminderte) Quint verdoppeln lässt, so muss man, um die vierte Stimme zu bekommen, die Terz verdoppeln. Nachdem dies geschehen ist, sollte eigentlich der Moll-Dreiklang der 2ten Stufe folgen: der Bequemlichkeit wegen wollen wir die zweite Verwechslung desselben, den Quartsextaccord auf der 6ten erhöhten Stufe, nehmen, nach welchem, statt des Septaccordes der 5ten Stufe mit grosser Terz, dessen erste Verwechslung, der Quintsextaccord der 7ten erhöhten Stufe, genommen wird, welcher sich in den Dreiklang der 1ten Stufe auflöset. Z. B. in A moll:

Betrachtet man in vorstehendem Beispiele den Bass, so sieht man, wie, vom zweiten Tact angefangen, die 6te erhöhte Stufe in die 7te erhöhte und von da in die 8te steigt.

Wenn man nach dem Dreiklang der 1ten Stufe den Dur-Dreiklang der 3ten Stufe folgen lässt, so folgt nach letzterem am natürlichsten der Dreiklang der 6ten natürlichen Stufe, sodann der verminderte Dreiklang der 2ten, nach diesem der Dur-Dreiklang der 5ten, welcher wieder in den Dreiklang der 1ten Stufe zurückführt. Z. B. in A moll:

Betrachtet man in vorstehendem Beispiele den Alt, so entdeckt man die stufenweise absteigende Fortschreitung von der 8ten bis zur 5ten Stufe.

Nach dem Dreiklang der 1ten Stufe kann man nicht unmittelbar zum Dreiklang der 3ten Stufe mit der übermässigen Quint gelangen, weil diese übermässige Quint erst vorbereitet sein muss, wozu vorzugsweise der Dur-Dreiklang der 5ten Stufe vorangeht, um diese Vorbereitung zu bewirken. Nach dem übermässigen Dreiklang der 3ten Stufe folgt am natürlichsten der Dreiklang der 6ten natürlichen Stufe, diesem kann sodann der Moll-Dreiklang der 4ten, dann der verminderte Dreiklang der 2ten, dann der Dur-Dreiklang der 5ten, und sodann, wie gewöhnlich, der Dreiklang der 1ten Stufe folgen. Z. B. in A moll:

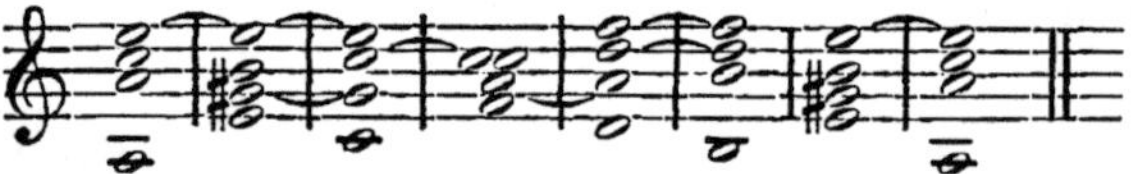

Betrachtet man in vorstehendem Beispiele in den ersten vier Tacten den Tenor, so sieht man, wie von der 8ten Stufe in die 7te erhöhte herab und von da wieder in die 8te zurückgegangen wird; betrachtet man in den letzten vier Tacten den Sopran, so sieht man, dass er von der 6ten natürlichen Stufe in die 5te herab geht.

## § 6.

Bevor von den übrigen Folgen der Dreiklänge gehandelt wird, muss bemerkt werden, dass keiner der übrigen Dreiklänge so viel Freiheit im Fortschreiten haben kann, wie der Dreiklang der 1ten Stufe. Es ist nöthig, dass von jedem einzelnen gesprochen werde.

1. Der verminderte Dreiklang der 2ten Stufe erfordert die Vorbereitung der falschen Quint, wozu nöthig ist, dass entweder der Dreiklang der 6ten natürlichen Stufe oder der Moll-Dreiklang der 4ten Stufe vorausgehe. Sodann erfordert er eine Auflösung, und zwar nach der natürlichsten Ordnung in den Dur-Dreiklang oder in den gleichartigen Septaccord der 5ten Stufe, wonach sogleich der Dreiklang der 1ten Stufe folgt, mit welchem der Satz auch beginnt. Z. B. in A moll:

oder:

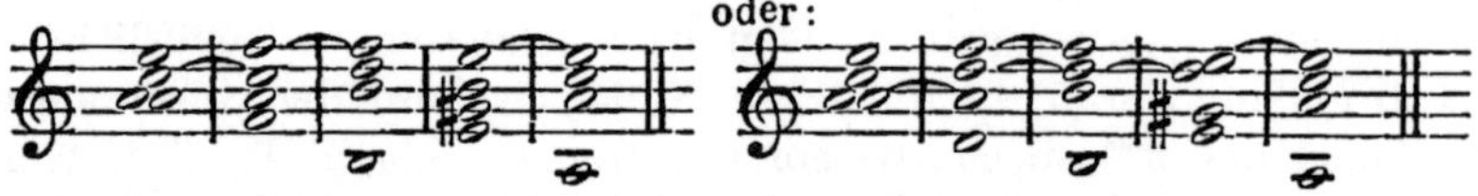

Dass die falsche Quint der 2ten Stufe auch zur Sept der natürlichen oder erhöhten 7ten Stufe werden kann, davon später.

2. Auch der Moll-Dreiklang der $2^{ten}$ Stufe erscheint dann am natürlichsten, wenn seine Quint vorbereitet ist, und zwar entweder wenn der Dur-Dreiklang der $4^{ten}$ Stufe, oder wenn die erste Verwechslung des Dreiklangs oder Septaccordes der $6^{ten}$ erhöhten Stufe, nämlich der Sextaccord oder Quintsextaccord mit grosser Sext auf der $4^{ten}$ Stufe, vorhergeht; nach dem Moll-Dreiklang der $2^{ten}$ folgt sodann wieder entweder der Dur-Dreiklang oder der gleichartige Septaccord der $5^{ten}$ Stufe, welcher sodann zum Schluss in den Dreiklang der $4^{ten}$ Stufe führt, womit der Satz auch beginnt. Z. B. in A moll:

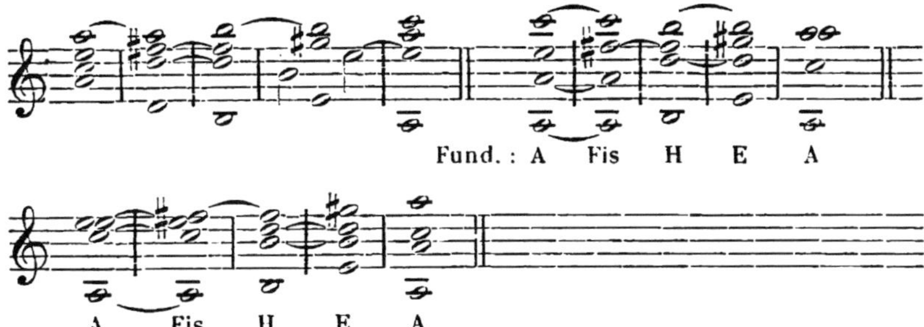



3. Dass der Dur-Dreiklang der $3^{ten}$ Stufe nach dem Dreiklang der $4^{ten}$ Stufe folgen kann, ist bereits gesagt worden; er kann aber auch nach dem Moll-Dreiklang der $5^{ten}$ Stufe folgen; was ihm selbst gut nachfolgen kann, ist oben gezeigt worden, das Uebrige hiervon später. Dem Dur-Dreiklang der $3^{ten}$ Stufe kann auch der Dreiklang oder Septaccord der $7^{ten}$ natürlichen Stufe vorausgehen; hiervon ebenfalls später.

4. Dass dem übermässigen Dreiklang der $3^{ten}$ Stufe als Vorbereitung der Dur-Dreiklang der $5^{ten}$ Stufe am besten dient, ist bereits gesagt worden; nun soll noch gezeigt werden, dass ihm auch der Dreiklang oder Septaccord der $6^{ten}$ erhöhten Stufe, oder deren erste oder zweite Verwechslung folgen können, weil die falsche Quint der $6^{ten}$ erhöhten Stufe vorbereitet ist; nach diesem muss aber der Moll-Dreiklang der $2^{ten}$, dann der Dur-Dreiklang oder der gleichartige Septaccord der $5^{ten}$ Stufe, endlich der Dreiklang der $4^{ten}$ Stufe folgen. Z. B. in A moll:

Als Vorbereitung des übermässigen Dreiklangs der 3<sup>ten</sup> Stufe
kann aber auch die erste oder zweite Verwechslung des Dreiklangs
oder Septaccordes der 7<sup>ten</sup> erhöhten Stufe gelten. Dass der Dreiklang
der 1<sup>ten</sup> Stufe dem übermässigen Dreiklang der 3<sup>ten</sup> Stufe nachfolgen
könne, ist zwar billig, jedoch darf man nicht glauben, dass man hier-
mit schliessen könne, sondern es muss noch wie bei den folgenden
Beispielen in A moll fortgefahren werden, bis der Schluss sich natürlich ergiebt.

5. Dass dem Moll-Dreiklang der 4<sup>ten</sup> jener der 1<sup>ten</sup> Stufe vorangehen kann, ist bereits gezeigt worden; er kann aber auch nach dem
Dreiklang der 6<sup>ten</sup> natürlichen Stufe folgen. Nach diesem Dreiklang der
4<sup>ten</sup> Stufe folgt sodann, wenn es zum Schlusse führen soll, der verminderte Dreiklang der 2<sup>ten</sup>, dann der Dur-Dreiklang oder der gleichartige Septaccord der 5<sup>ten</sup>, dann der Dreiklang der 1<sup>ten</sup> Stufe. Ist der
Schluss nicht beabsichtigt, so kann nach diesem Dreiklang der 4<sup>ten</sup>
Stufe sogleich jener der 1<sup>ten</sup> Stufe folgen. Z. B. in A moll:

Dass nach dem Moll-Dreiklang der 4<sup>ten</sup> Stufe auch der Septaccord
der natürlichen oder erhöhten 7<sup>ten</sup> Stufe folgen kann, davon später.

6. Dass dem Dur-Dreiklang der 4<sup>ten</sup> Stufe der Dreiklang der
1<sup>ten</sup> vorangehen kann, ist bereits gezeigt worden, auch kann richti-
gerweise kein anderes Fundament demselben vorausgehen, wovon
man sich später überzeugen wird. Nach diesem Dreiklang der 4<sup>ten</sup>
Stufe ist in einem früheren Beispiele der Moll-Dreiklang der 2<sup>ten</sup> Stufe
u. s. w. gefolgt; es kann ihm aber auch die erste Verwechslung des
Dreiklangs der 7<sup>ten</sup> erhöhten Stufe folgen; wenn sodann noch der
Septaccord der 5<sup>ten</sup> Stufe mit grosser Terz folgt, so kann mit dem
Dreiklang der 1<sup>ten</sup> Stufe ein Abschnitt gemacht werden. Z. B. in
A moll:

7. Dass dem **D u r** – Dreiklang der 5ten der Dreiklang der 1ten, oder der verminderte oder der Moll-Dreiklang der 2ten Stufe vorausgehen können, ist wiederholt gezeigt worden. Dass nach diesem Dreiklang der 5ten Stufe jener der 1ten oder der übermässige Dreiklang der 3ten Stufe folgen können, ist auch bereits öfters vorgekommen.

Die übrigen Fälle kommen später in Betrachtung, weil sie keine wesentliche Veränderung im Fundamente ausmachen.

8. Dass der **Mol l** – Dreiklang der 5ten Stufe nach jenem der 1ten Stufe folgen kann, ist schon gezeigt worden. Hier werde erwähnt, dass, wenn dieser Dreiklang der 5ten Stufe nach dem Dur-Dreiklang der 3ten oder nach dem Dreiklang der 7ten natürlichen Stufe folgt, derselbe nicht als selbstständig betrachtet werden kann, welches später klar werden soll. Auch nach dem Dreiklang der 2ten Stufe darf der Moll-Dreiklang der 5ten Stufe nicht folgen, weil gerade hier, des Characters der Moll-Tonleiter wegen, der Dur-Dreiklang der 5ten Stufe zu folgen hat. (Von den Scheinschritten ist jetzt noch keine Rede.) Dass dem Moll-Dreiklang der 5ten Stufe der Septaccord der 1ten Stufe folgen kann, ist bereits vorgekommen. Hier werde bemerkt, dass auch der Dur-Dreiklang der 3ten Stufe nachfolgen kann, von welchem letzteren bereits das Nöthige gesagt wurde. Warum nach dem Moll-Dreiklang der 5ten der Dreiklang der 7ten natürlichen Stufe keine Selbstständigkeit haben kann, davon später.

9. Dass der Dreiklang der 6ten **n a t ü r l i c h e n** Stufe nach dem Dreiklang der 1ten und nach dem Dur-Dreiklang der 3ten Stufe folgen kann, ist bereits vorgekommen; er kann auch nach dem Moll-Dreiklang der 4ten Stufe folgen. Nach diesem Dreiklang der 6ten Stufe kann bekanntlich der verminderte Dreiklang der 2ten oder der Moll-Dreiklang der 4ten Stufe folgen.

Es kann zwar auch der Dreiklang der 1ten Stufe folgen, aber weit gefehlt, dass hiermit geschlossen werden könnte, wird das Ziel noch weiter hinausgerückt, wie im folgenden Beispiele in A moll zu sehen:

10. Dem Dreiklang der 6ten **e r h ö h t e n** Stufe geht entweder der Dreiklang der 1ten oder der übermässige Dreiklang der 3ten Stufe vorher, damit die falsche Quint der 6ten erhöhten Stufe vorbereitet werden kann; damit diese falsche Quint nun aufgelöset werden könne, muss der Moll-Dreiklang der 2ten Stufe oder eine seiner Verwechslungen u. s. w. folgen. Z. B. in A moll:

Dass die falsche Quint der 6ten erhöhten Stufe auch zur Sept der 4ten Stufe werden könne, davon später.

11. Der Dreiklang der 7ten natürlichen Stufe erfordert, obgleich er auf unsern Clavieren ein gewöhnlicher Dur-Dreiklang ist, dem es aber für die Moll-Tonleiter aus mathematischen Gründen an der vollständigen Reinheit seiner Quint fehlen müsste (siehe die Anmerkung am Schlusse dieses §), als Vorbereitung den Moll-Dreiklang der 4ten Stufe. Damit nun die (unvollständig reine) Quint der 7ten Stufe abwärts gehen könne, muss der Dur-Dreiklang der 3ten Stufe u. s. w. folgen. Z. B. in A moll:

Dass die Quint der 7ten natürlichen Stufe auch zur Sept der 5ten Stufe (mit kleiner Terz) werden kann, davon später.

12. Der Dreiklang der 7ten erhöhten Stufe erfordert vorher den Moll- oder Dur-Dreiklang der 4ten, oder in Verwechslungen den Moll-Dreiklang der 2ten Stufe. Damit nun die falsche Quint der 7ten erhöhten Stufe aufgelöset werden könne, folgt, jedoch in Verwechslungen, der übermässige Dreiklang der 3ten Stufe u. s. w. Z. B. in A moll:

Dass die Quint der 7<sup>ten</sup> erhöhten Stufe auch zur Sept der 5<sup>ten</sup> Stufe (mit grosser Terz) werden kann, davon später.

**Anmerkung.** Wer ein für die reine C dur Tonleiter gestimmtes Instrument für die reine A moll Tonleiter brauchbar machen will, muss zuerst bemerken, dass der Dreiklang der Tonica in A moll bereits durch den reinen Moll-Dreiklang der 6<sup>ten</sup> Stufe in C dur fertig da ist; dann dass der Moll-Dreiklang der 5<sup>ten</sup> Stufe in A moll bereits durch den reinen Moll-Dreiklang der 3<sup>ten</sup> Stufe in C dur fertig da ist, und um den Dur-Dreiklang der 5<sup>ten</sup> Stufe in A moll hervorzubringen, die grosse Terz derselben, das *gis*, neu hinzukommen muss. Nun soll aber die reine Unterquint von der Tonica *A*, der Ton *D*, erscheinen; da aber der Ton *D*, wie er in C dur gebraucht wird, dafür um 1/9 Ton zu hoch ist, so muss er um diese Wenigkeit herabgestimmt werden, wodurch auch die kleine Terz *f* in ihr richtiges Verhältniss kommt, wodurch also der D moll Dreiklang in der A moll Tonleiter auf der 4<sup>ten</sup> Stufe rein wird. Um den Dur-Dreiklang der 4<sup>ten</sup> Stufe hervorzubringen, muss dessen grosse Terz, der Ton *fis*, neu hinzukommen. Der Dreiklang der 4<sup>ten</sup> Stufe von C dur wird unverändert zum Dur-Dreiklang der 3<sup>ten</sup> Stufe von A moll; den übermässigen Dreiklang der 3<sup>ten</sup> Stufe erhält man durch das neu hinzugestimmte *gis*. Der Dreiklang der 4<sup>ten</sup> Stufe von C dur wird unverändert zum Dur-Dreiklang der 6<sup>ten</sup> natürlichen Stufe in A moll; den falschen Dreiklang der 6<sup>ten</sup> erhöhten Stufe erhält man durch das neu hinzugestimmte *fis*, welches ausserordentlicherweise Grundton ist. Hauptsächlich verliert der G dur Dreiklang, als Dreiklang der 7<sup>ten</sup> natürlichen Stufe in A moll, seine Reinheit, die er in der C dur Tonleiter hatte, indem das *d* um 1/9 Ton herabgestimmt wurde; den falschen Dreiklang der 7<sup>ten</sup> erhöhten Stufe erhält man durch das neu hinzugestimmte *gis*, welches ausserordentlicherweise Grundton ist. Durch das herabgestimmte *d* bekommt auch der Dreiklang der 2<sup>ten</sup> Stufe mit falscher Quint in der A moll Tonleiter eine verschiedene Natur mit dem Dreiklang der 7<sup>ten</sup> Stufe in der C dur Tonleiter; den Moll-Dreiklang der 2<sup>ten</sup> Stufe erhält man durch das neu hinzugestimmte *fis*, welches eben eine solche unreine Quint zu *H* macht, wie in der C dur Tonleiter das *a* zu *d*. Wenn nichtsdestoweniger das *fis* in A moll immer zum Steigen bestimmt ist, so ist dafür zum Fallen das *f*.

Auf den Tasteninstrumenten, wo sogleich für alle Tonleitern zugleich gestimmt und demnach temperirt wird, fällt all dieser Unterschied hinweg, welches aber keinesweges hindert, die Regeln der Fortschreitung nach dem richtigen Verhältniss einzurichten, wie in diesem Werke gezeigt wird.


## § 7.

Bis hierher wurde jeder Dreiklang in seiner Selbstständigkeit, d. h. insofern er nicht die Stelle eines andern Accordes einnimmt, betrachtet. Uebrigens war es nicht möglich, die Beispiele zu geben, ohne die Verwechslungen der Dreiklänge zu Hülfe zu nehmen, besonders da, wo einer verbotenen Verdoppelung oder einem schlechten Sprunge ausgewichen werden musste, nicht zu gedenken, dass die 6<sup>te</sup> und 7<sup>te</sup> Stufe, welche, ausser beim Dreiklang der 4<sup>ten</sup> Stufe, überall zum Vorschein kommen, wenn sie natürlich sind, fallen, und wenn sie erhöht sind, steigen müssen.

## § 8.

# Vorbereitung der Septaccorde.

1. Der Septaccord der 5ten Stufe mit grosser Terz bedarf zwar keiner Vorbereitung, aber er wird durch den Dreiklang oder Septaccord der 2ten Stufe mit falscher Quint, oder durch den Moll-Dreiklang der 2ten, oder durch den Dreiklang der 7ten erhöhten Stufe gehörig vorbereitet. Z. B. in A moll:

Wenn er durch den Moll-Dreiklang der 4ten Stufe vorbereitet erscheint, so vertritt dieser den Septaccord der 2ten Stufe mit ausgelassenem Grundton, wie folgende zwei Beispiele in A moll zeigen:

eigentlich aber:

Wenn er durch den Dur-Dreiklang der 4ten Stufe vorbereitet erscheint, so bleibt bei diesem gewöhnlich die Quint weg, und dieser scheinbare Dreiklang der 4ten Stufe ist nur Stellvertreter des Moll-Dreiklangs der 2ten Stufe, wie folgende zwei Beispiele in A moll zeigen:

eigentlich aber:

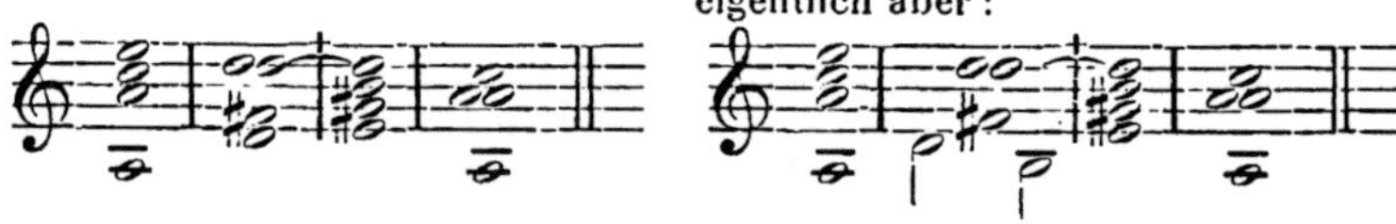

2. Der Septaccord der 5ten Stufe mit kleiner Terz ist der ungewöhnlichste, so wie der frühere der gewöhnlichste und angenehmste ist. Unser jetziger kann nur durchgehend nach dem Moll-Dreiklang derselben Stufe seine Selbstständigkeit behaupten; denn selbst nach dem Dreiklang der 7ten natürlichen Stufe, wo doch die Sept vorbereitet wird, gilt er mehr als Stellvertreter des Septnonaccordes der 3ten Stufe, wie später vorkommen wird. Nach gegenwärtigem Septaccord muss jener der 4ten Stufe kommen, nach welchem der Moll-Dreiklang der 4ten Stufe u. s. w. folgt. Z. B. in A moll:

Wenn es je möglich wäre, dass dem gegenwärtigen Septaccord der verminderte Dreiklang oder der gleichartige Septaccord der 2<sup>ten</sup> Stufe voranginge, so könnte keiner von diesen als selbstständig betrachtet werden, ohne ganz den Character der Moll-Tonleiter zu verlieren, denn dieser erfordert, dass die Accorde auf der 5<sup>ten</sup> Stufe, wenn sie nach jenen der 2<sup>ten</sup> Stufe kommen, jederzeit eine grosse Terz haben.

3. Der Septaccord der 2<sup>ten</sup> Stufe, welcher immer eine **falsche** Quint hat, erhält seine Vorbereitung durch den Moll-Dreiklang der 4<sup>ten</sup> oder durch den Dreiklang der 6<sup>ten</sup> natürlichen Stufe; dass er sich sodann in den Dur-Dreiklang oder den gleichartigen Septaccord der 5<sup>ten</sup> Stufe u. s. w. auflöset, ist bekannt. Z. B. in A moll:

Wenn gegenwärtiger Septaccord durch den Dreiklang der 4<sup>ten</sup> Stufe vorbereitet erscheint, so vertritt dieser den Septaccord der 6<sup>ten</sup> natürlichen Stufe, wie folgende Beispiele in A moll zeigen:

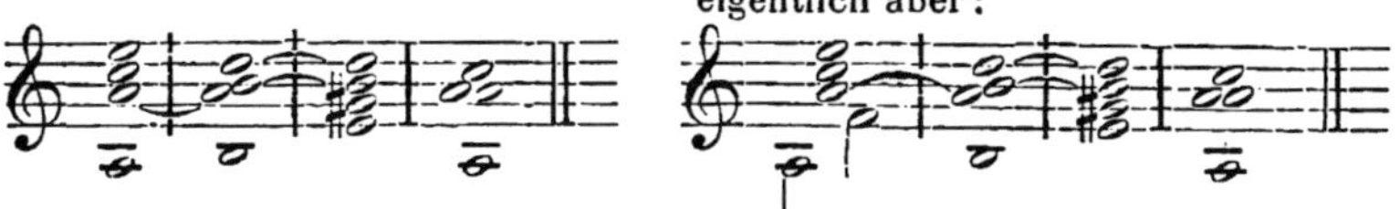


4. Der Septaccord der 6<sup>ten</sup> **natürlichen** Stufe wird entweder durch den Dreiklang der 4<sup>ten</sup> oder durch den Dur-Dreiklang der 3<sup>ten</sup> Stufe vorbereitet; seine einfachste Auflösung ist in den verminderten Dreiklang oder in den gleichartigen Septaccord der 2<sup>ten</sup> Stufe u. s. w. Z. B. in A moll:

Wenn gegenwärtiger Septaccord durch den Moll-Dreiklang der 5<sup>ten</sup> Stufe vorbereitet erscheint, so ist dieser Stellvertreter des Septaccordes der 3<sup>ten</sup> Stufe mit reiner Quint, wie folgende Beispiele in A moll zeigen:

Erscheint dieser Septaccord durch den Dur–Dreiklang der 5<sup>ten</sup> Stufe vorbereitet, so ist dieser Dreiklang nur Stellvertreter des Septaccordes der 3<sup>ten</sup> Stufe mit übermässiger Quint. Z. B. in A moll:

eigentlich aber:

5. Der Septaccord der 6<sup>ten</sup> erhöhten Stufe wird durch den Dreiklang der 4<sup>ten</sup> oder durch den übermässigen Dreiklang der 3<sup>ten</sup> Stufe vorbereitet; seine bequemste Auflösung ist in die zweite Verwechslung des Moll-Dreiklangs der 2<sup>ten</sup> Stufe u. s. w. Z. B. in A moll:

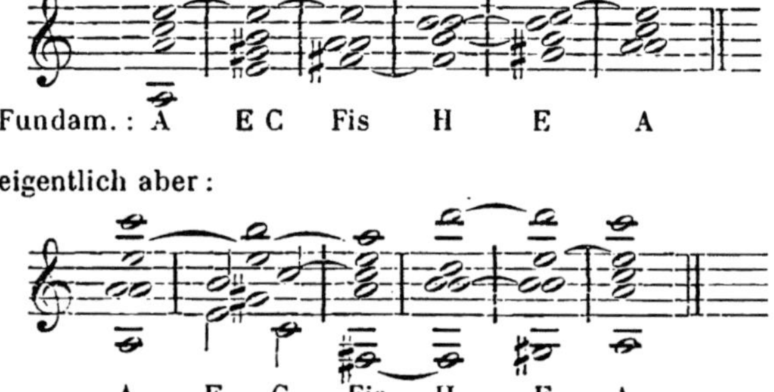


Wenn dieser Septaccord durch den Dur–Dreiklang der 5<sup>ten</sup> Stufe vorbereitet erscheint, so gilt dasselbe wie beim vorigen. Z. B. in A moll:



eigentlich aber:



6. Der Septaccord der 3<sup>ten</sup> Stufe mit reiner Quint wird entweder durch den Moll-Dreiklang der 5<sup>ten</sup> oder durch den Dreiklang der 7<sup>ten</sup> natürlichen Stufe vorbereitet. Nach diesem Septaccord folgt entweder der Dreiklang oder der Septaccord der 6<sup>ten</sup> natürlichen Stufe u. s. w. Z. B. in A moll:

Erscheint dieser Septaccord ohne Quint nach dem verminderten Dreiklang der 2ten Stufe, so ist dieser Dreiklang nur Stellvertreter des Septaccordes der natürlichen oder erhöhten 7ten Stufe. Z. B. in A moll:

eigentlich aber:

oder:

7. Der Septaccord der 3ten Stufe mit übermässiger Quint wird durch den Dur-Dreiklang der 5ten oder durch die zweite Verwechslung des Dreiklangs oder Septaccordes der 7ten erhöhten Stufe vorbereitet. Aufgelöset wird er durch den Dreiklang oder Septaccord der natürlichen oder erhöhten 6ten Stufe, besser in deren zweite Verwechslung u. s. w. Z. B. in A moll:

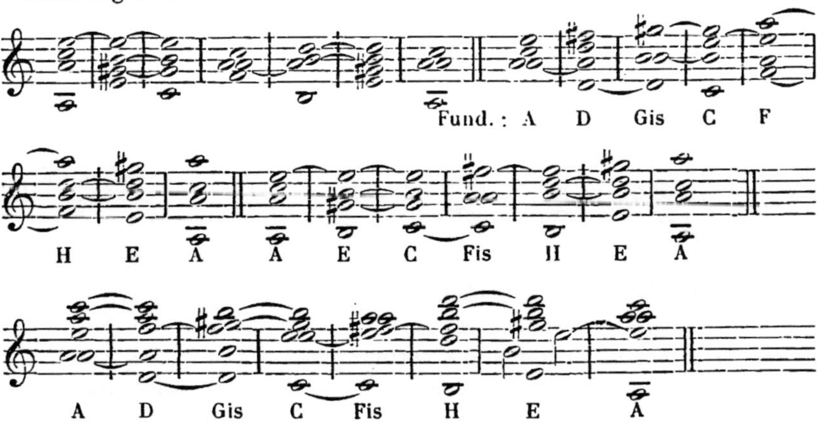


8. Der Septaccord der 7ten natürlichen Stufe wird durch den Moll-Dreiklang oder durch den gleichartigen Septaccord der 4ten Stufe,

oder auch, uneigentlicherweise, durch den falschen Dreiklang der
2<sup>ten</sup> Stufe vorbereitet; seine Auflösung erhält er durch den Dur-
Dreiklang oder den gleichartigen Septaccord der 3<sup>ten</sup> Stufe u. s. w.
Z. B. in A moll:

NB. Bei dem letzten Beispiele vertritt der Dreiklang auf *H* im dritten Tact
nur den darauf folgenden Septaccord auf *G*.

9. Der Septaccord der 7<sup>ten</sup> e r h ö h t e n Stufe erhält seine Vorbereitung ganz wie der vorige. Seine Auflösung als selbstständiger Accord erhält er durch die zweite Verwechslung des übermässigen Dreiklangs und des gleichartigen Septaccordes der 3<sup>ten</sup> Stufe; was sodann noch zu folgen hat, ist bekannt. Z. B. in A moll:

10. Der Septaccord der 4<sup>ten</sup> Stufe mit k l e i n e r Terz wird durch
den Dreiklang oder Septaccord der 1<sup>ten</sup> Stufe, oder durch den Dreiklang der 6<sup>ten</sup> natürlichen Stufe vorbereitet; er kann sich aber nur
in den Septaccord der natürlichen oder erhöhten 7<sup>ten</sup> Stufe oder deren zweite Verwechslung auflösen u. s. w. Z. B. in A moll:

Erscheint dieser Septaccord ohne Quint nach dem Dur-Dreiklang der 3ten Stufe, so gilt dieser Dreiklang als Stellvertreter des Sept-accordes der 1ten Stufe. Z. B. in A moll:

eigentlich aber:

11. Der Septaccord der 4ten Stufe mit grosser Terz wird ent-weder durch den Dreiklang der 1ten oder durch die erste Verwechs-lung des Dreiklangs der 6ten erhöhten Stufe vorbereitet; seine Auflö-sung erhält er durch die zweite Verwechslung des Dreiklangs der 7ten erhöhten Stufe u. s. w. Z. B. in A moll:

12. Der Septaccord der 1ten Stufe wird durch den Moll-Drei-klang oder den gleichartigen Septaccord der 5ten, oder durch den Dur-Dreiklang der 3ten Stufe vorbereitet. Seine Auflösung erhält er durch den Moll-Dreiklang oder den gleichartigen Septaccord der 4ten Stufe u. s. w. Z. B. in A moll:

## § 9.

Es sind eben zuvor mehrere scheinbare **Schritte** in die **Ober-secunde** erwähnt worden; hier folgen noch einige mit den nöthigen Bemerkungen.

1. Wenn beim scheinbaren Schritt vom Dur-Dreiklang der 4<sup>ten</sup> zum Septaccord der 5<sup>ten</sup> Stufe mit grosser Terz bei dem ersteren die Quint nicht ausgelassen werden soll, so vertritt er die Stelle des bereits verworfenen Septaccordes der 2<sup>ten</sup> Stufe mit reiner Quint. Da diese Quint der 2<sup>ten</sup> Stufe nur aufwärts in den Leitton gehen kann und die Sept eben dahin verlangt, der Leitton aber nicht verdoppelt werden darf, so bleibt kein Mittel übrig, als die Sept aufwärts gehen zu lassen, welches darum geschehen kann, da man das Fundament nicht hört. Sowie aber die Sept (deren Grundton nicht gehört wird) aufwärts geht, so kann die Terz nur dann steigen, wenn sie höher steht als die Sept, weil sonst Quinten entstehen würden. Darum kann nach dem Dur-Dreiklang der 4<sup>ten</sup> Stufe, wenn die Quint dabei ist, nicht der Septaccord der 5<sup>ten</sup> Stufe selbst, sondern nur dessen dritte Verwechslung, der Secundaccord auf der 4<sup>ten</sup> Stufe, folgen. Der ähnliche Fall ist, wenn nach der ersten Verwechslung des Dur-Dreiklangs der 4<sup>ten</sup> Stufe die erste Verwechslung des Septaccordes der 5<sup>ten</sup> Stufe folgt. Z. B. in A moll:

Wie wenig es braucht, diesen Satz ganz richtig zu machen, zeigen folgende Beispiele:

2. Wenn vor dem Septaccord der 7<sup>ten</sup> natürlichen Stufe der Dreiklang der 6<sup>ten</sup> natürlichen Stufe kommen soll, so muss dieser Dreiklang als Stellvertreter des Septaccordes der 4<sup>ten</sup> Stufe mit kleiner Terz angesehen werden. Da es aber dem Character der Moll-Tonleiter entgegen ist, dass die 6<sup>te</sup> natürliche in die 7<sup>te</sup> natürliche Stufe übergeht, so kann nach dem Dreiklang der 6<sup>ten</sup> natürlichen Stufe nur die dritte Verwechslung des Septaccordes der 7<sup>ten</sup> natürlichen Stufe folgen. Aehnliche Fälle sind, wenn die erste oder zweite Verwechslung des Dreiklangs der 6<sup>ten</sup> natürlichen Stufe in die erste Verwechslung des Dreiklangs der 7<sup>ten</sup> natürlichen Stufe übergehen, oder wenn die erste Verwechslung des Dreiklangs dieser 6<sup>ten</sup> Stufe in den Septaccord der 7<sup>ten</sup> natürlichen Stufe übergeht. Z. B. in A moll:

3. Wenn vor dem Septaccord der 7<sup>ten</sup> erhöhten Stufe der Dreiklang der 6<sup>ten</sup> natürlichen Stufe kommen soll, so gilt verhältnissmä-
ssig das Nämliche. Z. B. in A moll:

4. Wenn vor dem Septaccord der 4<sup>ten</sup> Stufe der Dreiklang der
7<sup>ten</sup> natürlichen Stufe kommen soll, so muss dieser als Septaccord
der 5<sup>ten</sup> Stufe mit kleiner Terz angesehen werden. Da aber der Character der Moll-Tonleiter nicht erlaubt, dass die 7<sup>te</sup> natürliche Stufe
in die 8<sup>te</sup> steigt, so kann nach dem Dreiklang der 7<sup>ten</sup> natürlichen
Stufe nur die dritte Verwechslung des Septaccordes der 4<sup>ten</sup> Stufe
folgen. Aehnliche Fälle sind, wenn nach der ersten Verwechslung des
Dreiklangs der 7<sup>ten</sup> natürlichen Stufe der Septaccord der 4<sup>ten</sup> Stufe
oder dessen erste Verwechslung folgt, oder wenn nach der zweiten
Verwechslung des Dreiklangs der 7<sup>ten</sup> natürlichen Stufe die erste Verwechslung des Septaccordes der 4<sup>ten</sup> Stufe folgt. Z. B. in A moll:

## § 10.

Nun lassen sich auch folgende scheinbare Schritte in die Obersecunde begreifen.

1. Folgt nach dem Dreiklang der 1ten der verminderte Dreiklang der 2ten Stufe, so muss der erstere Stellvertreter des Septaccordes der 6ten natürlichen Stufe sein. Der freie Eintritt der falschen Quint kann, wenn alle übrigen Stimmen regelmässig fortschreiten, wohl gestattet werden, jedoch ist es besser, statt dieses Dreiklangs der 2ten Stufe seine erste Verwechslung zu nehmen, wo die falsche Quint zum Bass eine Terz macht und daher einen minder harten Eindruck hervorbringt. Z. B. in A moll:

Folgt nach dem Dreiklang der 1ten der Moll-Dreiklang der 2ten Stufe, so wird ersterer als Stellvertreter des Septaccordes der 6ten erhöhten Stufe angesehen. Z. B. in A moll:

2. Folgt nach dem verminderten Dreiklang der 2ten Stufe der Dur-Dreiklang der 3ten Stufe (was dem Character der Moll-Tonleiter nicht zusagt), so muss der erstere als Stellvertreter des Septaccordes der 7ten natürlichen Stufe angesehen werden. Man sehe folgendes bedenkliche Beispiel in A moll:

eigentlich aber:

3. Folgt nach dem verminderten Dreiklang der 2[ten] der übermässige Dreiklang der 3[ten] Stufe, was besonders hart klingt, da die übermässige Quint unvorbereitet eintritt, so muss, wenn der letztere selbstständig sein soll, der erstere als Stellvertreter des Septaccordes der 7[ten] erhöhten Stufe angesehen werden. Z. B. in A moll:

sollte heissen:

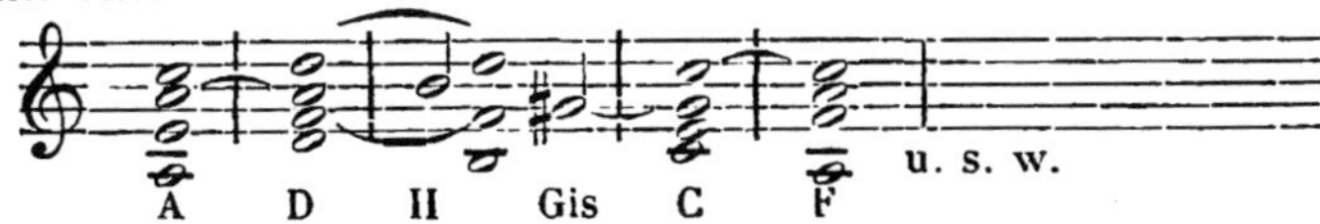


4. Folgt nach dem Dur-Dreiklang der 3[ten] der Moll-Dreiklang der 4[ten] Stufe, so muss ersterer Stellvertreter des Septaccordes der 1[ten] Stufe sein. Z. B. in A moll:

5. Folgt nach dem Moll-Dreiklang der 4[ten] der Dur-Dreiklang der 5[ten] Stufe, so muss ersterer als Septaccord der 2[ten] Stufe mit falscher Quint angesehen werden. Z. B. in A moll:

eigentlich aber:

Eben darum, weil der Septaccord der 2[ten] Stufe hinein gedacht werden muss, kann nicht der Moll-Dreiklang auf der 5[ten] Stufe folgen.

6. Wenn nach dem Moll-Dreiklang der 5<sup>ten</sup> der Dreiklang der 6<sup>ten</sup> natürlichen Stufe folgt, so muss ersterer den Septaccord der 3<sup>ten</sup> Stufe mit reiner Quint vorstellen. Z. B. in A moll:

eigentlich aber:

7. Wenn nach dem Dur-Dreiklang der 5<sup>ten</sup> der Dreiklang der 6<sup>ten</sup> natürlichen Stufe folgt, so muss ersterer die Stelle des Septaccordes der 3<sup>ten</sup> Stufe mit übermässiger Quint vertreten. Z. B. in A moll:

8. Wenn nach dem Dreiklang der 6<sup>ten</sup> erhöhten jener der 7<sup>ten</sup> erhöhten Stufe folgen soll (welches wahrlich keine Schönheit, sondern nur eine Aufgabe ist, weil die falsche Quint der 7<sup>ten</sup> erhöhten Stufe unvorbereitet eintreten muss), so muss ersterer die erste Verwechslung des Septaccordes der 4<sup>ten</sup> Stufe mit grosser Terz ersetzen. Z. B. in A moll:

9. Wenn nach dem Dreiklang der 7<sup>ten</sup> erhöhten jener der 4<sup>ten</sup> Stufe folgen soll, so muss ersterer als erste Verwechslung des Septaccordes der 5<sup>ten</sup> Stufe mit grosser Terz gelten. Z. B. in A moll:

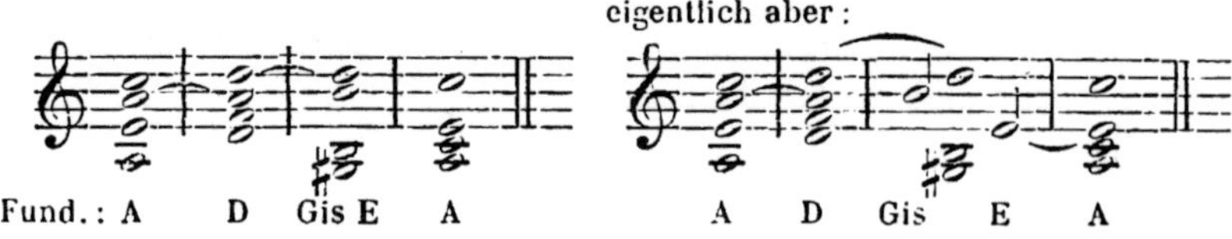

## § 11.

In der Moll-Tonleiter wird nicht allein dem Septaccord der 5<sup>ten</sup> Stufe mit grosser Terz gestattet, ohne Vorbereitung zu erscheinen, sondern auch dem gleichartigen S e p t n o n a c c o r d derselben Stufe, und deswegen auch seinem Stellvertreter, dem Septaccord der 7<sup>ten</sup> erhöhten Stufe; weswegen auch der letztere in der Moll-Tonleiter weit öfters als unselbstständig, als, wie bisher gezeigt wurde, als selbstständig gebraucht wird.

Die natürlichste Auflösung des Septnonaccordes ist, wenn die Non sich noch während der Dauer desselben Fundamentes auflöset, und also ein Septaccord übrig bleibt, dessen Auflösung nach dem Bisherigen bekannt ist. Darum löset sich auch der Septaccord der 7<sup>ten</sup> erhöhten Stufe als Stellvertreter des Septnonaccordes der 5<sup>ten</sup> Stufe in den Quintsextaccord derselben (7<sup>ten</sup>) Stufe auf; folglich der Quintsextaccord der 2<sup>ten</sup> Stufe mit grosser Sext in den Terzquartaccord derselben Stufe; folglich auch der Terzquartaccord der 4<sup>ten</sup> Stufe mit übermässiger Quart in den Secundaccord derselben Stufe; endlich der Secundaccord der 6<sup>ten</sup> natürlichen Stufe mit übermässiger Secund in den Septaccord der 5<sup>ten</sup> Stufe mit grosser Terz, wie folgende Beispiele in A moll zeigen :

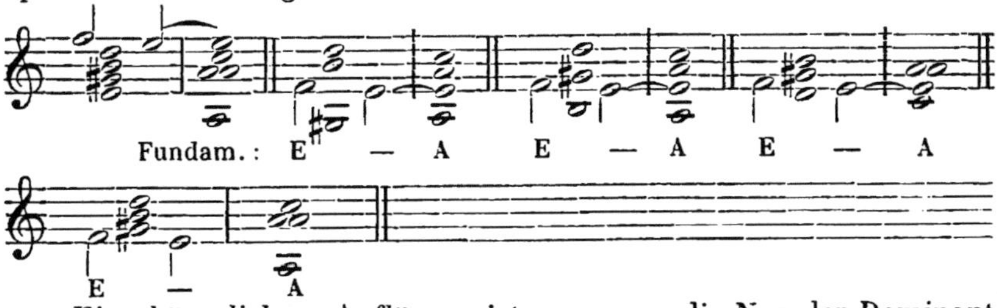


Eine künstlichere Auflösung ist es, wenn die Non der Dominant sich erst bei dem darauf folgenden Dreiklang der 1<sup>ten</sup> Stufe in die Quint auflöset, wobei auf die Lage ankommt, dass die Non unter der Quint, welche abwärts zu gehen hat, stehen muss, weil sonst Quinten entstünden; wenn aber die Quint aufwärts gehen kann, ist keine Gefahr. Auf diese Weise haben die stellvertretenden Accorde folgende Auflösung: der Septaccord der 7<sup>ten</sup> erhöhten Stufe in den Dreiklang der 1<sup>ten</sup>; der Quintsextaccord der 2<sup>ten</sup> Stufe mit grosser Sext in den Sextaccord der 3<sup>ten</sup>; der Terzquartaccord der 4<sup>ten</sup> Stufe mit übermässiger Quart in den Sextaccord der 3<sup>ten</sup>, und der Secundaccord der 6<sup>ten</sup> natürlichen Stufe mit übermässiger Secund in den Quartsextaccord der 5<sup>ten</sup> Stufe. Z. B. in A moll:

Sogar der verminderte Dreiklang der 2$^{ten}$ Stufe kann Stellvertreter des Septnonaccordes der 5$^{ten}$ Stufe sein; insofern folgt diesem Dreiklang der 2$^{ten}$ Stufe oder dessen erster Verwechslung die erste Verwechslung des Dreiklangs der 1$^{ten}$ Stufe. Z. B. in A moll:

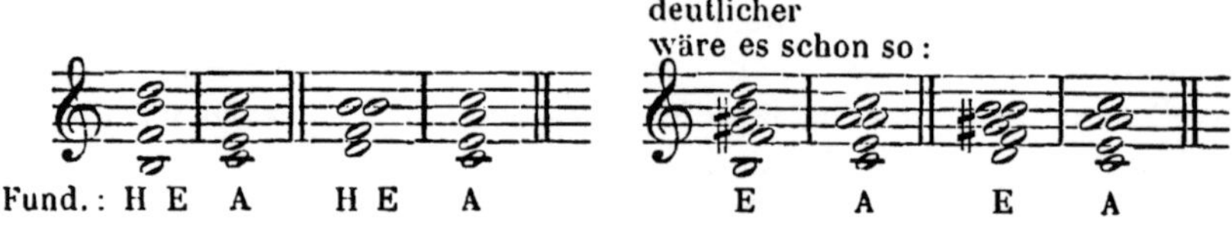


## § 12.

Der Septaccord der 7$^{ten}$ erhöhten Stufe sammt seinen Verwechslungen, wenn er Stellvertreter des Septnonaccordes der 5$^{ten}$ Stufe ist, kann in folgenden Fällen f r e i eintreten:

1. Nach dem Dreiklang der 1$^{ten}$ Stufe und nach seinen Verwechslungen.

2. Nach dem Dur-Dreiklang der 5$^{ten}$ Stufe und nach seinen Verwechslungen; nach diesen gilt selbst der unvorbereitet eintretende verminderte Dreiklang der 2$^{ten}$ Stufe sammt seinen Verwechslungen als Stellvertreter des obgenannten Septnonaccordes. Hier Beispiele in A moll:

3. Nach allen jenen Accorden, wodurch die Sept der 7$^{ten}$ erhöhten Stufe vorbereitet wäre, ist es erlaubt, diese in einer andern Stimme unvorbereitet zu nehmen, welches nach dem verminderten Dreiklang der 2$^{ten}$ Stufe und seinen Verwechslungen und nach dem Moll-Dreiklang der 4$^{ten}$ Stufe und seinen Verwechslungen vorzugsweise geschehen kann. Z. B. in A moll:

## § 13.

Jeder Septaccord kann Stellvertreter eines Septnonaccordes sein, insofern der Grundton des Septaccordes als Terz des Septnonaccordes angesehen wird.

1. Der Septaccord der 5$^{ten}$ Stufe mit kleiner Terz kann die Stelle des Septnonaccordes der 3$^{ten}$ Stufe mit reiner Quint vertreten. Z. B. in A moll:

2. Der Septaccord der 2$^{ten}$ Stufe kann statt des Septnonaccordes der 7$^{ten}$ natürlichen Stufe gebraucht werden. Z. B.

3. Der Septaccord der 6ten natürlichen Stufe kann Stellvertreter des Septnonaccordes der 4ten Stufe mit kleiner Terz werden. Z. B.

4. Der Septaccord der 6ten erhöhten Stufe kann als Stellvertreter des Septnonaccordes der 4ten Stufe mit grosser Terz gelten. Z. B.

5. Der Septaccord der 3ten Stufe mit reiner Quint kann Stellvertreter des Septnonaccordes der 4ten Stufe sein. Z. B.

6. Der Septaccord der 7ten natürlichen Stufe kann Stellvertreter des Septnonaccordes der 5ten Stufe mit kleiner Terz sein. Z. B.

7. Der Septaccord der 4ten Stufe mit kleiner Terz ist auch fähig, Stellvertreter des Septnonaccordes der 2ten Stufe zu sein. Z. B.

Da es keinen Septnonaccord der 2ten Stufe mit reiner Quint in der Moll–Tonleiter giebt, so braucht er auch keinen Stellvertreter. Ein Anderes ist es, wenn ein blosser Nonaccord auf der 2ten Stufe mit reiner Quint gemeint ist, denn dieser hat seinen Stellvertreter in dem Septaccord der 4ten Stufe mit grosser Terz, aber ohne Quint. Z. B. in A moll:

8. Der Septaccord der 4ten Stufe kann die Stelle des Septnonaccordes der 6ten natürlichen Stufe ersetzen. Z. B.

Nachträglich muss bemerkt werden, dass, wie es auf der 4ten Stufe keinen selbstständigen Septaccord mit grosser Sept giebt, auch kein derartiger Septnonaccord vorkommt und darum auch kein ihn ersetzender Septaccord nöthig ist. Wird aber ein blosser Nonaccord auf der 4ten Stufe gemeint, so hat dieser seinen Stellvertreter durch den Septaccord der 3ten Stufe, aber ohne Quint. Z. B.

§ 14.

Auch viele Dreiklänge können als Stellvertreter von Septnonaccorden angesehen werden, insofern der Grundton des Dreiklangs als die Quint des Septnonaccordes angesehen wird, so wie dieses beim verminderten Dreiklang der 2ten Stufe bereits geschehen ist. Nun die übrigen Fälle dieser Art.

1. Der Dreiklang der 4ᵗᵉⁿ Stufe kann als Stellvertreter des Septnonaccordes der 4ᵗᵉⁿ Stufe angesehen werden. Z. B.

2. Der Dur-Dreiklang der 3ᵗᵉⁿ Stufe als Stellvertreter des Septnonaccordes der 6ᵗᵉⁿ natürlichen Stufe. Z. B.

3. Der Moll-Dreiklang der 4ᵗᵉⁿ Stufe als Stellvertreter des Septnonaccordes der 7ᵗᵉⁿ natürlichen Stufe. Z. B.

4. Der Moll-Dreiklang der 5ᵗᵉⁿ Stufe als Stellvertreter des Septnonaccordes der 4ᵗᵉⁿ Stufe. Z. B.

5. Die erste Verwechslung des Dreiklangs der 6ᵗᵉⁿ natürlichen Stufe als Stellvertreter des Septnonaccordes der 2ᵗᵉⁿ Stufe ist nur dreistimmig möglich. Z. B.

6. Die erste Verwechslung des Dreiklangs der 7ᵗᵉⁿ natürlichen Stufe als Stellvertreter des Septnonaccordes der 3ᵗᵉⁿ Stufe mit reiner Quint ist auch nur dreistimmig zu machen. Z..B.

Hier ist der Ort zu bemerken, dass eine Reihe von mehreren stufenweise absteigenden Sextaccorden nur mit drei Stimmen richtig auszuführen möglich ist.

## § 15.

Da der Septnonaccord seine Auflösung sogar noch eine halbe Zeit in das folgende Fundament hinüber verzögern kann, so entsteht die Tredezime, wenn die Non aufgehalten wird, und die Undezime, wenn die Sept aufgehalten wird.

Z. B. beim Septnonaccord der 5ten Stufe mit grosser Terz, wenn bei seiner Auflösung in den Dreiklang der 1ten Stufe Verzögerungen statthaben.

Hieraus folgen auch die verzögerten Auflösungen des die Stelle dieses Septnonaccordes vertretenden Septaccordes der 7ten erhöhten Stufe und seiner Verwechslungen. Z. B.

Nun sollen statt der übrigen Septnonaccorde bloss deren stellvertretende Septaccorde mit deren verzögerten Auflösung abgehandelt werden.

1. Die verzögerte Auflösung des Septaccordes der 4ten Stufe mit kleiner Terz und seiner Verwechslungen, wenn sie Stellvertreter des Septnonaccordes der 2ten Stufe sind. In A moll so:

2. Die verzögerte Auflösung des Septaccordes der 4ten als Stellvertreter des Septnonaccordes der 6ten natürlichen Stufe. In A moll so:

Die künftigen Beispiele sollen nur kurz angedeutet werden, weil die Umkehrungen nach den vorausgegangenen Mustern leicht zu finden sind.

3. Die verzögerte Auflösung des Septaccordes der 5ten Stufe mit kleiner Terz als Stellvertreter des Septnonaccordes der 3ten Stufe mit reiner Quint. Z. B.

u. s. w.

4. Die verzögerte Auflösung des Septaccordes der 5ten Stufe mit grosser Terz, insofern er Stellvertreter des Septnonaccordes der 3ten Stufe mit übermässiger Quint ist, hat das Besondere, dass, wenn nebst der Auflösung der Non auch jene der Sept verzögert wird, man gezwungen ist, die Auflösung der übermässigen Quint, welche aufwärts zu geschehen hat, ebenfalls zu verzögern, wie in dem folgenden zweiten Beispiele.

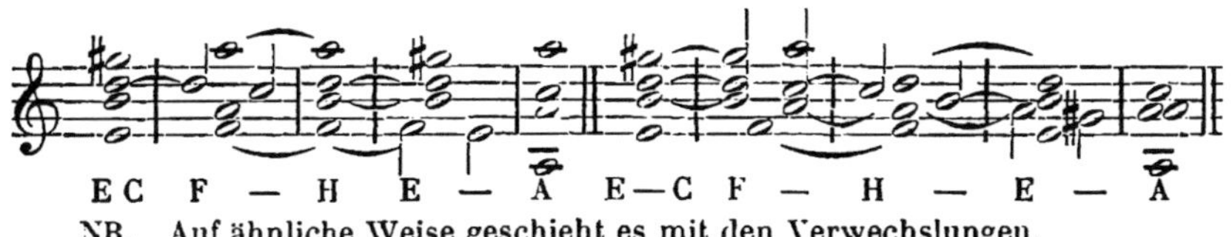



NB.  Auf ähnliche Weise geschieht es mit den Verwechslungen.

5. Die verzögerte Auflösung des Septaccordes der 2ten Stufe, wenn er Stellvertreter des Septnonaccordes der 7ten natürlichen Stufe ist. Z. B.

6. Die verzögerte Auflösung des Septaccordes der 6ten erhöhten Stufe, als Stellvertreter des Septnonaccordes der 4ten Stufe mit grosser Terz, gestaltet sich in A moll so:

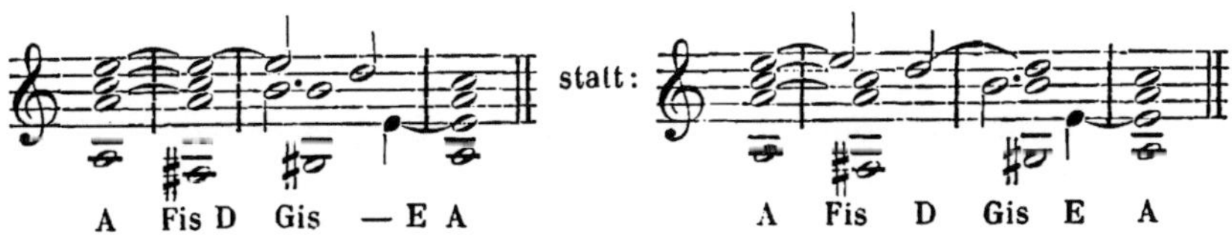



## § 16.

In allen bisherigen Beispielen war die Tredez durch die Non des vorausgehenden Fundamentes vorbereitet; nun soll sie durch die Terz des früheren Fundamentes vorbereitet werden. Dieses ist in folgenden Fällen möglich.

1. Wenn nach dem Dreiklang der 1ten jener der 5ten, Dur oder Moll, folgt. Hier folgt ein Beispiel, auch mit den Verwechslungen des Dreiklangs der 1ten Stufe.

Weil auf der 5^ten Stufe mit der grossen Terz auch die Sept, sogar auch die Non frei eintreten dürfen, so entstehen auch folgende
und diesen ähnliche Beispiele.

2. Wenn nach dem Moll-Dreiklang der 4^ten jener der 1^ten Stufe
folgt. Z. B.

3. Wenn nach dem Dreiklang der 6^ten natürlichen der Dur-
Dreiklang der 3^ten Stufe folgt. Z. B.

In diesen drei Fällen lässt sich auch die Undez durch die Octav des ersten Accordes vorbereiten. Hier folgt in einem Beispiele die Anwendung aller drei Fälle in A moll:

Von den Verwechslungen dieses Satzes ist folgende, wo die Undez im Bass vorkommt, die brauchbarste.

### § 17.

Von den zurückkehrenden Durchgängen, als einer Verzierung der Moll-Tonleiter.

Bei der aufsteigenden Tonleiter geht man von jeder Stufe zuerst noch um eine Stufe abwärts, dann wieder zur vorigen zurück, und dann erst steigt man. In A moll so:

Bei der absteigenden geht man von jeder Stufe zuerst noch um
eine Stufe aufwärts, dann wieder zur vorigen zurück, und dann
erst fällt man. Z. B. in A moll:

Dass hierbei ein Widerspruch gegen die einfache Ordnung der
Moll-Tonleiter herauskommt, indem die 6$^{te}$ und 7$^{te}$ erhöhte Stufe hier
auch fallend, und die 7$^{te}$ und 6$^{te}$ natürliche Stufe hier auch steigend
vorkommen, ist nicht zu läugnen; dafür muss man aber die Verzierung wohl von dem Wesentlichen zu unterscheiden wissen.

Hier folgen darüber die nöthigsten Beispiele:

Bei diesem letzten Beispiele braucht bloss erinnert zu werden,
dass die zwei letzten Viertheile bei jedem Tacte, worin sie vorkommen, zur Verzierung gehören.

## § 18.

Wenn bei einem Septaccorde die Terz und die Octav während
der Dauer desselben Fundamentes vertauscht werden, so kann der
Sprung, von der Octav bis zur Terz aufwärts und jener von der Terz
zur Octav abwärts, mittelst eines Durchganges ausgefüllt werden.
Z. B.

Wenn diese Vertauschung sammt den hierbei möglichen Durchgängen bei folgenden Septaccorden ausgeübt wird, so entsteht abermals ein Widerspruch gegen die einfache Ordnung der Moll-Tonleiter, was aber ihren Gebrauch nicht hindert, sondern nur bemerkt wird, damit man das Unwesentliche einer Verzierung vom Wesentlichen unterscheiden könne.

1. Beim Septaccord der 5ten Stufe mit grosser Terz.

2. Beim Septaccord der 4ten Stufe mit grosser Terz.

In vorstehenden Beispielen kommt der Fall vor, dass die 7te und 6te erhöhte Stufe auch abwärts gehen, aber, wohlgemerkt, nur im Durchgange.

3. Beim Septaccord der 5ten Stufe mit kleiner Terz.

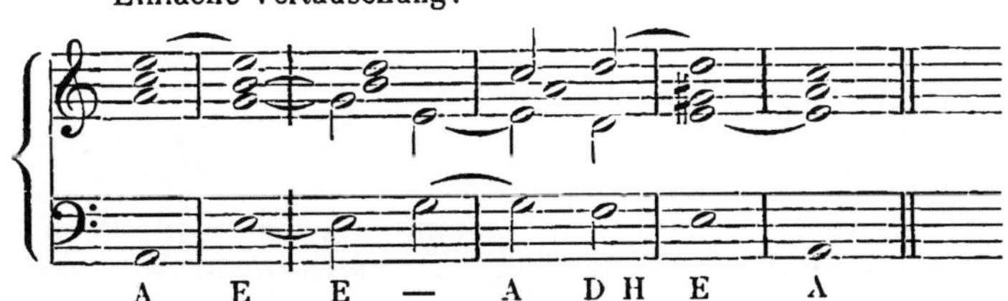

**4. Beim Septaccord der 6<sup>ten</sup> natürlichen Stufe.**

Einfache Vertauschung:

Vertauschung mit den Durchgängen:

**5. Beim Septaccord der 7<sup>ten</sup> natürlichen Stufe.**

Einfach:

Mit Durchgängen:

In vorstehenden Beispielen kommt der Fall vor, dass die 6<sup>te</sup> und 7<sup>te</sup> natürliche Stufe aufwärts gehen, aber nicht als wesentlich, sondern nur im Durchgange.

## § 19.

Derlei Durchgänge kommen auch vor, während die Octav des Dreiklangs in die Sept des Septaccordes derselben Stufe übergeht. Hier folgen die nöthigen Beispiele, zuerst einfach und dann mit den Durchgängen und mit beigefügtem Fundamente.

Sehr sinnreich ist folgende noch unerwähnte Figur, bei welcher während der Dauer desselben Fundamentes die Sept und Quint vertauscht werden, welches sich nur bei dem Septaccord der Dominant einfach anwenden lässt. Um nun dieses auch bei den Septaccorden anderer Stufen anwenden zu können, lässt man die eine Stimme, statt des Sprunges von der Quint in die Sept, den Sprung von der Quint in die Octav machen, nach welcher bekanntlich die Sept im Durchgange folgen kann: die andere Stimme lässt man, statt des Sprunges von der Sept in die Quint, stufenweise von der Sept auf die Sext und Quint herab gehen, womit also die Sept mittelst der durchgehenden Sext, welche nicht zum Fundamente gehört, eine Art Auflösung erhält, welche man zum Unterschied von der eigentlichen die durchgehende Auflösung nennt.

1. Fängt diese Figur beim Dominantseptaccord an, nach welchem sogleich geschlossen werden kann, so hat sie keine weiteren Folgen. Z. B.

2. Fängt diese Figur beim Septaccord der 2ten Stufe an, so soll sie auch bei der nachfolgenden Dominant nachgemacht werden. Z. B.

3. Fängt diese Figur beim Septaccord der 6<sup>ten</sup> natürlichen Stufe an, so wird sie entweder auch bei den folgenden Septaccorden der 2<sup>ten</sup> und 5<sup>ten</sup> Stufe nachgemacht, oder es kann statt des Septaccordes der 2<sup>ten</sup> Stufe eine Dreiklangsharmonie sein und die angefangene Figur erst bei der 5<sup>ten</sup> Stufe nachgemacht werden. Z. B.

4. Fängt diese Figur beim Septaccord der 3<sup>ten</sup> Stufe mit reiner Quint an, so wird sie entweder bei allen in der Ordnung folgenden Fundamenten fortgesetzt, oder einmal durch eine Dreiklangsharmonie unterbrochen. Z. B.

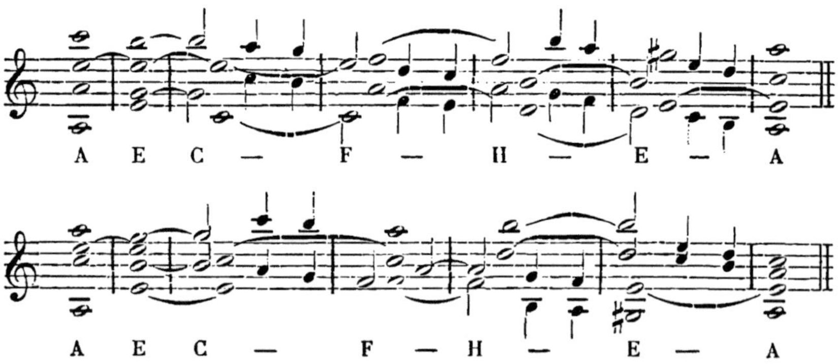


5. Fängt diese Figur beim Septaccord der 7<sup>ten</sup> natürlichen Stufe an, so wird sie entweder bei den folgenden Fundamenten fortgesetzt, oder zweimal durch eine Dreiklangsharmonie unterbrochen. Die Stimme, welche von der Quint in die Octav springt, kann auch bei dieser letzteren stehen bleiben und dafür diejenige Stimme, welche die Octav schon früher hatte, in die Sept herab gehen. Z. B.

6. Fängt diese Figur bei dem Septaccord der 4<sup>ten</sup> Stufe mit kleiner Terz an, so kann man nach Belieben bei den nächsten Fundamenten wie zuvor verfahren, oder sogleich die 2<sup>te</sup> Stufe und sodann die Dominant u. s. w. folgen lassen. Für den letzten Fall hier ein Beispiel.

7. Fängt diese Figur beim Septaccord der 4<sup>ten</sup> Stufe mit grosser Terz an, so kann nicht mit derselben fortgefahren werden, sondern es folgt die Harmonie des Dreiklangs der 7<sup>ten</sup> erhöhten Stufe u. s. w. wie in folgendem Beispiele.

8. Fängt die Figur beim Septaccord der 4<sup>ten</sup> Stufe an, so kann man nach Belieben die ganze gewöhnliche Reihe der Fundamente hindurch mit dieser Figur fortfahren, oder abwechselnd bei einigen Fundamenten eine Dreiklangsharmonie machen, oder gleich nach dem Septaccorde der 4<sup>ten</sup> Stufe so fortfahren wie bei 6.

**Anmerkung.** Bei den Septaccorden der 6ten und 7ten erhöhten Stufe kann diese Figur nicht angewendet werden, weil diese Stufen keine Octav vertragen; ebensowenig bei dem Septaccord der 3ten Stufe mit übermässiger Quint, weil die übermässige Quint springen müsste, wozu sie nicht taugt.

## § 20.

Zur allgemeinen U e b e r s i c h t der Fundamentalfortschreitungen in der Moll-Tonleiter möge Folgendes als Wiederholung des im ersten Theile Gesagten dienen.

Von jedem Fundamente giebt es z w e i richtige Wege in ein anderes, nämlich entweder um eine Q u a r t a u f w ä r t s, welches gleich ist mit einer Q u i n t a b w ä r t s, oder um eine T e r z a b w ä r t s, wovon in dieser Abhandlung genug Beispiele vorgekommen sind.

Damit man aber von einem Fundamente um eine Q u i n t oder um eine T e r z in ein anderes s t e i g e n könne, müssen beide Accorde ohne Tadel sein, d. h. der erste muss keine Auflösung und der zweite keine Vorbereitung bedürfen. Folglich bleiben für diesen letzteren Zweck nur folgende Fortschreitungen als die richtigen:

*a)* Um e i n e Q u i n t a u f w ä r t s.

Von der Harmonie des Dreiklangs der 1ten zu jener der beiden Dreiklänge der 5ten Stufe.

Von der Harmonie des Moll-Dreiklangs der 4ten zu jener der 1ten Stufe.

Von der Harmonie des Dreiklangs der 6ten natürlichen zu jener des Dur-Dreiklangs der 3ten Stufe.

*b)* Um e i n e T e r z a u f w ä r t s.

Von der Harmonie des Dreiklangs der 1ten zu jener des Dur-Dreiklangs der 3ten Stufe.

Von der Harmonie des Moll-Dreiklangs der 4ten zu jener des Dreiklangs der 6ten natürlichen Stufe.

Von der Harmonie des Dreiklangs der 6ten natürlichen zu jener des Dreiklangs der 1ten Stufe.

**Anmerkung.** Von der Harmonie des Dur-Dreiklangs der 3ten zum Moll-Dreiklang der 5ten Stufe ist nur ein halb selbstständiger Schritt, da am gewöhnlichsten der letztere nach ersterem wie der Septaccord der 3ten Stufe behandelt wird. Bei allen übrigen Schritten, welche in die Oberterz zu geschehen scheinen, wird der zweite Dreiklang wie der Septaccord des anfangenden Fundamentes behandelt. So wird auch bei den übrigen Schritten, welche in die Oberquint zu geschehen scheinen, der zweite Dreiklang wie der Septnonaccord des anfangenden Fundamentes behandelt, wovon in dieser Abhandlung mehrere Beispiele vorgekommen sind.

# Dritter Theil.

## Diatonische Tonwechslung und chromatisches Fortschreiten in der Dur-Tonleiter.

---

# DIATONISCHE TONWECHSLUNG.

## EINLEITUNG.

Die diatonische Tonwechslung nimmt keine andern Hilfsmittel, als die in der diatonischen Dur – oder Moll – Leiter selbst liegen, insofern ein und derselbe Accord in der einen Tonleiter auf der ersten, und in der andern auf einer andern Stufe vorkommt. Damit nun gezeigt werden kann, wie man auf diatonischem Wege überall hin gelangen könne, müssen alle Tonleitern von Ces - bis Cis dur und von As - bis Ais moll in Anwendung kommen. Da Viele glauben, es sei einerlei, nach Fis - oder Ges dur, nach H - oder Ces dur, nach Cis- oder Des dur zu gehen, so werden sie in dieser Abhandlung aus den verschiedenen Wegen, welche in dem einen oder dem andern Falle zu nehmen sind, erkennen, dass es nichts weniger als einerlei sei; ebenso kommt man auf verschiedenen Wegen nach Ais - und nach B moll, nach Dis - und nach Es moll, nach Gis - und nach As moll. Wenn die diatonischen Uebergänge zuweilen mehr Accorde nöthig haben, so sind sie dafür sicherer und bestimmter, als die später abzuhandelnden chromatischen und enharmonischen.

## § 1.

Tonwechsel heisst, einen andern Ton, als den zuvorgehabten, zur Tonica, d. h. zur $1^{ten}$ Stufe zu machen.

Damit man einen Dreiklang als jenen der Tonica wirklich erkennen kann, müssen wenigstens auch Dreiklang oder Septaccord der Dominant und Dreiklang der Unterdominant vorher gehört werden. Z. B. I IV I V I oder I IV I V̇ I.

Bekanntlich muss, wenn nach dem Dreiklang der 4$^{ten}$ jener der 5$^{ten}$ oder der Septaccord der 5$^{ten}$ Stufe folgen soll, dazwischen der Dreiklang oder Septaccord der 2$^{ten}$ Stufe wirklich genommen oder hinein gedacht (und demnach gehandelt) werden, wodurch folgende Fundamentalfolgen entstehen:

$$\text{I IV II } \overset{7}{\text{V}} \text{ I oder I IV II } \overset{7}{\text{V}} \text{ I oder I IV } \overset{7}{\text{II}} \ \overset{7}{\text{V}} \text{ I.}$$

Da aber der Septaccord der 2$^{ten}$ Stufe auch die Antheile des Dreiklangs der 4$^{ten}$ Stufe enthält, so kann letzterer nach Belieben ausgelassen werden, wenn der Dreiklang oder Septaccord der 6$^{ten}$ Stufe vorhergeht. Z. B.

$$\text{I VI } \overset{7}{\text{II}} \text{ V I oder I } \overset{7}{\text{VI}} \text{ II } \overset{7}{\text{V}} \text{ I oder I VI } \overset{7}{\text{II}} \ \overset{7}{\text{V}} \text{ I.}$$

Soll der Satz noch länger werden, so kann vor der Harmonie der 6$^{ten}$ Stufe jene der 3$^{ten}$ kommen. Z. B.

$$\text{I III VI II V I oder I III VI IV } \overset{7}{\text{II}} \text{ V I oder I V } \overset{7}{\text{III}} \ \overset{7}{\text{VI}} \ \overset{7}{\text{II}} \ \overset{7}{\text{V}} \text{ I.}$$

Nimmt man nach dem Dreiklang der 4$^{ten}$ die Harmonie der 7$^{ten}$ Stufe, so kann der Satz noch länger werden, insofern nach der 7$^{ten}$ Stufe die 3$^{te}$ u. s. w. folgt, wie hier zu sehen:

$$\text{I IV VII III VI II V I oder I IV } \overset{7}{\text{VII}} \ \overset{7}{\text{III}} \ \overset{7}{\text{VI}} \ \overset{7}{\text{II}} \ \overset{7}{\text{V}} \text{ I.}$$

Alle diese Sätze können mit Stammaccorden oder mit deren Verwechslungen gemacht werden.

§ 2.

*a)* Die **Dur**-Dreiklänge kommen vor: in der Dur-Tonleiter auf der 1$^{ten}$, 4$^{ten}$ und 5$^{ten}$; und in der Moll-Tonleiter auf der 3$^{ten}$, 4$^{ten}$, 5$^{ten}$, 6$^{ten}$ natürlichen und 7$^{ten}$ natürlichen Stufe. Also kann jeder einzelne Dur-Dreiklang auf jeder dieser Stufen vorkommen. Z. B. der C dur Dreiklang auf der 1$^{ten}$ Stufe in der C dur Tonleiter, auf der 4$^{ten}$ Stufe in der G dur Tonleiter, auf der 5$^{ten}$ Stufe in der F dur Tonleiter; dann auf der 3$^{ten}$ Stufe in der A moll Tonleiter, auf der 4$^{ten}$ Stufe in der G moll Tonleiter, auf der 5$^{ten}$ Stufe in der F moll Tonleiter, auf der 6$^{ten}$ natürlichen Stufe in der E moll Tonleiter und auf der 7$^{ten}$ natürlichen Stufe in der D moll Tonleiter.

*b)* Die **Moll**-Dreiklänge kommen vor: in der Dur-Tonleiter auf der 2$^{ten}$, 3$^{ten}$ und 6$^{ten}$, und in der Moll-Tonleiter auf der 1$^{ten}$, 2$^{ten}$, 4$^{ten}$ und 5$^{ten}$ Stufe. Also kann jeder einzelne Moll-Dreiklang auf jeder dieser Stufen vorkommen. Z. B. der A moll Dreiklang auf der 2$^{ten}$ Stufe in der G dur Tonleiter, auf der 3$^{ten}$ Stufe in der F dur Tonleiter, auf der 6$^{ten}$ Stufe in der C dur Tonleiter; dann auf der 1$^{ten}$ Stufe in der A moll Tonleiter, auf der 2$^{ten}$ Stufe in der G moll Tonleiter, auf der 4$^{ten}$ Stufe in der E moll Tonleiter und auf der 5$^{ten}$ Stufe in der D moll Tonleiter.

Da kein anderer als ein Dur – oder Moll – Dreiklang zur Tonica
werden kann, so ist nach dieser Angabe für diejenigen, welche die
Beispiele in der Dur – und Moll – Tonleiter in die übrigen Tonleitern
übersetzt haben, sehr leicht, die Tonwechslung selbst vorzunehmen.
Zum Ueberflusse sollen die Ausweichungen von der C dur in die mit
derselben verwandten Tonleitern und von da wieder zurück, und
von A moll in die mit derselben verwandten Tonleitern und von da
wieder zurück in den nächsten beiden Paragraphen gezeigt werden,
wobei jederzeit das Fundament und die betreffenden Stufen beige-
setzt sind.

§ 3.

**Von C dur in E moll:**

**Von E moll in C dur:**

**Von C dur in D moll:**

**Von D moll in C dur:**

**Von C dur in G moll:**



Um von G moll in C dur zurück zu gelangen, ist eine Vermittelung nöthig, weil sich der G moll Dreiklang nicht in der C dur Tonleiter befindet. Diese Vermittelung geschieht, indem man entweder nach der F dur oder D moll Tonleiter übergeht, worin sich der G moll Dreiklang vorfindet; hat man nun in der F dur Tonleiter geendet, so hat man durch den F dur Dreiklang den Dreiklang der 4ten Stufe in der C dur Tonleiter, und hat man in D moll geendet, so hat man durch den D moll Dreiklang den Dreiklang der 2ten Stufe in der C dur Tonleiter, von welchen beiden man bald zum Schlusse gelangt.

**Von G moll nach F dur:**



**und dann
von F dur nach C dur:**

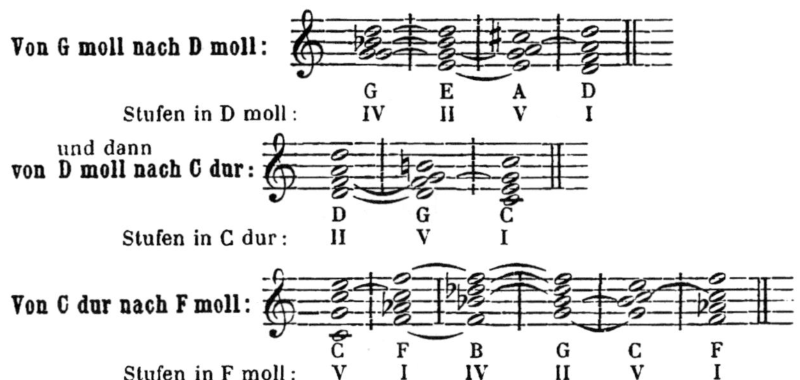



Um von F moll nach C dur zurück zu gelangen, hat man wieder eine Vermittelung nöthig, weil der F moll Dreiklang sich nicht in der C dur Tonleiter befindet. Diese Vermittelung geschieht, indem man den F moll Dreiklang als auf der 4ten Stufe der C moll Tonleiter betrachtet, sodann die Harmonie der 2ten Stufe und dann die Dominantenharmonie in dieser Tonleiter folgen lässt; da nun diese letztere gerade so beschaffen sein muss, wie in der C dur Tonleiter, so findet sich hier die beste Gelegenheit, statt in C moll in C dur zu schliessen.

Um von G moll nach A moll zurück zu gelangen, hat man eine Vermittelung nöthig, weil der G moll Dreiklang in der A moll Tonleiter nicht enthalten ist. Diese Vermittelung kann geschehen, indem man entweder nach D moll oder nach F dur übergeht, worin sich der G moll Dreiklang befindet; hat man nun in der F dur Tonleiter geendet, so hat man durch den F dur Dreiklang den Dreiklang der 6ten natürlichen Stufe in der A moll Tonleiter, und hat man in D moll geendet, so hat man durch den D moll Dreiklang jenen der 4ten Stufe in der A moll Tonleiter, nach welchem man der Ordnung der Fundamente gemäss bis zum Schlusse fortfährt. Hier die Beispiele.

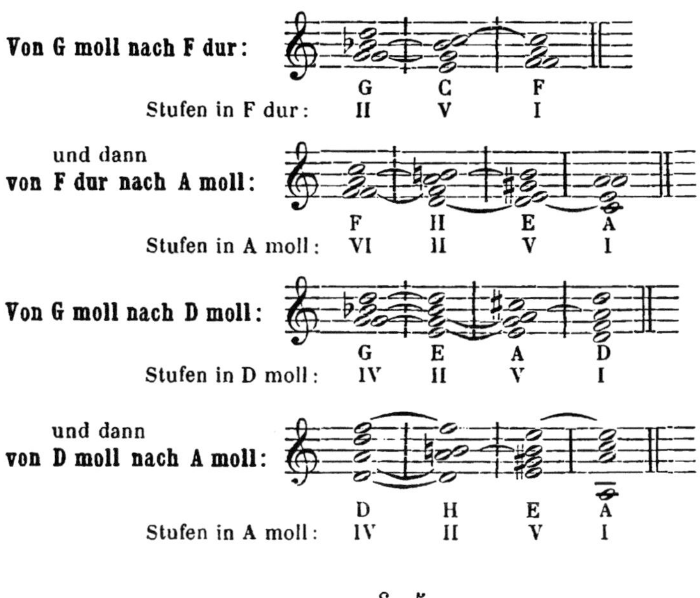



## § 5.

Um eine allgemeine Uebersicht zu erlangen, wie es mit der näheren oder entfernteren Verwandschaft der Tonleitern beschaffen ist, sehe man folgende Tabelle, wo die C dur Tonleiter in der Mitte steht; dieser zur rechten Seite stehen die Dur-Tonleitern, je nachdem sie an Kreuzen (Erhöhungszeichen) zunehmen, und ihr zur Linken die Dur-Tonleitern, je nachdem sie an Been (Erniedrigungszeichen) zunehmen. Gerade unter der C dur steht die A moll Tonleiter, so wie jedesmal jene Moll-Tonleiter unter einer Dur-Tonleiter steht, mit welcher sie gleiche Vorzeichnung hat. Der Name der Dur-Tonleitern ist mit grossen und der Name der Moll-Tonleitern mit kleinen Buchstaben bezeichnet.

| Ces | Ges | Des | As | Es | B | F | C | G | D | A | E | H | Fis | Cis |
|-----|-----|-----|----|----|---|---|---|---|---|---|---|---|-----|-----|
| as | es | b | f | c | g | d | a | e | h | fis | cis | gis | dis | ais |

So wie nun die C dur mit der G dur und F dur Tonleiter, welche ihr von beiden Seiten zunächst, und mit den Tonleitern A moll, E moll und D moll, welche gerade unter den obbenannten drei Dur-Tonleitern stehen, so wie mit den dreien noch weiter links stehenden Moll-Tonleitern, nämlich G-, C- und F moll verwandt ist: so ist jede Dur-Tonleiter mit den beiden ihr zur Seite stehenden Dur- und mit den unter diesen dreien stehenden Moll-Tonleitern, so wie auch mit noch dreien weiter links stehenden Moll-Tonleitern in Verwandschaft. Z. B. Fis dur ist in Verwandschaft mit Cis - und H dur, mit Dis -, Ais - und Gis moll, dann noch mit Cis -, Fis - und H moll.

### § 6.

Wenn man aus dem Kreise der verwandten Tonleitern hinaus geht, so braucht man jederzeit Vermittelungen.

I. Wenn man nur um einen Schritt über die Verwandschaft, d. h. zwei Schritte, gehen will, so gilt kein Abkürzen, weil es da am unangenehmsten gefühlt würde. Will man z. B. von der C dur in die D dur Tonleiter übergehen, so ist es am natürlichsten, zuerst in die G dur oder E moll Tonleiter und von da erst in die D dur Tonleiter überzugehen.

Auf ähnliche Weise wird immer gehandelt, wenn man von irgend einer Dur-Tonleiter in der vorhergehenden Tabelle in die zweite rechts stehende Dur-Tonleiter kommen will.

Will man anderseits von der C dur in die B dur Tonleiter übergehen, so ist es am natürlichsten, zuerst in die F dur oder D moll oder G moll Tonleiter und von da erst in die B dur Tonleiter überzugehen.

Auf ähnliche Weise wird gehandelt, wenn man von irgend einer Dur-Tonleiter in der benannten Tabelle in die zweite links stehende Dur-Tonleiter kommen will.

II. Wenn man von einer Dur-Tonleiter um drei Schritte rechts gehen will, so giebt es dadurch eine Abkürzung, dass man in die Moll-Tonleiter übergeht, welche mit der Dur-Tonleiter, in welche man kommen will, die gleiche 1$^{te}$ Stufe hat, welche auch jederzeit unter der anfangenden Dur-Tonleiter in der Tabelle zu finden ist. Z. B. um von C - nach A dur zu kommen, nimmt man den Weg über A moll, worin der C dur Dreiklang auf der 3$^{ten}$ Stufe vorkommt; und wenn man dann in der natürlichen Ordnung der Fundamente zur Harmonie der 5$^{ten}$ Stufe kommt, welche in der A dur und in der A moll Tonleiter gleich ist, so ist die Gelegenheit da, statt in A moll in A dur zu schliessen.

Will man anderseits von einer Dur-Tonleiter drei Schritte links kommen, so giebt sich die Abkürzung dadurch, dass man den Anfangs-accord als 5$^{te}$ Stufe einer Moll-Tonleiter betrachtet, welche von der zum Ziele erkorenen Dur-Tonleiter sich links befindet, von welcher Moll-Tonica aus man sehr leicht in die verlangte Dur-Tonleiter gelangt. Z. B. um von C - nach Es dur zu kommen, betrachtet man den C dur Dreiklang als auf der 5$^{ten}$ Stufe von F moll stehend und schliesst in deren Tonica, von wo man sehr leicht in Es dur übergehen kann, denn der F moll Dreiklang findet sich in der Es dur Tonleiter auf der 2$^{ten}$ Stufe.

III. Wenn man von einer Dur-Tonleiter vier Schritte rechts gehen will, so geschieht die Abkürzung damit, dass man den ersten Dreiklang als auf der 6$^{ten}$ Stufe derjenigen Moll-Tonleiter, welche in der Tabelle gleich rechts unten sich befindet, betrachtet; und wenn man in der natürlichen Ordnung der Fundamente zur Harmonie der Dominant gekommen ist, so wird man finden, dass es zugleich diejenige ist, welche zum vorgesetzten Ziele führt. Z. B. um von der C- nach der E dur Tonleiter zu kommen, nimmt man Weg über E moll, worin der C dur Dreiklang auf der 6ten Stufe vorkommt; kommt man nun in der natürlichen Ordnung der Fundamente zur Harmonie der Dominant, so muss diese die nämliche sein, die auch zum Schlusse in E dur führt.

Will man hingegen von einer Dur-Tonleiter vier Schritte links kommen, so geschieht die Abkürzung dadurch, dass man den ersten Accord als Dominant derjenigen Moll-Tonleiter ansieht, welche gerade unter der zum Ziele erwählten Dur-Tonleiter in der Tabelle steht, und deren Tonica zugleich auf der 6ten Stufe der letzten Tonleiter vorkommt. Z. B. um von der C- nach der As dur Tonleiter zu gelangen, nimmt man den C dur Dreiklang auf der 5ten Stufe von F moll stehend an, wonach sogleich die Tonica von F moll kommen kann; der F moll Accord ist zugleich auf der 6ten Stufe der As dur Tonleiter, wonach man nach der natürlichen Ordnung der Fundamente bald zum Ziele kommt.

IV. Wenn man von einer Dur-Tonleiter fünf Schritte rechts kommen will, so muss zweimal ein Abkürzungsmittel stattfinden; man muss nämlich zuerst in die zunächst rechts stehende Dur- oder in die darunter stehende Moll-Tonleiter übergehen, sodann in die rechts stehende Moll-Tonleiter einlenken, und wenn man in dieser zur Dominantenharmonie gekommen ist, in der Dur-Tonleiter desselben Tons schliessen, welche das verlangte Ziel ist. Wenn man z. B. von der C- in die H dur Tonleiter gelangen will, so geht man zuerst in die G dur oder in die E moll Tonleiter über; von da geht man nun in die H moll Tonleiter, und wenn man bei der Harmonie der 5ten Stufe mittelst der natürlichen Ordnung angekommen ist, kann man ebensowohl in der H dur Tonleiter schliessen.

Wenn man im Gegentheil von einer Dur-Tonleiter fünf Schritte links kommen will, so nimmt man den ersten Dur-Dreiklang als Dominant der Moll-Tonleiter, welche die vierte links in der Tabelle ist; ist man nun dort angelangt, so betrachtet man diesen Moll-Dreiklang als auf der 3ten Stufe derjenigen Dur-Tonleiter stehend, wohin das Ziel geht, und lässt diesem gemäss die nächsten Fundamente bis zum Schlusse folgen. Wenn man z. B. von der C- in die Des dur Tonleiter gelangen will, so geht man zuerst in die F moll Tonleiter über; da der Dreiklang der Tonica in dieser Tonleiter zugleich auf der 3ten Stufe der Des dur Tonleiter vorkommt, so fährt man in der natürlichen Ordnung der Fundamente bis zum Schlusse fort.

V. Wenn man von einer Dur-Tonleiter s e c h s Schritte r e c h t s gehen will, so kann man das Abkürzungsmittel wieder zweimal anwenden, nämlich man betrachtet den ersten Dur-Dreiklang als auf der 3ten Stufe der in der Tabelle gerade unten stehenden Moll-Tonleiter, und fährt in der natürlichen Ordnung bis zur Dominantenharmonie fort, welche letztere auch zur gleichnamigen Dur-Tonleiter führt; diesen Dur-Dreiklang der neuen Tonica betrachtet man nun wieder als auf der 3ten Stufe der gerade darunter stehenden Moll-Tonleiter, fährt wieder in der natürlichen Folge der Fundamente bis zur Dominantenharmonie fort, welche letztere in die gleichnamige Dur-Tonleiter, wohin auch das Ziel ist, führen kann. Will man z. B. von der C- in die Fis dur Tonleiter kommen, so betrachtet man erstens den C dur Dreiklang als auf der 3ten Stufe der A moll Tonleiter stehend, und fährt in der natürlichen Ordnung bis zur Dominantenharmonie fort, welche letztere auch in die Tonica von A dur führen kann; nun betrachtet man wieder den A dur Dreiklang als auf der 3ten Stufe von der Fis moll Tonleiter stehend, und fährt natürlich fort bis zur Harmonie der 5ten Stufe, welche auch in die Tonica von Fis dur führen kann.

Will man im Gegentheil von einer Dur-Tonleiter s e c h s Schritte l i n k s gehen, so findet wieder zweimal ein Abkürzungsmittel statt: Man betrachtet den ersten Dur-Dreiklang als Dominant der Moll-Tonleiter, welche als vierte links zu finden ist; ist man nun bei diesem Moll-Dreiklang, so betrachtet man diesen als auf der 2ten Stufe derjenigen Moll-Tonleiter, welche die zweite links ist, und fährt fort, bis man zum Dreiklang der 1ten Stufe dieser neuen Moll-Tonleiter kommt; dieser letztere ist auch auf der 6ten Stufe der Dur-Tonleiter, wohin das Ziel geht, und man fährt sodann in der natürlichen Ordnung der Fundamente bis zum Schlusse fort. Z. B. wenn man von der C- zur Ges dur Tonleiter gehen will, so betrachtet man den ersten Dur-Dreiklang als auf der 5ten Stufe von F moll stehend, wonach sogleich die Tonica folgt; diesen F moll Dreiklang betrachtet man als auf der 2ten Stufe von Es moll stehend, und nachdem man mittelst der Dominant bis zur Tonica gekommen, betrachtet man diesen Es moll Dreiklang als auf der 6ten Stufe von Ges dur stehend, und fährt der Ordnung gemäss bis zum Schlusse fort.

VI. Will man von einer Dur-Tonleiter s i e b e n Schritte r e c h t s kommen, so hat wieder ein zweimaliges Abkürzen statt: Man betrachtet den ersten Dur-Dreiklang als auf der 6ten Stufe der Moll-Tonleiter, welche gleich rechts zu finden ist; wenn man nun gemäss der Ordnung zur Harmonie der 5ten Stufe gelangt ist, so ist es möglich, in die gleichnamige Dur-Tonleiter zu schliessen, welche in der Tabelle die vierte rechts ist. Dieser neue Dur-Dreiklang wird nun als 3te Stufe der Moll-Tonleiter, welche gleich unterhalb zu finden ist, betrachtet, und wenn man der Ordnung gemäss bis zur Harmonie der 5ten Stufe gekommen ist, so ist es dieselbe, welche auch an das verlangte Ziel führt. Z. B. will man von der C- in die Cis dur Tonleiter kommen, so betrachtet man den C dur Dreiklang als auf der 6ten Stufe der E moll Tonleiter stehend, und fährt bis zur Harmonie der 5ten Stufe fort, welche auch fähig ist, in die E dur Tonleiter einzuleiten; nun betrachtet man den E dur Dreiklang als auf der 3ten Stufe in der Cis moll Tonleiter stehend, und wenn man der Ordnung gemäss bis zur Harmonie der 5ten Stufe gekommen ist, so hat man auch das Recht, in Cis dur zu schliessen.

Will man im Gegentheil von einer Dur-Tonleiter sieben Schritte links kommen, so hat wieder ein zweimaliges Abkürzen statt: Man betrachtet den ersten Dur-Dreiklang als auf der 5ten Stufe derjenigen Moll-Tonleiter stehend, welche in der Tabelle die vierte links ist; sodann betrachtet man die Tonica dieser Moll-Tonleiter auch als auf der 2ten Stufe der Moll-Tonleiter, welche auf der Tabelle die zweite links ist; nachdem die Harmonie der 5ten Stufe in dieser neuen Moll-Tonleiter erreicht ist, welche in die Tonica führt, dann betrachtet man diese neue Tonica als auf der 3ten Stufe derjenigen Dur-Tonleiter stehend, wohin das Ziel ist, welches durch die ordentliche Fundamentalfolge leicht erreicht wird. Will man z. B. von der C- in die Ces dur Tonleiter kommen, so betrachtet man erstens den C dur Dreiklang als Dominante von F moll und schliesst; den F moll Dreiklang betrachtet man als Dreiklang der 2ten Stufe von Es moll, und nachdem auch die 5te Stufe gefolgt ist, wird in Es moll geschlossen; den Es moll Dreiklang betrachtet man dann als Dreiklang der 3ten Stufe von Ces dur, und fährt der Ordnung gemäss bis zum Schlusse fort.

## § 7.

I. Will man von einer Moll-Tonleiter zwei Schritte rechts, also über die Verwandschaft hinaus kommen, so gilt keine Abkürzung; das Verfahren hierbei geschieht nach dem Muster der letzten Beispiele in § 4 (S. 107).

Von jeder Moll-Tonleiter kann man in die zweite ihr zur Linken stehende Moll-Tonleiter bald gelangen, wie man aus dem Muster des vorletzten Beispiels § 4 sehen kann (S. 106).

II. Will man von einer Moll-Tonleiter drei Schritte rechts schreiten, so ist dadurch ein natürliches Mittel, dass man nach der ersten Tonica sogleich deren Dominant folgen lässt, welcher Accord in der Tonleiter, nach welcher das Ziel ist, auf der 7ten natürlichen Stufe vorkommt, nach welcher in gebührender Ordnung die Harmonien der 3ten, 6ten, 2ten, 5ten und 1ten Stufe folgen. Z. B. von A moll nach Fis moll zu kommen, nimmt man nach dem A moll Dreiklang dessen Dominant, welcher Accord in der Fis moll Tonleiter auf der 7ten na-

türlichen Stufe ist, nach welcher die Harmonien der übrigen Stufen
in gebührender Ordnung bis zum Schlusse folgen. (Will man aber
die Harmonie der Dominant von A moll zugleich der A dur Tonleiter
angehörend betrachten und den darauf folgenden A dur Dreiklang als
Tonica, welcher sodann zugleich Dreiklang der 3^{ten} Stufe von Fis moll
wird, so kommt es auf das Nämliche heraus, weil die übrigen Stufen
in der obigen Ordnung folgen.)

Will man im Gegentheil von einer Moll-Tonleiter d r e i Schritte
l i n k s machen, so ist das einfachste Mittel, den anfangenden Moll-
Dreiklang als auf der 2^{ten} Stufe der rechts stehenden Dur-Tonleiter zu betrachten, und nachdem man mittelst der Dominantenharmonie bis zum Schlusse gekommen ist, diesen erlangten Dur-Dreiklang
als Dominant derjenigen Moll-Tonleiter, wohin das Ziel ist, zu betrachten. Z. B. wenn man von der A - in die C moll Tonleiter will,
so betrachtet man zuerst den A moll Dreiklang als auf der 2^{ten} Stufe
von G dur, wenn man nun vermittelst der Dominantenharmonie zur
Tonica gekommen ist, so betrachtet man den G dur Dreiklang als Dominant von C moll und schliesst darin.

III. Will man von einer Moll-Tonleiter v i e r Schritte r e c h t s, so
ist das einfachste Mittel, den anfangenden Moll-Accord als auf der 4^{ten}
Stufe der zunächst rechts stehenden Moll - Tonleiter zu betrachten,
und wenn man auf dem natürlichen Wege bis zur Dominantenharmonie gelangt ist, so schliesst man in die gleichnamige Dur-Tonleiter,
welche die vierte rechts ist; sodann betrachtet man diesen Dur-Dreiklang als auf der 3^{ten} Stufe derjenigen Moll-Tonleiter, welche gerade
unterhalb auf der Tabelle steht, nach welcher das Ziel ist, und lässt
die Fundamente in der natürlichen Ordnung bis zum Schlusse folgen.
Z. B. wenn man von der A - in die Cis moll Tonleiter übergehen
will, so nimmt man das *a* als 4^{te} Stufe der E moll Tonleiter, und
nachdem man naturgemäss bis zur Dominant dieser Tonleiter gekommen ist, schliesst man, statt in E moll, in E dur; den E dur Dreiklang
betrachtet man nun als 3^{te} Stufe der Cis moll Tonleiter, und fährt mit
der natürlichen Fundamentalfolge bis zum Schlusse fort.

Will man hingegen von einer Moll-Tonleiter v i e r Schritte l i n k s,
so ist das natürlichste Mittel, den anfangenden Moll-Dreiklang als auf
der 6^{ten} Stufe der oberhalb stehenden Dur-Tonleiter stehend anzusehen und dem gemäss bis zum Schlusse in derselben fortzufahren;
nun wird dieser Dur-Dreiklang als Dominant von derjenigen Moll-
Tonleiter, wohin das Ziel ist, angesehen und geschlossen. Z. B.
wenn man von der A - in die F moll Tonleiter übergehen will, so
nimmt man den Weg nach der C dur Tonleiter, wovon *a* die 6^{te} Stufe
ist, und fährt so wie gewöhnlich bis zum Schlusse fort; nun ist
der C dur Dreiklang auch auf der 5^{ten} Stufe der F moll Tonleiter, wonach sogleich die Tonica folgen kann.

IV. Um von einer Moll-Tonleiter f ü n f Schritte r e c h t s zu kommen, ist folgendes Verfahren das natürlichste: Man betrachtet den anfangenden Moll-Dreiklang als jenen der 4ten Stufe der Moll-Tonleiter, welche rechts am nächsten steht, und wenn man durch die ordentliche Folge zur Harmonie der 5ten Stufe gekommen ist, so schliesst man in Dur; diesen Dur-Dreiklang betrachtet man nun als auf der 6ten natürlichen Stufe derjenigen Moll-Tonleiter stehend, wohin das Ziel gerichtet ist, und fährt dem gemäss bis zum Schlusse fort. Z. B. wenn man von A- nach Gis moll will, so betrachtet man den A moll Dreiklang als jenen der 4ten Stufe der E moll Tonleiter, fährt naturgemäss fort bis zur Dominantenharmonie, welche auch nach E dur führt; den E dur Dreiklang betrachtet man nun als 6te natürliche Stufe von Gis moll, und fährt der Ordnung gemäss bis zum Schlusse fort.

Will man hingegen von einer Moll-Tonleiter f ü n f Schritte l i n k s gelangen, so verfährt man am natürlichsten so, dass man den anfangenden Moll-Dreiklang als jenen der 3ten Stufe der zunächst links stehenden Dur-Tonleiter betrachtet, und dem gemäss bis zum Schlusse fortfährt; dieser Dur-Dreiklang nun ist schon die Dominant der zum Ziele erkorenen Moll-Tonleiter. Wenn man z. B. von A- nach B moll kommen will, so betrachtet man den A moll Dreiklang als jenen der 3ten Stufe der F dur Tonleiter, und lässt die Fundamente in der gehörigen Ordnung bis zum Schlusse in F dur folgen; dieser Accord nun ist zugleich die Dominant von der B moll Tonleiter.

V. Wenn man von einer Moll-Tonleiter s e c h s Schritte r e c h t s gehen will, so betrachtet man am besten den anfangenden Moll-Dreiklang als jenen der 4ten Stufe der zunächst stehenden Moll-Tonleiter, und fährt der Ordnung gemäss bis zur Dominantenharmonie fort, welche auch in die Tonica der gleichnamigen Dur-Tonleiter führt; diesen Dur-Dreiklang kann man nun als jenen der 4ten Stufe der zunächst rechts stehenden Dur-Tonleiter oder als jenen der 6ten natürlichen Stufe der zunächst rechts stehenden Moll-Tonleiter ansehen, womit beiderseits das verlangte Ziel näher gerückt wird, wenn man in der gehörigen Ordnung dahin bis zum Ende fortfährt. Z. B. man will von A- nach Dis moll: da betrachtet man zuerst den A moll Dreiklang als jenen der 4ten Stufe der E moll Tonleiter, und fährt der natürlichen Ordnung nach bis zur Dominantenharmonie fort, welche zugleich in die Tonica von E dur führt; mag man nun den E dur Dreiklang als jenen der 4ten Stufe der H dur oder als jenen der 6ten natürlichen Stufe der Gis moll Tonleiter betrachten, in diesen gemäss bis zum Schlusse fortfahren, es wird einerlei sein, denn der H dur Dreiklang ist auf der 6ten natürlichen, und der Gis moll Dreiklang ist auf der 4ten Stufe in der zum Ziele erwählten Dis moll Tonleiter, von welchen beiden aus der Schluss bald erreicht ist.

Will man aber von einer Moll-Tonleiter s e c h s Schritte l i n k s gehen, so ist dadurch ein natürlicher Weg gebahnt, dass man den ersten
Dreiklang als jenen der 6ten Stufe der gerade oben stehenden Dur-
Tonleiter betrachtet und dem gemäss bis zur Tonica fortfährt. Dieser Dur-Dreiklang wird nun als Dominant der vierten links stehenden
Moll-Tonleiter betrachtet, nach welcher sogleich die Tonica derselben folgt; dieser Moll-Dreiklang wird nun als jener der 2ten Stufe
der zum Ziele erkorenen Moll-Tonleiter angesehen, und nach gehöriger Folge der Fundamente bis zum Schlusse fortgefahren. Z. B. wenn
man von A- nach Es moll kommen will, betrachtet man zuerst den
A moll Dreiklang als auf der 6ten Stufe der C dur Tonleiter stehend
und fährt ordentlich bis zur Tonica fort; der C dur Dreiklang wird
sodann als jener der 5ten Stufe von F moll angesehen, nach welchem
sogleich die Tonica folgt; der F moll Dreiklang endlich wird als auf
der 2ten Stufe der Es moll Tonleiter stehend betrachtet, und in der
gewöhnlichen Ordnung bis zum Schlusse fortgefahren.

VI. Wenn man von einer Moll-Tonleiter s i e b e n Schritte r e c h t s
gehen will, so erkennt man den ersten Moll-Dreiklang als jenen der 4ten
Stufe der rechts stehenden Moll-Tonleiter und fährt der Ordnung gemäss
bis zur Dominant fort, welche auch in die gleichnamige Dur-Tonleiter führt; diesen Dur-Dreiklang betrachtet man als jenen der 3ten
Stufe der gerade unten stehenden Moll-Tonleiter und fährt bis zur
Dominantenharmonie fort, welche auch in die Tonica der gleichnamigen Dur-Tonleiter führt; diesen Dur-Dreiklang endlich betrachtet
man als jenen der 3ten Stufe der zum Ziele erkorenen Moll-Tonleiter,
und fährt der Ordnung gemäss bis zum Schlusse fort. Z. B. um von
A- nach Ais moll zu kommen, betrachtet man zuerst den A moll
Dreiklang als jenen der 4ten Stufe der E moll Tonleiter, und geht in
der natürlichen Ordnung bis zur Dominantenharmonie, welche auch
in die Tonica von E dur führt; diesen Dur-Dreiklang betrachtet man
sodann als jenen der 3ten Stufe der Cis moll Tonleiter, und wenn
man in der natürlichen Ordnung bis zur Dominantenharmonie gekommen ist, hat man auch Gelegenheit, in die Tonica von Cis dur zu
kommen; diesen Cis dur Dreiklang betrachtet man nun als jenen
der 3ten Stufe von Ais moll, und fährt mit der ordentlichen Fundamentalfolge bis zum Schlusse fort.

Will man hingegen von einer Moll-Tonleiter s i e b e n Schritte l i n k s
gehen, so nimmt man den ersten Moll-Accord als jenen der 3ten Stufe
der zunächst links stehenden Dur-Tonleiter und fährt ordentlich bis
zum Schlusse fort; diesen erlangten Dur-Dreiklang betrachtet man
als jenen der 5ten Stufe derjenigen Moll-Tonleiter, welche die vierte links
ist, und schliesst darin; den nun erlangten Moll-Dreiklang betrachtet man sodann als jenen der 2ten Stufe der zum Ziele gesetzten Moll-
Tonleiter, und fährt damit in der Ordnung bis zum Schlusse fort.

Z. B. wenn man von A- nach As moll kommen will, so betrachtet man zuerst den A moll Dreiklang als jenen der 3ten Stufe in der F dur Tonleiter, und fährt ordentlich bis zur Tonica fort; diesen F dur Dreiklang betrachtet man nun als Dominant der B moll Tonleiter und lässt die Tonica folgen; diesen B moll Dreiklang betrachtet man nun als jenen der 2ten Stufe in der As moll Tonleiter, und fährt bis zum Schlusse fort.

§ 8.

In der obenstehenden Tabelle (§ 5) hat die Cis dur Tonleiter keinen Schritt rechts und die Ces dur Tonleiter keinen Schritt links. Die Fis dur Tonleiter hat nur einen Schritt rechts und die Ges dur Tonleiter nur éinen Schritt links u. s. w.

Der Weg von Ces dur bis Cis dur lässt sich in vier Abschnitten durchmachen, nämlich: 1) von Ces dur mittelst Es moll nach Es dur, 2) von Es dur mittelst C moll nach C dur, 3) von C dur mittelst E moll nach E dur, 4) von E dur mittelst Cis moll nach Cis dur.

Der Weg von Cis dur bis Ces dur braucht sechs (aber kürzere) Abschnitte, nämlich: 1) von Cis dur nach Fis moll, 2) von Fis moll nach E moll, 3) von E moll nach C dur, 4) von C dur nach F moll, 5) von F moll nach Es moll, 6) von Es moll nach Ces dur. Oder: 1) von Cis dur nach Fis moll, 2) von da nach D dur, 3) von da nach G moll, 4) von da nach Es dur, 5) von da nach As moll, 6) von da nach Ces dur.

Der Weg von As moll nach Ais moll lässt sich in fünf Abschnitten machen, nämlich: 1) von As moll mittelst Es moll nach Es dur, 2) von Es dur mittelst G moll nach G dur, 3) von G dur mittelst E moll nach E dur, 4) von E dur mittelst Cis moll nach Cis dur, 5) von Cis dur nach Ais moll.

Der Weg von Ais moll nach As moll lässt sich in sechs Abschnitten machen, nämlich: 1) von Ais moll nach Fis dur, 2) von da nach H moll, 3) von da nach G dur, 4) von da nach C moll, 5) von da nach Es dur, 6) von da nach As moll.

Alle bisher erwähnten Uebergänge sollen sowohl mit Stammaccorden als mit deren Verwechslungen geübt werden.

§ 9.

Um den Uebergang in andere Tonleitern zu beschleunigen, bedient man sich der bereits im ersten und zweiten Theile erwähnten Abkürzungen durch stellvertretende Accorde. Hier einige derselben als Wiederholung.

1.  Dem Dreiklang der 4ten Stufe folgt gewöhnlich die Harmonie der 2ten Stufe, um zur Dominant zu kommen; wenn man aber den Dreiklang der 4ten Stufe selbst schon als Stellvertreter des Septaccordes der 2ten Stufe ansieht, so kann die Dominant sogleich folgen. Z. B.

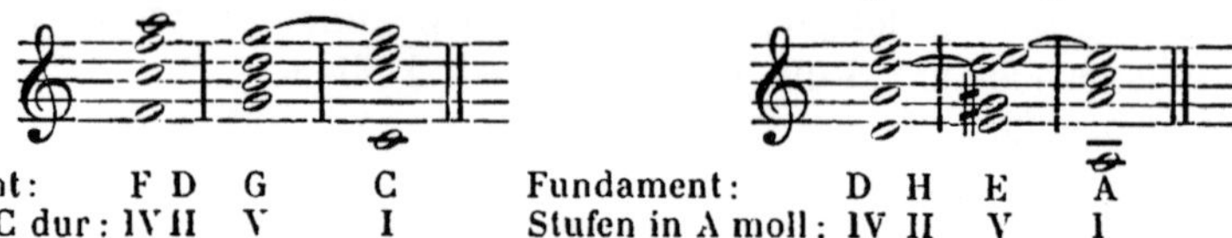

<pre>
Fundament:        F D  G       C        Fundament:        D H  E    A
Stufen in C dur: IV II  V       I        Stufen in A moll: IV II  V    I
</pre>

2.  Dem Dreiklang der 6ten Stufe folgt ebenfalls gewöhnlich die Harmonie der 2ten Stufe, um zur Dominant zu kommen; wenn man nun den Dreiklang der 6ten Stufe (besser dessen erste Umkehrung) selbst schon als unvollkommenen Stellvertreter des Septnonaccordes der 2ten Stufe ansieht, so kann der Dreiklang der 5ten Stufe, namentlich in seiner ersten Umkehrung, sogleich folgen.  Z. B.

<pre>
Fundament:        A D  G       C        Fundament:        F H  E    A
Stufen in C dur: VI II  V       I        Stufen in A moll: VI II  V    I
</pre>

Mehr davon findet sich im ersten und zweiten Theile.

3.  Dem Dreiklang der 3ten Stufe in der Dur–Tonleiter kann die Dominant sogleich folgen.  Z. B.

<pre>
Fundament:        E      G     C
Stufen in C dur: III      V     I
</pre>

4.  Dem Dreiklang der 3ten Stufe in der Moll–Tonleiter folgt gewöhnlich die 6te Stufe, um zur Harmonie der 2ten Stufe zu gelangen; wird nun der Dreiklang der 3ten Stufe selbst schon als unvollkommener Stellvertreter des Septnonaccordes der 6ten Stufe angesehen, so kann die erste Verwechslung des Dreiklangs der 2ten Stufe sogleich folgen.  Z. B.

<pre>
Fundament:        C F  H     E     A
Stufen in A moll: III VI  II     V     I
</pre>

5.  Der Dreiklang der 7ten natürlichen Stufe in der Moll-Tonleiter kann als unselbstständig angesehen werden, wenn er keine Octav hat; in diesem Falle kann derjenige Ton, welcher sonst Grundton ist, als Tredez der 2ten Stufe angesehen werden, welche sich um eine Stufe abwärts auflösen muss, während die zwei andern

Antheile bleiben, und also die Harmonie des Dreiklangs der 2<sup>ten</sup> Stufe erscheint, nach welcher sogleich die Dominant folgen kann.   Z. B.

| Fundament: | H | — | E | A |
| Stufen in A moll: | II | — | V | I |

### § 10.

Ebenso wie man den Uebergang in andere Tonleitern beschleunigen kann, so kann man auch das Ziel verzögern, wozu ebenfalls im ersten und zweiten Theile sich Beispiele finden, die hier kurz wiederholt werden.

1. Nach der Harmonie der 5<sup>ten</sup> Stufe kann zwar sogleich die Tonica folgen; man kann aber auch die Harmonie der 3<sup>ten</sup> Stufe folgen lassen, wodurch der Schluss weiter hinaus geschoben wird.

2. Nach der Harmonie der 2<sup>ten</sup> Stufe kann wohl sogleich die Dominant folgen; man kann aber auch die Harmonie der 7<sup>ten</sup> Stufe folgen lassen, wodurch das Ende verschoben wird.

3. Nach der Harmonie der 6<sup>ten</sup> Stufe folgt in der natürlichen Ordnung jene der 2<sup>ten</sup> Stufe; es kann aber auch die Harmonie der 4<sup>ten</sup> oder der 1<sup>ten</sup> oder der 3<sup>ten</sup> Stufe nachfolgen, wodurch der Schluss abermals weiter hinaus gerückt wird, denn zuletzt muss man denn doch wieder in die natürliche Ordnung kommen.

4. Nach der Harmonie der 3<sup>ten</sup> Stufe folgt am natürlichsten jene der 6<sup>ten</sup>; man kann aber auch die Harmonie der 1<sup>ten</sup> Stufe folgen lassen, wodurch aber kein wahres Ende erreicht wird, und daher weiter fortgefahren werden muss.

5. Nach dem Dreiklang der 4<sup>ten</sup> Stufe folgt, um bald zum Ziele zu gelangen, die Harmonie der 2<sup>ten</sup> Stufe; es kann aber auch der Dreiklang der 6<sup>ten</sup> und der 1<sup>ten</sup> Stufe und der Septaccord der 7<sup>ten</sup> Stufe folgen, wo in jedem Falle der Schluss weiter hinaus gerückt wird.

### § 11.

Wenn Sätze an einander gereiht werden, deren einer mit der Tonica schliesst, und der nächste mit einer andern Tonica beginnt, so sind folgende die natürlichsten Aufeinanderfolgen.

a) Wenn der erste Satz mit einem Dur-Dreiklang schliesst, so kann der neue mit dem Dur-Dreiklang der reinen Ober- oder Unterquint, oder mit dem Moll-Dreiklang der grossen Oberterz oder der kleinen Unterterz oder der reinen Unterquint des vorigen beginnen. Oder mit andern Worten: der zuerst schliessende Accord muss in der neuen Dur–Tonleiter auf der 4ten oder 5ten Stufe, und in der neuen Moll–Tonleiter auf der 3ten oder 6ten oder 5ten Stufe vorkommen. Z. B. schliesst der erste Satz in C dur, so kann der neue Satz in G dur oder F dur, oder in A moll oder E moll oder F moll beginnen.

*b)* Wenn der erste Satz mit einem Moll–Dreiklang schliesst, so kann der nächste mit dem Moll–Dreiklang der reinen Ober– oder Unterquint, oder mit dem Dur–Dreiklang der kleinen Oberterz oder der grossen Unterterz oder der reinen Oberquint des vorigen beginnen. Oder mit andern Worten: der schliessende Accord muss in der neuen Moll–Tonleiter auf der 4ten oder 5ten, und in der neuen Dur–Tonleiter auf der 6ten oder 3ten Stufe vorkommen; ausgenommen ist der letzte Fall, wo der neue Dreiklang in der vorigen Tonleiter auf der 5ten Stufe vorkommt. Z. B. schliesst der erste Satz in A moll, so kann der neue in E moll oder D moll, oder in C dur oder F dur oder in E dur beginnen.

Aus diesem geht hervor, dass die Folge zweier Dreiklänge, die jeder eine Tonica vorstellen sollen, ebenso wie die richtige Fundamentalfolge angesehen werden müsse.

## § 12.

Wenn ein Satz mit einem Dur–Accord schliesst und sodann der nächste Satz mit dem Moll–Accord des nämlichen Grundtons beginnt, oder umgekehrt, so wird dieses bei dem chromatischen Fortschreiten gehörig berücksichtigt werden.

Es sollte in diesem Theile nur gezeigt werden, wie viel die diatonische Tonwechslung für sich allein wirken könne, und zwar hauptsächlich darin, dass sie wirklich und nicht bloss scheinbar geschieht, das heisst, dass man jederzeit die neue Tonica wirklich dafür erkennen kann.

Dafür muss erwähnt werden, dass die Tonwechslung sich auf das temperirte System gründet, welches aber nicht hindert, die Behandlung der Accordenfolge ganz nach den im ersten und zweiten Theile gegebenen Regeln einzurichten.

# DIE CHROMATISCHEN SCHRITTE IN C DUR.

## § 1.

Chromatisch fortschreiten heisst zwischen zwei der Tonleiter gehörige Töne, die um eine grosse Secunde entfernt sind, einen Ton aus einer verwandten Tonleiter einschieben. Wenn die Haupttonleiter C dur ist, so sind die verwandten Tonleitern G dur, F dur, A moll, E moll, D moll, G moll, C moll und F moll.

Aufsteigend. Zwischen *c* und *d* setzt man *cis*, welches aus der D moll Tonleiter genommen ist, worin sich auch *c* und *d* befinden.

Zwischen *d* und *e* setzt man *dis*, welches aus der E moll Tonleiter genommen wird, worin sich auch *d* und *e* befinden.

Zwischen *f* und *g* setzt man *fis*, welches aus der G dur oder aus der G moll Tonleiter herrührt, in welcher letzteren sich auch *f* und *g* befinden.

Zwischen *g* und *a* setzt man *gis*, welches aus der A moll Tonleiter herkommt, in welcher sich auch *g* und *a* befinden.

Zwischen *a* und *h* setzt man *b*, welches aus der F dur oder aus der D moll oder C moll Tonleiter genommen wird, in welchen beiden letzteren auch *a* und *h* sich befinden.

Absteigend. Zwischen *h* und *a* setzt man *b*, welches aus der F dur oder aus der D moll oder C moll Tonleiter genommen ist, in welchen beiden letzteren sich auch *h* und *a* vorfinden.

Zwischen *a* und *g* nimmt man *as*, welches aus der C moll Tonleiter herrührt, worin sich auch *a* und *g* befinden.

Zwischen *g* und *f* nimmt man *fis*, welches aus der G dur oder G moll Tonleiter herrührt, in welcher letzteren sich auch *g* und *f* befinden.

Zwischen *e* und *d* nimmt man *es*, welches aus der G moll Tonleiter herkommt, worin auch *e* und *d* vorkommen.

Zwischen *d* und *c* nimmt man *des*, welches aus der F moll Tonleiter genommen ist, worin sich auch *d* und *c* befinden.

**Anmerkung.** Es giebt auch in künstlichen Verbindungen Sätze, worin im Absteigen zwischen *a* und *g* das *gis*, zwischen *e* und *d* das *dis*, und zwischen *d* und *c* das *cis* gesetzt werden muss.

§ 2.

Bei näherer Betrachtung des Vorstehenden kann man bemerken, dass die verwandten Moll-Tonleitern den meisten Stoff zu chromatischen Fortschreitungen liefern, und zwar dadurch, dass die 6$^{te}$ und 7$^{te}$ Stufe, die in der diatonischen Moll-Tonleiter im Auf- und Absteigen veränderlich sind, im chromatischen Fortschreiten gleich nach einander vorkommen.

In der diatonischen A moll Tonleiter heissen die Stufen von der 5$^{ten}$ bis 8$^{ten}$ aufsteigend: *e, fis, gis, a*, und von der 8$^{ten}$ bis 5$^{ten}$ absteigend: *a, g, f, e*. Im chromatischen Fortschreiten werden sie durch einander gemischt: *e, f, fis, g, gis, a*, und ebenso zurück.

In der diatonischen E moll Tonleiter heissen die Stufen von der 5$^{ten}$ bis 8$^{ten}$ aufsteigend: *h, cis, dis, e*, und *e, d, c, h* heissen sie von der 8$^{ten}$ bis 5$^{ten}$ absteigend. Diese nun durch einander gemischt geben folgende chromatische Fortschreitungen: *h, c, cis, d, dis, e*, und ebenso zurück.

In der diatonischen D moll Tonleiter heissen die Stufen von der 5$^{ten}$ bis 8$^{ten}$ aufsteigend: *a, h, cis, d*, und von der 8$^{ten}$ bis 5$^{ten}$ absteigend: *d, c, b, a*. Diese nun gemischt geben folgende chromatische Fortschreitungen: *a, b, h, c, cis, d*, und ebenso zurück.

Aus diesen drei Moll-Tonleitern lässt sich die chromatische C dur Tonleiter im Aufsteigen erklären, da sie nur aus den bisher angeführten Tönen besteht, wie hier zu sehen: *c, cis, d, dis, e, f, fis, g, gis, a, b, h, c.*

In der diatonischen C moll Tonleiter heissen die Stufen von der 5$^{ten}$ bis 8$^{ten}$ aufsteigend: *g, a, h, c*, und von der 8$^{ten}$ bis 5$^{ten}$ absteigend: *c, b, as, g*. Diese durch einander gemischt geben folgende chromatische Fortschreitungen: *g, as, a, b, h, c*, und ebenso zurück.

In der diatonischen G moll Tonleiter heissen die Stufen von der 5$^{ten}$ bis 8$^{ten}$ aufsteigend: *d, e, fis, g*, und von der 8$^{ten}$ bis 5$^{ten}$ absteigend: *g, f, es, d*. Diese gemischt geben folgende chromatische Fortschreitungen: *d, es, e, f, fis, g*, und ebenso zurück.

In der diatonischen F moll Tonleiter heissen die Stufen von der 5$^{ten}$ bis 8$^{ten}$ aufsteigend: *c, d, e, f*, und von der 8$^{ten}$ bis 5$^{ten}$ absteigend: *f, es, des, c*. Diese vermischt geben folgende chromatische Fortschreitungen: *c, des, d, es, e, f*, und ebenso zurück.

Aus diesen drei Moll-Tonleitern lässt sich die absteigende chromatische C dur Tonleiter erklären, da sie nur aus den hier erwähnten Tönen besteht, wie hier zu sehen: *c, h, b, a, as, g, fis, f, e, es, d, des, c.*

§ 3.

Der chromatische Schritt von der 6<sup>ten</sup> natürlichen zur 6<sup>ten</sup> erhöhten Stufe, so wie von der 7<sup>ten</sup> natürlichen zur 7<sup>ten</sup> erhöhten Stufe einer Moll-Tonleiter, und umgekehrt, heisst um einen k l e i n e n halben Ton fortschreiten; hingegen die Fortschreitung in einer Moll-Tonleiter von der 2<sup>ten</sup> Stufe zur 3<sup>ten</sup>, von der 5<sup>ten</sup> zur 6<sup>ten</sup> natürlichen Stufe und von der 7<sup>ten</sup> erhöhten Stufe zur 8<sup>ten</sup>, und umgekehrt, welches diatonische Schritte sind, ebenso in der Dur-Tonleiter von der 3<sup>ten</sup> bis 4<sup>ten</sup> und von der 7<sup>ten</sup> bis 8<sup>ten</sup> Stufe, heisst um einen g r o s s e n halben Ton oder um eine kleine Secund fortschreiten.

Also sind in der aufsteigenden chromatischen C dur Tonleiter folgende Fortschreitungen: Von *c* bis *cis* ein kleiner halber Ton; von *cis* bis *d* ein grosser; von *d* bis *dis* ein kleiner halber Ton; von *dis* bis *e* ein grosser; von *e* bis *f* ein grosser; von *f* bis *fis* ein kleiner; von *fis* bis *g* ein grosser; von *g* bis *gis* ein kleiner; von *gis* bis *a* ein grosser; von *a* bis *b* ein grosser; von *b* bis *h* ein kleiner; von *h* bis *c* ein grosser halber Ton.

In der absteigenden chromatischen C dur Tonleiter sind folgende Fortschreitungen: Von *c* bis *h* ein grosser halber Ton; von *h* bis *b* ein kleiner; von *b* bis *a* ein grosser; von *a* bis *as* ein kleiner; von *as* bis *g* ein grosser; von *g* bis *fis* ein grosser; von *fis* bis *f* ein kleiner; von *f* bis *e* ein grosser; von *e* bis *es* ein kleiner; von *es* bis *d* ein grosser; von *d* bis *des* ein kleiner; von *des* bis *c* ein grosser halber Ton.

§ 4.

Der Gebrauch der l e i t e r f r e m d e n Töne darf nicht auf die Fundamente ausgedehnt werden, daher bleiben auch in der chromatischen C dur Tonleiter alle Fundamente so wie in der diatonischen, d. h. es werden für das Fundament nur die Töne *C, D, E, F, G, A* und *H* gebraucht, nur werden sie auf kurze Zeit als Stufen einer verwandten Tonleiter angesehen. Z. B.

I. Die Töne: *C, F, D, G* können als dieselben Stufen in der C dur und C moll Tonleiter angesehen werden, nämlich für beide als 1<sup>te</sup>, 4<sup>te</sup>, 2<sup>te</sup> und 5<sup>te</sup>.

II. Die Töne: *D, G, E, A,* welche in der C dur Tonleiter folgende Stufen sind: 2, 5, 3, 6, können für die D moll Tonleiter als die Stufen: 1, 4, 2, 5 gelten.

III. Die Töne: *E, A, H,* welche in der C dur Tonleiter folgende Stufen sind: 3, 6, 7, können für die E moll Tonleiter als die Stufen: 1, 4, 5 gelten.

IV. Die Töne: *F, G, C,* welche in der C dur Tonleiter folgende

Stufen sind: 4, 5, 1, können für die F dur oder F moll Tonleiter als die Stufen: 1, 2, 5 gelten.

V. Die Töne: *G, C, A, D*, welche in der C dur Tonleiter folgende Stufen sind: 5, 1, 6, 2, können für die G dur oder G moll Tonleiter als die Stufen: 1, 4, 2, 5 gelten.

VI. Die Töne: *A, D, H, E*, die in der C dur Tonleiter folgende Stufen sind: 6, 2, 7, 3, können für die A moll Tonleiter als die Stufen: 1, 4, 2, 5 gelten.

## § 5.

I. Damit der Dreiklang der 1$^{ten}$ Stufe der C dur Tonleiter (*c–e–g*) zu jenem der 1$^{ten}$ Stufe in C moll werde, muss die grosse Terz des ersten zur kleinen umgeändert werden, also aus *e* das *es*. Damit derselbe zum Dreiklang der 5$^{ten}$ Stufe von F dur oder F moll werde, ist keine Aenderung nöthig, ausser man wollte den Moll-Dreiklang der 5$^{ten}$ Stufe von F moll haben. Damit derselbe zum Dreiklang der 4$^{ten}$ Stufe von G dur werde, ist keine Aenderung nöthig; aber zum kennbaren Dreiklang der 4$^{ten}$ Stufe von G moll zu werden, wird dessen grosse Terz zur kleinen umgeändert. Damit derselbe zum kennbaren Dreiklang der 3$^{ten}$ Stufe von A moll werde, wird die reine Quint zur übermässigen umgeändert, also aus *g* das *gis*. Damit derselbe zum Dreiklang der 6$^{ten}$ natürlichen Stufe der E moll Tonleiter werde, ist keine Aenderung nöthig. Damit derselbe zum Dreiklang der 7$^{ten}$ natürlichen Stufe von D moll werde, ist (im temperirten Systeme) auch keine Aenderung nöthig.

Zum Dreiklang der 2$^{ten}$ Stufe in der B dur Tonleiter und zu jenem der 6$^{ten}$ Stufe in der Es dur Tonleiter darf der Dreiklang der 1$^{ten}$ Stufe der C dur Tonleiter nicht im Ernste umgeändert werden, weil weder *B* noch *Es* diatonische Töne in der C dur Tonleiter sind und daher nicht als Fundamente gelten können.

II. Damit der Dreiklang der 2$^{ten}$ Stufe in der C dur Tonleiter (*d–f–a*) zu jenem der 1$^{ten}$ Stufe in D moll werde, ist (im temperirten Systeme) keine Aenderung nöthig. Damit derselbe zum Dreiklang der 5$^{ten}$ Stufe in der G dur oder G moll Tonleiter werde, muss dessen kleine Terz zur grossen umgeändert werden, nämlich aus *f* das *fis*. Damit derselbe zum Dreiklang der 4$^{ten}$ Stufe in der A moll Tonleiter oder zu jenem der 6$^{ten}$ Stufe in F dur werde, ist (im temperirten Systeme) keine Aenderung nöthig. Damit derselbe zum kennbaren Dreiklang der 2$^{ten}$ Stufe in der C moll Tonleiter werde, wird dessen Quint zur falschen umgeändert, nämlich aus *a* das *as*.

III. Damit der Dreiklang der 3$^{ten}$ Stufe in der C dur Tonleiter (*e–g–h*) zu jenem der 1$^{ten}$ Stufe in E moll oder zu jenem der 6$^{ten}$ Stufe in G dur werde, ist keine Aenderung nöthig. Damit derselbe zum kennbaren Dreiklang der 5ten Stufe in A moll werde, wird dessen kleine Terz zur grossen umgeändert, nämlich aus *g* das *gis*. Damit derselbe als Dreiklang der 2ten Stufe in D moll kennbar oder zu jenem der 7ten Stufe in F dur werde, wird dessen reine Quint zur falschen umgeändert, nämlich aus *h* das *b*.

IV. Damit der Dreiklang der 4ten Stufe in der C dur Tonleiter (*f–a–c*) zu jenem der 1ten Stufe in F dur oder zu jenem der 6ten natürlichen Stufe in A moll werde, ist keine Aenderung nöthig. Damit derselbe zum Dreiklang der 1ten Stufe in F moll oder zum kennbaren Dreiklang der 4ten Stufe von C moll werde, wird dessen grosse Terz in die kleine umgeändert, nämlich das *a* in *as*. Damit derselbe als Dreiklang der 3ten Stufe in D moll kennbar werde, wird dessen reine Quint in die übermässige umgeändert, nämlich aus *c* das *cis*. Damit derselbe als Dreiklang der 7ten natürlichen Stufe in G moll gelte, ist (im temperirten Systeme) keine Aenderung nöthig. Als Dreiklang der 5ten Stufe von B dur kann der Dreiklang der 4ten Stufe der C dur Tonleiter nicht gelten, so wenig als er zum Dreiklang der 2ten Stufe von Es dur oder zu jenem der 6ten Stufe in der As dur Tonleiter umgeändert werden kann, weil *B* und *Es* und *As* keine diatonischen Töne in der C dur Tonleiter sind und daher keine Fundamente werden können.

V. Damit der Dreiklang der 5ten Stufe in der C dur Tonleiter (*g–h–d*) zu jenem der 1ten Stufe in G dur oder zu jenem der 5ten Stufe in C moll werde, ist keine Aenderung nöthig, ausser man will auf der 5ten Stufe der C moll Tonleiter einen Moll-Dreiklang haben, wo dann aus *h* das *b* wird. Damit derselbe zum Dreiklang der 1ten Stufe in G moll oder zum Dreiklang der 2ten in F dur, oder zu jenem der 4ten Stufe in D moll werde, wird jedesmal dessen grosse Terz zur kleinen umgeändert. Damit derselbe zum kennbaren Dreiklang der 2ten Stufe in F moll werde, muss nicht allein dessen grosse Terz zur kleinen, sondern auch dessen reine Quint zur falschen umgeändert werden, nämlich aus *h* das *b* und aus *d* das *des*. Damit derselbe als Dreiklang der 3ten Stufe in E moll kennbar werde, wird dessen reine Quint in die übermässige umgeändert, nämlich aus *d* das *dis*.

VI. Damit der Dreiklang der 6ten Stufe in der C dur Tonleiter (*a–c–e*) zu jenem der 1ten Stufe in A moll oder zu jenem der 3ten Stufe in F dur, oder zu jenem der 4ten Stufe in E moll werde, ist keine Aenderung nöthig. Damit derselbe zum Dreiklang der 2ten Stufe in G dur werde, ist (im temperirten Systeme) auch keine Veränderung nöthig. Damit derselbe aber kennbar zum Dreiklang der 2ten Stufe in G moll werde, wird dessen reine Quint zur falschen umgeändert, nämlich aus *e* das *es*. Damit derselbe kennbar zum Dreiklang der 5ten Stufe in D moll werde, wird dessen kleine Terz zur grossen umgeändert, nämlich aus *c* das *cis*.

VII. Der Dreiklang der 7<sup>ten</sup> Stufe in der C dur Tonleiter (*h–d–f*) ist vermöge seiner falschen Quint, welche ordentlicherweise nicht zur reinen umgeändert werden darf, nicht fähig, ein Dreiklang auf der 1<sup>ten</sup> oder 5<sup>ten</sup> oder 4<sup>ten</sup> oder 3<sup>ten</sup> Stufe einer verwandten Tonleiter zu werden. Er kann nur noch als Dreiklang der 2<sup>ten</sup> Stufe von A moll, als Dreiklang der 6<sup>ten</sup> erhöhten Stufe von D moll und als Dreiklang der 7<sup>ten</sup> erhöhten Stufe von C moll angesehen werden.

(Der Widerspruch, gegen die Angabe im vorigen §, findet in § 22 seine Lösung.)

## § 6.

Die Moll–Tonleitern geben auch bei den verschiedenen Dreiklängen, die über dem nämlichen Grundton nach einander folgen können, die natürlichste Auskunft und Rechtfertigung.

Der C dur und C moll Dreiklang finden sich beide in der G moll Tonleiter auf der 4<sup>ten</sup> und in der F moll Tonleiter auf der 5<sup>ten</sup> Stufe.

Der C dur Dreiklang und jener auf *C* mit der übermässigen Quint finden beide sich in der A moll Tonleiter auf der 3<sup>ten</sup> Stufe.

Der D moll und D dur Dreiklang finden sich in der A moll Tonleiter auf der 4<sup>ten</sup> und in der G moll Tonleiter auf der 5<sup>ten</sup> Stufe.

Der D moll Dreiklang und jener auf *D* mit der falschen Quint finden sich in der C moll Tonleiter auf der 2<sup>ten</sup> Stufe.

Der E moll und E dur Dreiklang finden sich auf der 5<sup>ten</sup> Stufe der A moll Tonleiter.

Der E moll Dreiklang und jener auf *E* mit der falschen Quint finden sich auf der 2<sup>ten</sup> Stufe in der D moll Tonleiter.

Der F dur und F moll Dreiklang finden sich auf der 4<sup>ten</sup> Stufe der C moll Tonleiter.

Der F dur Dreiklang und jener auf *F* mit der übermässigen Quint finden sich in der D moll Tonleiter auf der 3<sup>ten</sup> Stufe.

Der G dur und G moll Dreiklang finden sich in der D moll Tonleiter auf der 4<sup>ten</sup> und in der C moll Tonleiter auf der 5<sup>ten</sup> Stufe.

Der G moll Dreiklang und jener auf *G* mit der falschen Quint finden sich in der F moll Tonleiter auf der 2<sup>ten</sup> Stufe.

Der G dur Dreiklang und jener auf *G* mit der übermässigen Quint finden sich in der E moll Tonleiter auf der 3<sup>ten</sup> Stufe.

Der A moll und A dur Dreiklang finden sich in E moll auf der 4<sup>ten</sup> und in D moll auf der 5<sup>ten</sup> Stufe.

Der A moll Dreiklang und jener auf *A* mit der falschen Quint finden sich auf der 2<sup>ten</sup> Stufe in der G moll Tonleiter.

## § 7.

I. Damit der Septaccord der 1<sup>ten</sup> Stufe in der C dur Tonleiter (*c–e–g–h*) zu jenem der 5<sup>ten</sup> Stufe in F dur oder F moll, oder zu jenem der 7<sup>ten</sup> natürlichen Stufe in D moll werde, wird die grosse Sept zur kleinen umgeändert, nämlich aus *h* das *b*. Damit derselbe als jener der 3<sup>ten</sup> Stufe in der A moll Tonleiter kenntlich werde, muss die reine Quint zur übermässigen werden, nämlich aus *g* das *gis*. Damit er als jener der 4<sup>ten</sup> Stufe von G dur oder als jener der 6<sup>ten</sup> natürlichen Stufe in E moll gelte, ist keine Aenderung nöthig. Wird von demselben nicht allein die grosse Sept zur kleinen, sondern auch die grosse Terz zur kleinen gemacht, nämlich aus *h* das *b* und aus *e* das *es*, so kommt er in der C moll Tonleiter auf der 1<sup>ten</sup>, in G moll auf der 4<sup>ten</sup> und in F moll auf der 5<sup>ten</sup> Stufe vor. (Es ist billig, dass zuerst die grosse Sept zur kleinen und dann erst die grosse Terz zur kleinen umgeändert werde.)

II. Damit der Septaccord der 2<sup>ten</sup> Stufe in der C dur Tonleiter (*d–f–a–c*) zu jenem der 1<sup>ten</sup> Stufe von D moll, zu jenem der 4<sup>ten</sup> Stufe in A moll und zu jenem der 6<sup>ten</sup> Stufe von F dur werde, ist (im temperirten Systeme) keine Aenderung nöthig. Damit derselbe zum Septaccord der 5<sup>ten</sup> Stufe in G dur oder G moll werde, wird aus der kleinen Terz eine grosse gemacht, nämlich aus *f* das *fis*. Damit derselbe zum Septaccord der 2<sup>ten</sup> Stufe in C moll werde, muss aus der Quint eine falsche werden, nämlich aus *a* das *as*.

III. Damit der Septaccord der 3<sup>ten</sup> Stufe in der C dur Tonleiter (*e–g–h–d*) zu jenem der 1<sup>ten</sup> Stufe in E moll und zu jenem der 6<sup>ten</sup> Stufe in der G dur Tonleiter werde, ist keine Aenderung nöthig. Damit derselbe als Septaccord der 5<sup>ten</sup> Stufe von A moll kenntlich werde, wird aus der kleinen Terz eine grosse, nämlich aus *g* das *gis*. Damit derselbe zu jenem der 7<sup>ten</sup> Stufe von F dur, oder besser, zu jenem der 2<sup>ten</sup> Stufe von D moll werde, muss aus der reinen Quint die falsche werden, nämlich aus *h* das *b*. Damit derselbe zu jenem der 7<sup>ten</sup> erhöhten Stufe in der F moll Tonleiter werde (was selten geschieht), so wird nebst der Quint, welche zur falschen wird, auch aus der kleinen Sept die verminderte, nämlich aus *h* das *b* und aus *d* das *des*.

IV. Damit der Septaccord der 4<sup>ten</sup> Stufe in der C dur Tonleiter (*f–a–c–e*) zu jenem der 1<sup>ten</sup> Stufe in der F dur Tonleiter oder zu jenem der 6<sup>ten</sup> natürlichen Stufe in A moll werde, ist keine Aenderung nöthig. Damit er zu jenem der 7<sup>ten</sup> natürlichen Stufe in G moll oder zu jenem der 4<sup>ten</sup> Stufe in C moll werde, wird die grosse Sept zur kleinen. Soll derselbe für die C moll Tonleiter kenntlicher werden, so wird, nebst der kleinen Sept, auch die kleine Terz statt der grossen genommen, nämlich aus *a* das *as* gemacht. Soll derselbe als

Septaccord der 3<sup>ten</sup> Stufe in der D moll Tonleiter kenntlich werden, so wird die reine Quint in die übermässige umgeändert, nämlich aus *c* das *cis*.

V. Damit der Septaccord der 5<sup>ten</sup> Stufe in der C dur Tonleiter (*g-h-d-f*), welcher in der C moll Tonleiter auf der nämlichen Stufe ist und (im temperirten Systeme) auf der 7<sup>ten</sup> natürlichen Stufe in A moll ebenso ist, zu jenem der 2<sup>ten</sup> Stufe in F dur, oder als jener der 4<sup>ten</sup> Stufe in D moll kenntlich werde, wird die grosse Terz desselben zur kleinen gemacht, nämlich aus *h* das *b*. Damit er zu jenem der 2<sup>ten</sup> Stufe der F moll Tonleiter werde, wird überdies die reine Quint zur falschen gemacht, nämlich aus *d* das *des*.

VI. Damit der Septaccord der 6<sup>ten</sup> Stufe in der C dur Tonleiter (*a-c-e-g*) zu jenem der 3<sup>ten</sup> Stufe in der F dur Tonleiter oder zu jenem der 4<sup>ten</sup> Stufe in E moll werde, ist keine Aenderung nöthig; damit derselbe zum Septaccord der 2<sup>ten</sup> Stufe in G dur werde, ist (im temperirten Systeme) auch nichts zu ändern. Damit derselbe als jener der 5<sup>ten</sup> Stufe in D moll kenntlich werde, wird dessen kleine Terz zur grossen gemacht, nämlich aus *c* das *cis*. Damit derselbe als jener der 2<sup>ten</sup> Stufe in der G moll Tonleiter gelte, muss aus der reinen Quint die falsche werden, nämlich aus *e* das *es*.

VII. Damit der Septaccord der 7<sup>ten</sup> Stufe in der C dur Tonleiter (*h-d-f-a*) zu jenem der 2<sup>ten</sup> Stufe in A moll oder zu jenem der 6<sup>ten</sup> erhöhten Stufe in D moll werde, ist (im temperirten Systeme) keine Aenderung nöthig. Damit derselbe (was selten geschieht) zum Septaccord der 7<sup>ten</sup> erhöhten Stufe in der C moll Tonleiter werde, wird dessen kleine Sept zur verminderten umgeändert, nämlich aus *a* das *as*.

## § 8.

I. Damit der Septnonaccord der 1<sup>ten</sup> Stufe in der C dur Tonleiter (*c-e-g-h-d*) zu jenem der 4<sup>ten</sup> Stufe von G dur oder zu jenem der 6<sup>ten</sup> natürlichen Stufe in E moll werde, ist keine Aenderung nöthig. Damit derselbe zu jenem der 5<sup>ten</sup> Stufe in F dur werde, wird dessen grosse Sept zur kleinen umgeändert, nämlich aus *h* das *b*; soll er aber zu jenem der 5<sup>ten</sup> Stufe in F moll werden, so wird überdies noch dessen grosse Non zur kleinen gemacht, nämlich noch aus *d* das *des*. Damit derselbe kennbar zu jenem der 3<sup>ten</sup> Stufe in der A moll Tonleiter werde, wird dessen reine Quint zur übermässigen gemacht, nämlich aus *g* das *gis*.

II. Damit der Septnonaccord der 2<sup>ten</sup> Stufe in der C dur Tonleiter (*d-f-a-c-e*) zu jenem der 4<sup>ten</sup> in A moll oder zu jenem der 6<sup>ten</sup> Stufe in F dur werde, ist (im temperirten Systeme) keine Aenderung nöthig. Damit er zu jenem der 5<sup>ten</sup> Stufe in der G dur Tonleiter werde, wird dessen kleine Terz zur grossen gemacht, nämlich aus *f* das *fis*; soll er zu jenem der 5^{ten} Stufe in der G moll Tonleiter werden, so wird überdies dessen grosse Non zur kleinen gemacht, nämlich aus *e* das *es*. Damit derselbe zu jenem der 2^{ten} Stufe in der C moll Tonleiter werde, wird aus dessen Quint eine falsche und aus dessen grosse Non eine kleine gemacht, nämlich aus *a* das *as* und aus *e* das *es*. (Gewöhnlich wird gegenwärtiger Accord zuerst für die G moll und dann erst für die C moll Tonleiter umgeändert.)

III. Damit der Septnonaccord der 3^{ten} Stufe in der C dur Tonleiter (*e–g–h–d–f*) kennbar zu jenem der 5^{ten} Stufe in A moll werde, wird dessen kleine Terz zur grossen umgeändert, nämlich aus *g* das *gis*. Damit derselbe zu jenem der 2^{ten} Stufe in der D moll Tonleiter werde, wird dessen reine Quint zur falschen gemacht, nämlich aus *h* das *b*.

IV. Damit der Septnonaccord der 4^{ten} Stufe in der C dur Tonleiter (*f–a–c–e–g*), welcher unverändert auch auf der 1^{ten} Stufe in F dur vorkommt, zu jenem der 3^{ten} Stufe in D moll werde, wird dessen reine Quint zur übermässigen gemacht, nämlich aus *c* das *cis*.

V. Damit der Septnonaccord der 5^{ten} Stufe in der C dur Tonleiter (*g–h–d–f–a*) zu jenem der 5^{ten} Stufe in C moll werde, wird aus seiner grossen Non eine kleine, nämlich aus *a* das *as*. Soll er zu jenem der 2^{ten} Stufe in F dur oder zu jenem der 4^{ten} Stufe in D moll werden, so wird aus seiner grossen Terz eine kleine, nämlich aus *h* das *b*. Damit er zu jenem der 2^{ten} Stufe in F moll werde, wird aus seiner grossen Terz eine kleine, aus seiner reinen Quint eine falsche und aus dessen grosser Non eine kleine, nämlich aus *h* das *b*, aus *d* das *des* und aus *a* das *as*. (Gewöhnlich wird gegenwärtiger Accord zuerst für die C moll und dann erst für die F moll Tonleiter umgeändert.)

VI. Damit der Septnonaccord der 6^{ten} Stufe in der C dur Tonleiter (*a–c–e–g–h*), welcher unverändert auch auf der 4^{ten} Stufe in E moll vorkommt, zu jenem der 2^{ten} Stufe in G dur werde, ist (im temperirten Systeme) auch keine Aenderung nöthig. Damit derselbe zu jenem der 5^{ten} Stufe in der D moll Tonleiter werde, muss dessen kleine Terz zur grossen und dessen grosse Non zur kleinen umgeändert werden, nämlich aus *c* das *cis* und aus *h* das *b*. Damit derselbe zu jenem der 2^{ten} Stufe in G moll werde, ist nöthig, dass dessen reine Quint zur falschen und dessen grosse Non zur kleinen wird, nämlich aus *e* das *es* und aus *h* das *b*. (Gewöhnlich wird gegenwärtiger Accord zuerst für die D moll und dann erst für die G moll Tonleiter umgeändert.)

VII. Damit der Septnonaccord der 7^{ten} Stufe in der C dur Tonleiter (*h–d–f–a–c*) zu jenem der 2^{ten} Stufe in A moll werde, ist (im temperirten Systeme) keine Aenderung nöthig.

Die Auseinandersetzungen von § 4 an bis hierher werden die
Ueberzeugung verschafft haben, dass alle Fundamente diatonisch bleiben und nur ihre Antheile, d. h. Terz, Quint, Sept und Non, eine
Aenderung erleiden, je nachdem sie auf eine mit der Haupttonleiter
verwandte Nebentonleiter Bezug haben.

§ 9.

Jedem chromatischen Satze muss ein diatonischer zum Grunde
liegen, darum wird in den folgenden Beispielen jederzeit der diatonische Satz vorausgehen, aus welchem der darauf folgende chromatische entsprungen ist. Als vorläufige Probe Folgendes:

I. Mit selbstständigen Dreiklängen allein.

II. Mit selbstständigen Septaccorden, welche sich in einen Dreiklang auflösen.

## § 10.

Einfache chromatische Schritte sind solche, die keinen zweiten solchen nöthig machen. Dieses sind vorzüglich jene, wenn ein Fundament, welches man durch Veränderung seiner Antheile zu einer Dominant gemacht hat, in die Harmonie ihres Dreiklangs der Tonica übergeht.

I. Wenn die Harmonie der 4ten Stufe der C dur Tonleiter (ob eines Dreiklangs oder Septaccordes oder Septnonaccordes gilt gleich, welches auch bei den noch übrigen ähnlichen Schritten zu gelten hat) in jene des Dreiklangs der 4ten Stufe übergeht, kann man das Fundament *C* auch als Dominant der F dur oder F moll Tonleiter, und folglich das darauf folgende Fundament *F* als Tonica von F dur ansehen. Z. B.

II. Wenn die Harmonie der 2ten Stufe der C dur Tonleiter (wie oben) in jene des Dreiklangs der 5ten Stufe übergeht, kann man das Fundament *D* auch als Dominant der G dur oder G moll Tonleiter, und folglich das darauf folgende Fundament *G* als Tonica von G dur ansehen. Z. B.

III. Wenn die Harmonie der 3<sup>ten</sup> Stufe in der C dur Tonleiter in jene des Dreiklangs der 6<sup>ten</sup> Stufe übergeht, kann man auch *E* als Dominant und *A* als Tonica der A moll Tonleiter ansehen. Z. B.

IV. Die Harmonie der 4<sup>ten</sup> Stufe der C dur Tonleiter kann als keine Dominant angesehen werden.

V. Die Harmonie der 5<sup>ten</sup> Stufe in der C dur Tonleiter kann durch Veränderung der Non zu jener der 5<sup>ten</sup> Stufe in C moll gemacht werden, wonach jedoch wieder die Tonica der C dur Tonleiter folgt. Z. B.

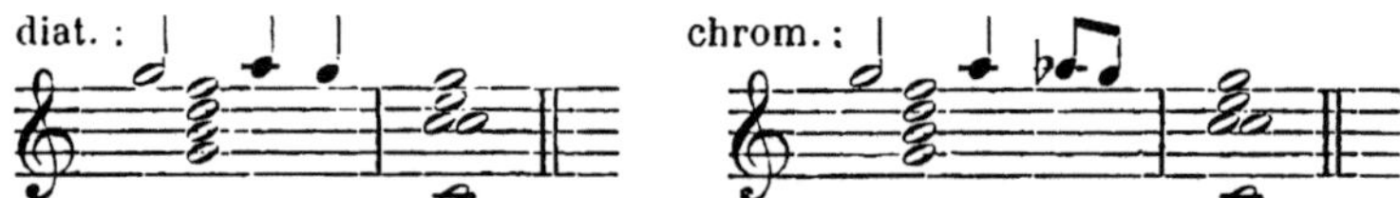


VI. Wenn die Harmonie der 6<sup>ten</sup> Stufe der C dur Tonleiter in jene des Dreiklangs der 2<sup>ten</sup> Stufe übergeht, kann man auch *A* als Dominant und *D* als Tonica der D moll Tonleiter ansehen. Z. B.

Nebst den vorigen Schritten sind es jene, wo man einen der drei in der C dur Tonleiter vorkommenden Dur–Dreiklänge zu einem übermässigen macht, und sodann um eine Terz herab in den Moll–Dreiklang springt. Auf diese Weise wird die Folge der Dreiklänge der 1ten und 6ten Stufe in der C dur Tonleiter zu jener der 3ten und 1ten Stufe in der A moll Tonleiter. Z. B.

So wird ferner die Folge der Dreiklänge der 4ten und 2ten Stufe in der C dur Tonleiter zu jener der 3ten und 1ten Stufe in der D moll Tonleiter. Z. B.

So wird endlich die Folge der Dreiklänge der 5ten und 3ten Stufe in der C dur Tonleiter zu jener der 3ten und 1ten Stufe in der E moll Tonleiter. Z. B.

Wenn man von den Dreiklängen der 1ten oder 5ten Stufe einen Quartsprung hinauf oder einen Quintsprung hinab in einen Dreiklang macht, so auch wenn man vom Dreiklang der 4ten Stufe einen solchen Sprung in einen Septaccord macht, darf man ebenfalls bei dem anfangenden Accord die reine Quint zu einer übermässigen machen. Dadurch verändern sich die Stufen so:

Die Folge *C F* in C dur 4te und 4te, und in A moll 3te und 6te natürliche Stufe,
— — *G C* in C dur 5te und 1te, und in E moll 3te und 6te natürliche Stufe,
— — *F H* in C dur 4te und 7te, und in D moll 3te und 6te erhöhte Stufe. Z.B.

In folgendem zusammenhängenden Beispiele kommen diese drei Fälle wieder vor.

Noch sind zwei Schritte dieser Art übrig, nämlich wenn man die Dur-Dreiklänge der 1ten und 4ten Stufe der C dur Tonleiter zu Moll-Dreiklängen umändert und sodann um eine Quart herab oder um eine Quint hinauf in den Dur-Dreiklang springt. Dadurch verändern sich die Stufen so:

Die Folge *C G* in C dur 1te und 5te, und in C moll wieder 1te und 5te Stufe.
— — *F C* in C dur 4te und 1te, und in F moll die 1te und 5te Stufe. Z. B.

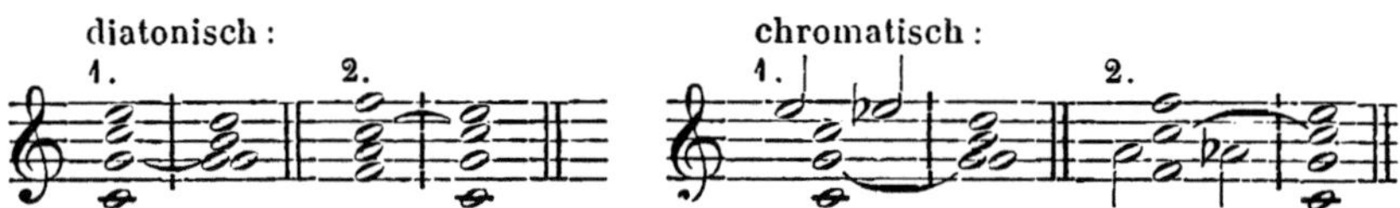


Im temperirten Systeme darf man auch den Dreiklang der 5ten Stufe der C dur Tonleiter zum Moll-Dreiklange umändern und sodann in den Moll-Dreiklang der 2ten Stufe übergehen, wodurch aber der anfangende Accord zum Dreiklang der 4ten und der nächste zu jenem der 1ten Stufe in D moll wird. Z. B.

Dieser unselbstständige Schritt kann nur in einem Zusammenhange wie folgendem in seine gehörigen Schranken gebracht werden, wie man aus dem unten beigefügten Fundamente sieht.

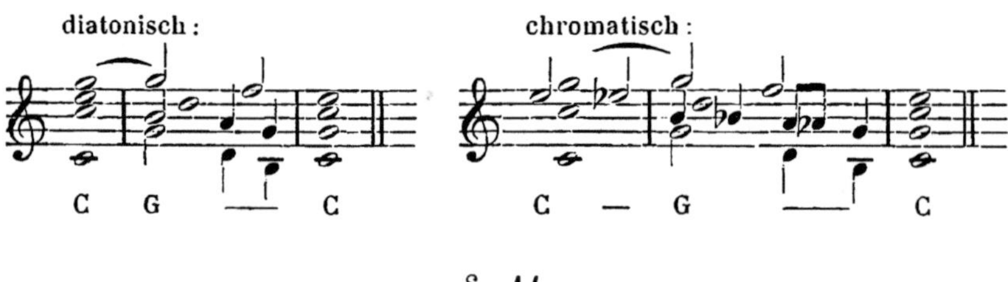


## § 11.

**Zusammengesetzter** wird ein chromatischer Satz, wenn zwei Septaccorde und dann ein Dreiklang in schlussfallähnlicher Ordnung folgen, wenn der erste Septaccord auf der 2ten Stufe, der zweite

Septaccord auf der 5ten, und der darauf folgende Dreiklang auf der 1ten Stufe einer verwandten Tonleiter vorgestellt wird.

I. Wenn nach dem Septaccord der 2ten Stufe in der C dur Tonleiter jener der 5ten und sodann der Dreiklang der 1ten Stufe folgt, so kann jener auf der 2ten Stufe durch Vermindern seiner Quint auch ür die C moll Tonleiter gelten, weil der darauf folgende Septaccord der 5ten Stufe in C dur und C moll gleich ist, und darum kann auch mit dem C dur Dreiklang wieder geschlossen werden. Z. B.

II. Wenn nach dem Septaccord der 6ten Stufe in der C dur Tonleiter jener der 2ten und dann der Dreiklang der 5ten Stufe folgt, so kann man ersteren als auf der 2ten, den nächsten als auf der 5ten, und den letzten Dreiklang als auf der 1ten Stufe von G dur stehend ansehen. Wenn man die Quint des ersteren vermindert, so kann er auch als jener der 2ten Stufe von G moll angesehen werden, weil der darauf folgende Septaccord in G dur und G moll gleich ist, und darum kann auch mit dem G dur Dreiklang wieder geschlossen werden. Z. B.

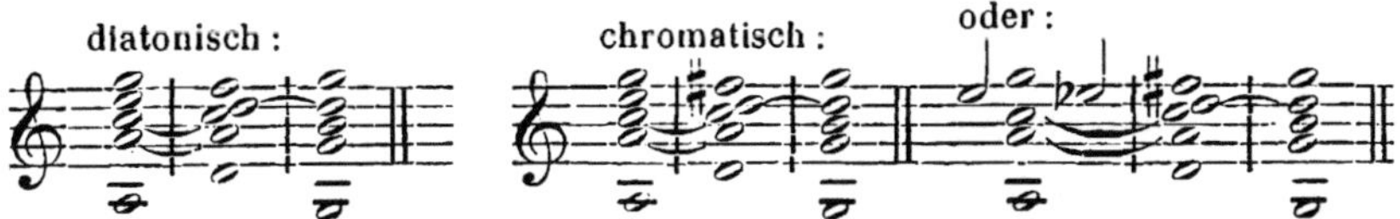


III. Wenn nach dem Septaccord der 3ten Stufe in der C dur Tonleiter jener der 6ten und dann der Dreiklang der 2ten Stufe folgt, so kann man ersteren als auf der 2ten, den nächsten als auf der 5ten, und den darauf folgenden Dreiklang als auf der 1ten Stufe von D moll stehend ansehen, wozu aber nöthig ist, dass man bei ersterem die Quint vermindere und bei dem nächsten die Terz erhöhe. Z. B.

IV. Wenn nach dem Septaccord der 7ten Stufe in der C dur Tonleiter jener der 3ten und sodann der Dreiklang der 6ten Stufe folgt, so kann man ersteren (im temperirten Systeme) ohne Veränderung als auf der 2ten, den nächsten mittelst Erhöhung der Terz als jenen der 5ten, und den darauf folgenden Dreiklang als jenen der 1ten Stufe von A moll ansehen. Z. B.

V. Wenn nach dem Septaccord der 5ten Stufe in der C dur Tonleiter jener der 1ten und sodann der Dreiklang der 4ten Stufe folgt, so kann man ersteren mittelst Erniedrigung der Terz als jenen der 2ten, den nächsten, wo die kleine Sept schon vorbereitet ist, als jenen der 5ten, und den darauf folgenden Dreiklang als jenen der 1ten Stufe von F dur ansehen. Wenn man zugleich die Quint des ersteren vermindert, so kann er als jener der 2ten Stufe von F moll angesehen werden, und weil der darauf folgende Septaccord in F dur und F moll gleich ist, so kann auch mit dem F dur Dreiklang wieder geschlossen werden. Z. B.

Damit man aber erkenne, dass alle diese scheinbaren Ausweichungen ihren Bezug auf C dur behalten, sehe man folgende zusammenhängenden Beispiele.

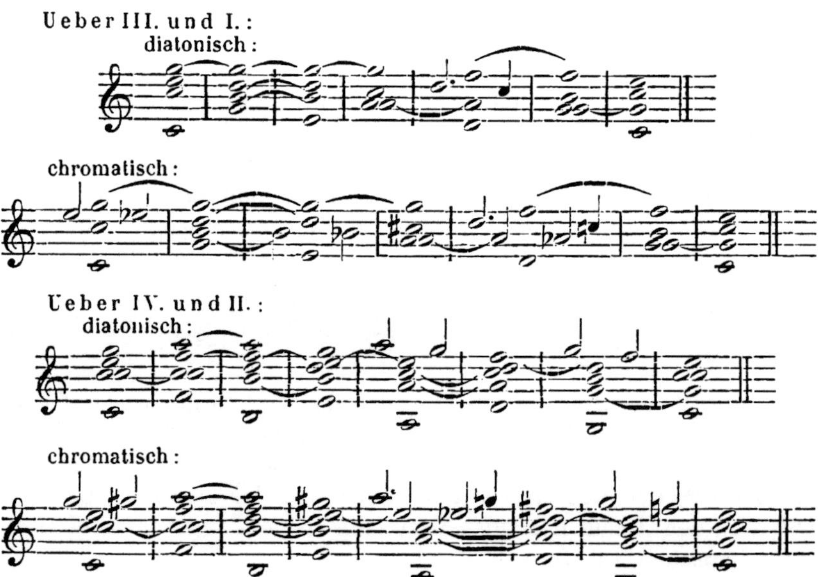

Ueber V.:
diatonisch:

chromatisch:

## § 12.

Wie man im vorigen § gesehen hat, muss jedem Septaccord, der zu jenem der 2<sup>ten</sup> Stufe gemacht wird (was übrigens auch von jedem Dreiklang und Septnonaccord gilt, den man als auf der 2<sup>ten</sup> Stufe stehend annimmt), die Harmonie der Dominant folgen, nach welcher man natürlich den Dreiklang der Tonica erwartet. Kommt aber statt des Dreiklangs auf derselben Stufe ein Septaccord, so macht man aus der vorhergehenden Harmonie der Dominant jene der 2<sup>ten</sup>, indem man entweder nur die grosse Terz zur kleinen, oder zugleich auch aus der reinen Quint die falsche macht, damit auf der Stufe, worauf man den Dreiklang der Tonica erwartete, wenigstens ein Dominantseptaccord gehört werde, worauf endlich derjenige Dreiklang der Tonica folgt, auf welchen die letzte Dominant Bezug hat.

Die Folge dreier Septaccorde in der schlussfallähnlichen Ordnung, welchen ein Dreiklang in der nämlichen Ordnung folgt, wird es deutlicher machen.

I. Wenn in der C dur Tonleiter die Septaccorde der 6<sup>ten</sup>, 2<sup>ten</sup> und 5<sup>ten</sup>, und hernach der Dreiklang der 1<sup>ten</sup> Stufe folgen. Betrachtet man ersteren als jenen der 2<sup>ten</sup> Stufe von G dur, oder macht man ihn zu jenem der 2<sup>ten</sup> Stufe von G moll, so muss der nachfolgende Septaccord Dominant von diesen Tonleitern sein; da aber nicht der Dreiklang der Tonica von *G* folgt, sondern ein Septaccord, so muss man die Dominant von G dur umändern, damit der Septaccord der 2<sup>ten</sup> Stufe von C dur oder C moll daraus werde, wonach der folgende dritte Septaccord zur Dominant von diesen Tonleitern wird, und darum mit dem C dur Dreiklang geschlossen werden kann. Z. B.

diatonisch:

chromatisch:                              oder:

II. Wenn in der C dur Tonleiter die Septaccorde der 3ten, 6ten und 2ten, und der Dreiklang der 5ten Stufe nach einander folgen. Betrachtet man ersteren als auf der 2ten Stufe von D moll, indem man die reine Quint zur falschen macht, so muss der nachfolgende jener der Dominant von dieser Tonleiter werden, nämlich eine grosse Terz bekommen; da aber nicht der Dreiklang der Tonica folgt, sondern ein Septaccord, so muss man den Septaccord der Dominant von D moll in jenen der 2ten Stufe von G dur oder G moll (auf bereits bekannte Weise) umändern, wonach der folgende dritte Septaccord zur Dominant von G dur oder G moll gemacht wird, und also mit dem G dur Dreiklang geschlossen werden kann. Z. B.

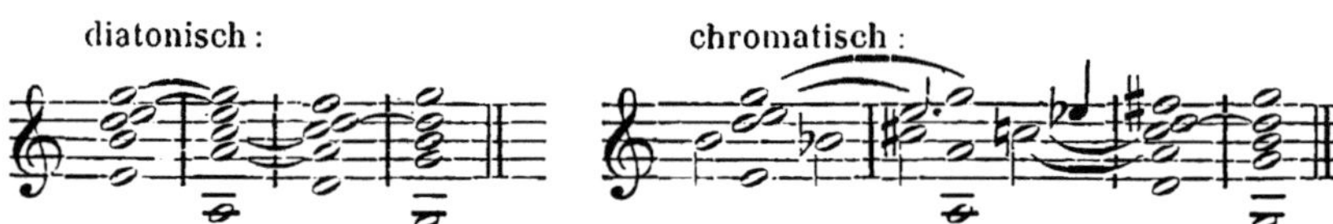


III. Wenn in der C dur Tonleiter die Septaccorde der 7ten, 3ten und 6ten, und der Dreiklang der 2ten Stufe nach einander folgen. Betrachtet man ersteren als jenen der 2ten Stufe von A moll, so muss der nächstfolgende die Dominant von dieser Tonleiter sein; da aber nicht der Dreiklang der Tonica folgt, sondern ein Septaccord, so muss der Septaccord der Dominant von A moll zu jenem der 2ten Stufe von D moll umgeändert werden, indem man die grosse Terz zur kleinen und die reine Quint zur falschen macht, wonach der folgende dritte Septaccord zur Dominant der D moll Tonleiter gemacht wird, nach welchem der Dreiklang der Tonica in dieser Tonleiter folgt. Z. B.

IV. Wenn in der C dur Tonleiter die Septaccorde der 2ten, 5ten und 1ten, und der Dreiklang der 4ten Stufe nach einander folgen. Betrachtet man ersteren als jenen der 2ten Stufe von C moll, so folgt der nämliche Septaccord der 5ten Stufe wie in C dur; da aber nicht der Dreiklang der Tonica folgt, sondern ein Septaccord, so macht man den Dominantseptaccord von C dur oder C moll durch Veränderung der grossen Terz in die kleine zu jenem der 2ten Stufe in F dur, oder überdies durch Veränderung der reinen Quint in die falsche zu jenem der 2ten Stufe in F moll, wonach der dritte Septaccord zu jenem der 5ten Stufe in F dur oder F moll wird, nach welchem dann der F dur Dreiklang als Tonica folgt. Z. B.

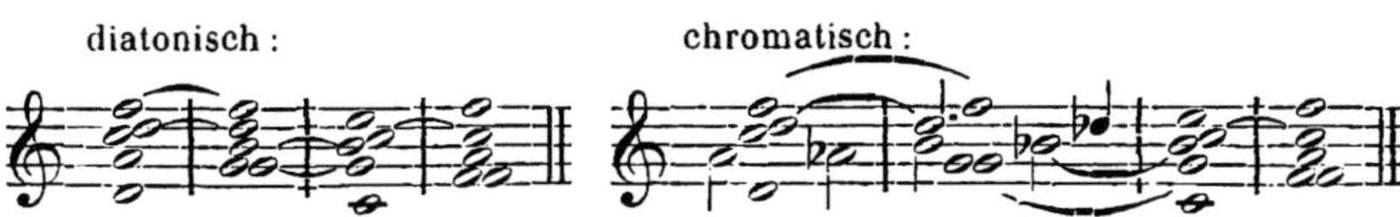



Nach dieser Erklärung wird es nicht schwer sein, die Kette aller Septaccorde in der C dur Tonleiter auch in der chromatischen Verbindung zu verstehen. Hier sind sie:

## § 13.

Da die Septaccorde der Dominante **frei** eintreten können, so kann man auch unterlassen, einen derselben erst wieder zu jenem der 2ten Stufe umzuändern, damit, wie zuvor, die Sept der folgenden Dominant vorbereitet werde. Darum kann bei der Folge der Septaccorde der 3ten, 6ten, 2ten, 5ten und 1ten Stufe der C dur Tonleiter der erstere zur Dominant von A moll, der andere zu jener von D moll, der dritte zu jener von G dur oder G moll umgeändert werden; der vierte ist ohnehin die Dominant von C dur, wonach der fünfte zu jener der F dur Tonleiter umzuändern bleibt, und zwar treten alle Septen mit ihrer grossen Terz unvorbereitet ein. Es kann also der zuletzt angegebene diatonische Satz auch folgenderweise chromatisch gemacht werden:

Mittelst Anwendung des Nonvorhaltes bei einem jeden Septaccord können die beiden chromatischen Beispiele auch folgende Gestalten bekommen.

So wie im letzten Beispiele jede kleine Sept und kleine Non zugleich mit der grossen Terz eintritt, so kann auch die Auflösung jeder
Non in die reine Quint des nächsten Fundamentes geschehen, wobei
jedoch die Fundamentalstimme lieber wegbleibt, wie im folgenden
Beispiele, wo sie nur mit Buchstaben angedeutet wird.

§ 14.

Wenn die Harmonien zweier Septaccorde nach einander folgen,
deren zweiter Grundton eine kleine Terz tiefer als der erste steht, so
kann ersterer als auf der 7ten natürlichen und der nächste als auf
der 5ten Stufe einer verwandten Moll-Tonleiter stehend angesehen
werden. Die Behandlung dieser Fortschreitung ist die nämliche, als
wenn der erstere sogleich als Septnonaccord der 5ten Stufe angesehen
wird, dessen Auflösung der Non in die Octav sodann den Septaccord

derselben Stufe erscheinen lässt. Welchen Einfluss dieses auf die chromatischen Schritte in C dur hat, sehe man in Folgendem.

I. Wenn nach der Harmonie des Septaccordes der 1ten Stufe in der C dur Tonleiter die Harmonie von jenem der 6ten folgt, so ist die Behandlung ebenso, als wenn sich die Non des Septnonaccordes der 6ten Stufe in die Octav auflöset, wonach der Dreiklang der 2ten Stufe folgen kann. Nun kann aber das Fundament *C* auch als 7te natürliche Stufe der D moll Tonleiter betrachtet, und diesem gemäss die Sept *h* in *b* verändert werden, wonach das Fundament *A* als 5te Stufe derselben Tonleiter betrachtet wird, darum man die Terz *c* in *cis* verändert; sodann wird der folgende Dreiklang als Tonica von D moll betrachtet. Z. B.

Man sieht, dass der Septaccord der Dominant von F dur hier auch als Septnonaccord der 5ten Stufe von D moll gilt, dessen kleine Terz erst dann zur grossen wird, wenn die Non in die Octav übergeht.

II. Wenn nach der Harmonie des Septaccordes der 4ten Stufe in der C dur Tonleiter jene des Septaccordes der 2ten Stufe folgt, so ist die Behandlung ebenso, als wenn sich die Non des Septnonaccordes der 2ten Stufe in die Octav auflöset, wonach der Dreiklang der 5ten Stufe folgen kann. Nun kann aber das Fundament *F* auch als 7te natürliche Stufe von G moll betrachtet, und diesem gemäss die Sept *e* in *es* verändert werden, wonach das Fundament *D* als 5te Stufe derselben Tonleiter betrachtet, und darum die Terz *f* in *fis* verändert wird; da nun das Fundament *D* sowohl als 5te Stufe von G moll oder von G dur angesehen werden kann, so wird der folgende Dreiklang als Tonica von G dur betrachtet. Z. B.

Man sieht, dass der Septaccord, welcher auf der Dominant von der B dur Tonleiter vorzukommen scheint, in Wahrheit nur auf die G moll Tonleiter bezogen wird, in welcher er als Septnonaccord der 5ten Stufe gilt, dessen kleine Terz erst dann zur grossen wird, wenn die Non in die Octav übergeht.

III. Wenn nach der Harmonie des Septaccordes der 5ten Stufe in der C dur Tonleiter jene des Septaccordes der 3ten Stufe folgt, so ist die Behandlung ebenso, als wenn sich die Non des Septnonaccordes der 3ten Stufe in die Octav auflöset, wonach der Dreiklang der 6ten Stufe folgen kann. Nun kann aber das Fundament *G* auch als 7te natürliche Stufe der A moll Tonleiter betrachtet werden, wonach das Fundament *E* als 5te Stufe derselben Tonleiter gilt, und darum die Terz *g* in *gis* verändert wird; sodann gilt der folgende Dreiklang als Tonica von A moll. Z. B.

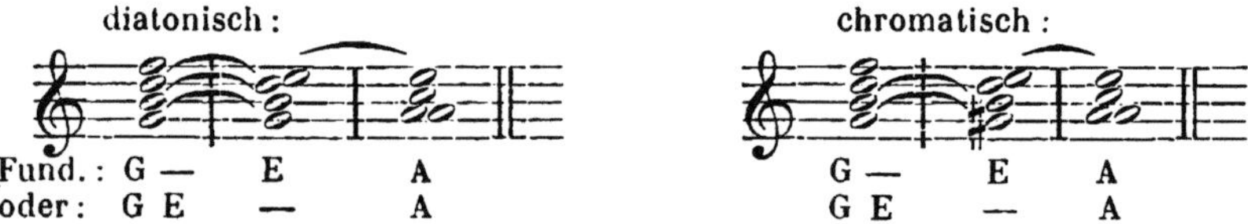



Man sieht, dass der Septaccord der Dominant von C dur hier als Septnonaccord der 5ten Stufe von A moll gilt, dessen kleine Terz erst dann zur grossen wird, wenn die Non in die Octav übergeht.

**Anmerkung.** Der Schritt von der Harmonie des Septaccordes der 2ten tufe in der C dur Tonleiter in jenen des Septaccordes der 7ten Stufe kann erst im folgenden § in Betrachtung kommen, da die 7te Stufe ordentlicherweise zu keiner Dominant gemacht wird.

## § 15.

Bei solchen Schritten wie die im vorigen § abgehandelten kann auch der erste Septaccord als auf der 4ten und der nächste als auf der 2ten Stufe einer verwandten Tonleiter stehend betrachtet werden. Der Einfluss auf die chromatischen Schritte in der C dur Tonleiter besteht in Folgendem :

I. Wenn nach der Harmonie des Septaccordes der 1ten Stufe in der C dur Tonleiter jene des Septaccordes der 6ten Stufe folgt, so ist die Behandlung so, als wenn sich die Non des Septnonaccordes der 6ten Stufe in die Octav auflöset. Nun kann aber das Fundament *C* als 4te und das Fundament *A* als 2te Stufe von G dur angesehen werden, worauf die Harmonie des Septaccordes der 5ten und des Dreiklangs der 1ten Stufe in dieser Tonleiter zu folgen haben, um verstanden zu werden. Z. B.

Es kann aber auch das Fundament *C* als 4^te Stufe von G moll angesehen werden, wenn deren Sept *h* in *b* und deren Terz *e* in *es* umgeändert wird, wonach das Fundament *A* als 2^te Stufe derselben Tonleiter mit ihrer verminderten Quint, *es*, erscheint; sodann erscheint wie oben die Dominant, welche jener in G dur gleich ist, und darum kann auch mit dem G dur Dreiklang geschlossen werden, wie folgt:

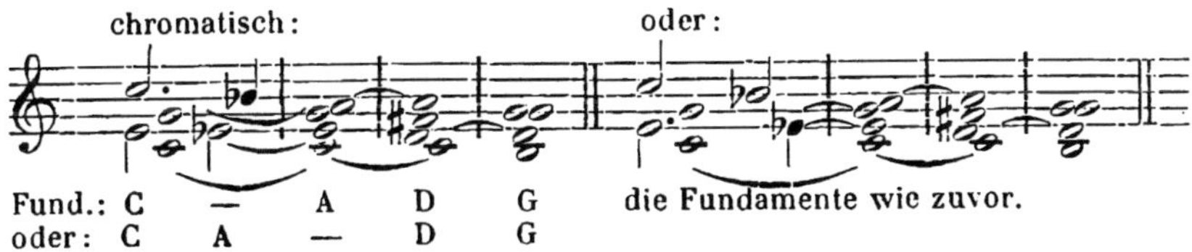



II. Wenn nach der Harmonie des Septaccordes der 2^ten Stufe in C dur jene des Septaccordes der 7^ten Stufe folgt, ist die Behandlung so, wie wenn die Non des Septnonaccordes der 7^ten Stufe sich in die Octav auflöset. Nun kann aber das Fundament *D* als 4^te und *H* als 2^te Stufe in der A moll Tonleiter angesehen werden, worauf die Harmonie des Septaccordes der 5^ten und des Dreiklangs der 1^ten Stufe in dieser Tonleiter zu folgen haben, um verstanden zu werden. Z. B.

III. Wenn nach der Harmonie des Septaccordes der 4^ten Stufe in C dur jene des Septaccordes der 2^ten Stufe folgt, ist die Behandlung so, als wenn die Non des Septnonaccordes der 2^ten Stufe sich in die Octav auflöset; worauf die Harmonien des Septaccordes der 5^ten und des Dreiklangs der 1^ten Stufe zu folgen haben. Nun können aber alle diese Stufen in C moll als die nämlichen gelten, wenn ihre Antheile dieser Tonleiter gemäss geändert werden; da der Septaccord der Dominant der gleiche wie in der C dur Tonleiter ist, so wird wieder mit dem C dur Dreiklang geschlossen. Z. B.

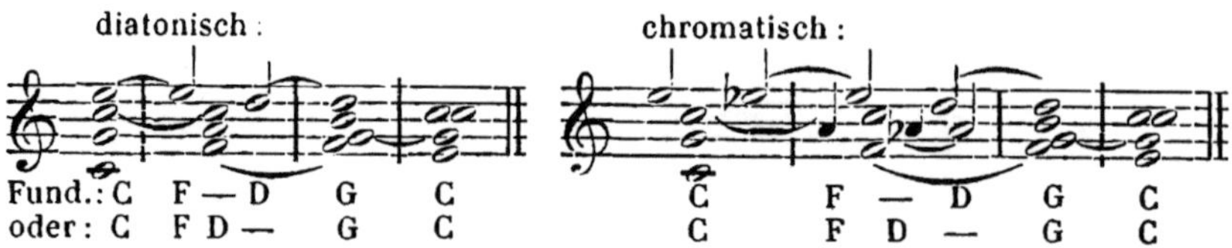


IV. Wenn nach der Harmonie des Septaccordes der 5<sup>ten</sup> Stufe in C dur jene des Septaccordes der 3<sup>ten</sup> Stufe folgt, ist die Behandlung so, wie wenn die Non des Septnonaccordes der 3<sup>ten</sup> Stufe sich in die Octav auflöset. Nun kann aber das Fundament *G* zur 4<sup>ten</sup> und *E* zur 2<sup>ten</sup> Stufe in D moll werden, indem man die Terz des ersteren, welche dann zur Quint des andern wird, nämlich das *h* zu *b* macht; worauf die Harmonien des Septaccordes der 5<sup>ten</sup> und des Dreiklangs der 4<sup>ten</sup> Stufe in derselben Tonleiter zu folgen haben, um verstanden zu werden. Z. B.

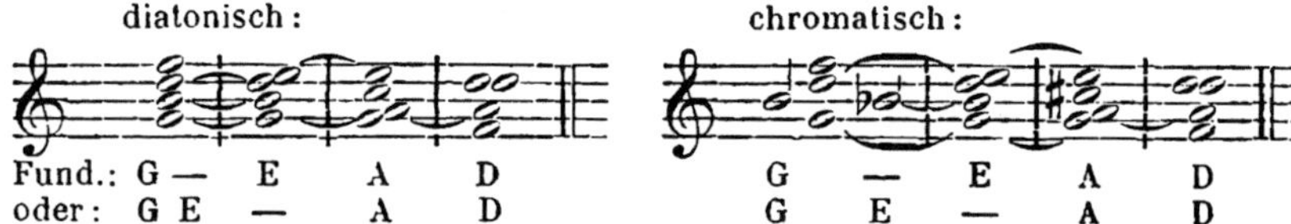


Damit man sich überzeuge, dass alle diese scheinbaren Ausweichungen ihren Bezug auf die C dur Tonleiter behalten, sehe man folgende zusammenhängende Beispiele, welchen das Fundament unten mit Buchstaben angefügt ist.

*a)* Ueber die § 14 vorgekommenen Sätze:

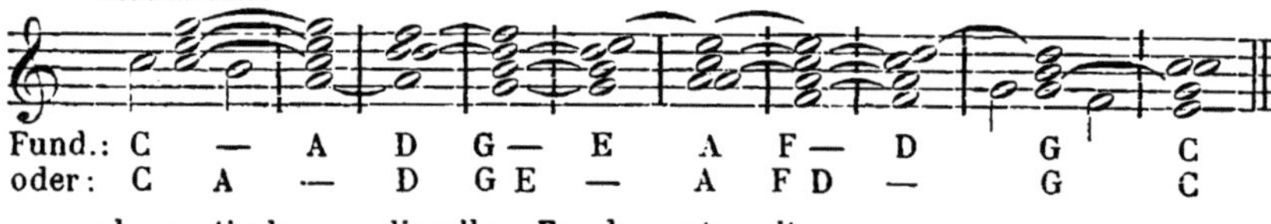

*b)* Ueber die § 15 vorgekommenen Sätze:

chromatisch, wo dieselben Fundamente gelten:

**Anmerkung.** Die Tacteintheilung kann beim wirklichen Gebrauche der chromatischen Sätze vortheilhafter gemacht werden, hier (und bei manchen früheren Beispielen) war es darum zu thun, die Abstammung derselben von diatonischen Sätzen so deutlich als möglich darzustellen.

## § 16.

Die scheinbaren Schritte des Fundamentes um eine Stufe aufwärts hängen bekanntlich von einem Zwischenfundamente ab, welches die Quint des folgenden Fundamentes ist. Wie diese zu chromatischen Fortschreitungen Anlass geben, soll nun gezeigt werden.

I. Wenn nach dem Septaccord der 1ten Stufe in C dur der Dreiklang der 2ten Stufe folgt, so muss bekanntlich der Septaccord der 1ten Stufe als Stellvertreter des Septnonaccordes der 6ten Stufe betrachtet werden. Nun kann das Fundament *C* auch als 7te natürliche Stufe, das Fundament *A* als 5te und *D* als 1te Stufe von D moll betrachtet werden, wenn die Sept des ersteren klein und die Terz des nächsten gross gemacht wird. Oder es kann das Fundament *C* als 4te, das Fundament *A* als 2te und *D* als 5te Stufe von G dur oder G moll betrachtet werden, wenn im ersten Falle bloss die Terz von *D* erhöht wird, oder wenn im zweiten Falle schon die Terz von *C*, welche dann Quint von *A* wird, erniedrigt, nämlich aus *e* das *es* gemacht wird, und sodann ebenfalls auf *D* die grosse Terz genommen wird, wonach der G dur Dreiklang schliesst. Z. B.

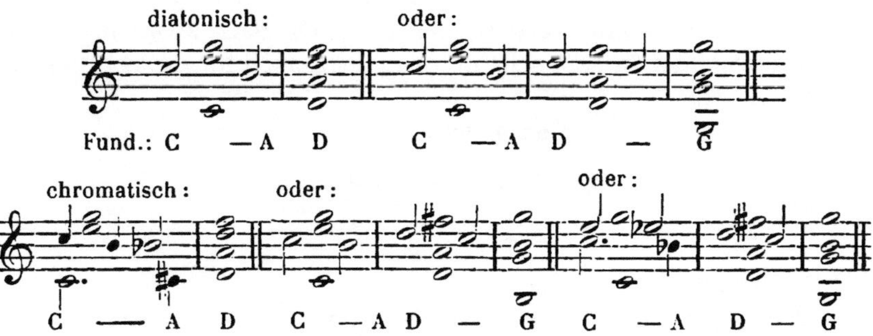


II. Wenn nach dem Septaccord der 2ten Stufe in C dur der Dreiklang der 3ten Stufe folgt, so muss ersterer als Stellvertreter des

Septnonaccordes der 7<sup>ten</sup> Stufe betrachtet werden. Nun kann das Fundament *D* auch als 4<sup>te</sup>, das Fundament *H* als 2<sup>te</sup> und *E* als 5<sup>te</sup> Stufe von A moll betrachtet werden, wenn die Terz von *E* erhöht wird; dass sodann noch der Dreiklang der Tonica von A moll folgt, ist natürlich. Z. B.

III. Wenn nach dem Septaccord der 3<sup>ten</sup> Stufe in C dur der Dreiklang der 4<sup>ten</sup> Stufe folgt, so wird ersterer als Stellvertreter des Septnonaccordes der 1<sup>ten</sup> Stufe betrachtet. Nun kann aber erstens das Fundament *E* auch als 5<sup>te</sup>, das Fundament *C* als 3<sup>te</sup> und *F* als 6<sup>te</sup> natürliche Stufe von A moll angesehen werden, wenn die Terz von *E* erhöht wird, wodurch auch die übermässige Quint von *C* vorbereitet ist. Es kann aber auch zweitens das Fundament *E* als 7<sup>te</sup>, *C* als 5<sup>te</sup> und *F* als 1<sup>te</sup> Stufe von F dur gelten, wenn die Quint von *E* erniedrigt wird, womit auch die kleine Sept von *C* vorbereitet ist.

IV. Wenn nach dem Septaccord der 4<sup>ten</sup> Stufe in C dur der Dreiklang der 5<sup>ten</sup> Stufe folgt, so wird ersterer als Stellvertreter des Septnonaccordes der 2<sup>ten</sup> Stufe betrachtet. Nun kann aber *F* auch als 7<sup>te</sup> natürliche, *D* als 5<sup>te</sup> Stufe von G moll gelten, wenn die Sept von *F* erniedrigt und die Terz von *D* erhöht wird; da die Harmonie der 5<sup>ten</sup> Stufe von G moll und G dur gleich ist, so kann man in G dur schliessen. Auch ohne dass die Sept von *F* erniedrigt wird, kann die Terz von *D* erhöht werden, wodurch der Satz zwar mehr aus A moll genommen zu sein scheint, aber doch auch für G dur anwendbar ist. Z. B.

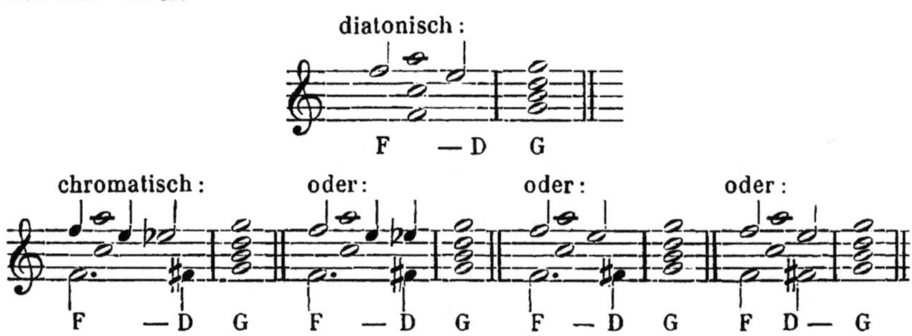

V. Wenn nach dem Septaccord der 5^{ten} Stufe in C dur der Dreiklang der 6^{ten} Stufe folgt, so wird ersterer als Stellvertreter des Septnonaccordes der 3^{ten} Stufe angesehen. Nun kann aber erstens das Fundament *G* als 7^{te} natürliche, *E* als 5^{te} und *A* als 1^{te} Stufe von A moll gelten, wenn die Terz von *E* erhöht wird. Zweitens können die Fundamente *G*, *E* und *A* als 4^{te}, 2^{te} und 5^{te} Stufe von D moll betrachtet werden, wenn die Terz von *G* erniedrigt wird, wodurch auch die falsche Quint von *E* vorbereitet ist, und wenn sodann die Terz von *A* erhöht wird; hernach muss natürlich die Tonica von D moll folgen. Z. B.

VI. Wenn nach dem Septaccord der 6^{ten} Stufe in C dur der Dreiklang der 7^{ten} Stufe folgt, so wird ersterer als Stellvertreter des Septnonaccordes der 4^{ten} Stufe angesehen. Um diesen Schritt chromatisch machen zu können, hat man zu einem bisher noch nicht erwähnten Hilfsmittel gegriffen. Die 4^{te} Stufe der C dur Tonleiter kann nämlich zu keiner 2^{ten} Stufe werden, so wie die darauf folgende 7^{te} Stufe von C dur zu keiner 5^{ten} Stufe werden soll. Da aber bei der erwähnten Folge die 4^{te} Stufe nicht wirklich gehört, sondern nur gedacht wird, so hat man sich die Freiheit genommen, sich statt *F* das *Fis* als Fundament hinein zu denken, welches sodann als 2^{te} Stufe von der E moll Tonleiter gilt, wonach der Dreiklang auf *H* als Dominant derselben gilt, bei welchem also statt der kleinen Terz die grosse und statt der falschen Quint die reine genommen wird, wonach der Dreiklang der Tonica in dieser Tonleiter folgt. Z. B.

Da man aber durch Veränderung des Fundamentes in das Gebiet einer andern Tonleiter hinüber tritt, so muss es Jedem freigestellt sein, von dieser Freiheit Gebrauch zu machen oder nicht.

VII. Wenn nach dem Septaccord der 7^{ten} Stufe in C dur der Dreiklang der 1^{ten} Stufe folgt, so wird ersterer als Stellvertreter des Septnonaccordes der 5^{ten} Stufe angesehen. Will man nun *H* als 7^{te} Stufe der C moll Tonleiter ansehen, so wird dessen kleine Sept zur verminderten gemacht, wonach ebenfalls die 5^{te} Stufe, die in

C moll, ausser der Non, wie in C dur beschaffen ist, folgen kann, welche sodann in den C dur Dreiklang übergeht. Z. B.

diatonisch: chromatisch:

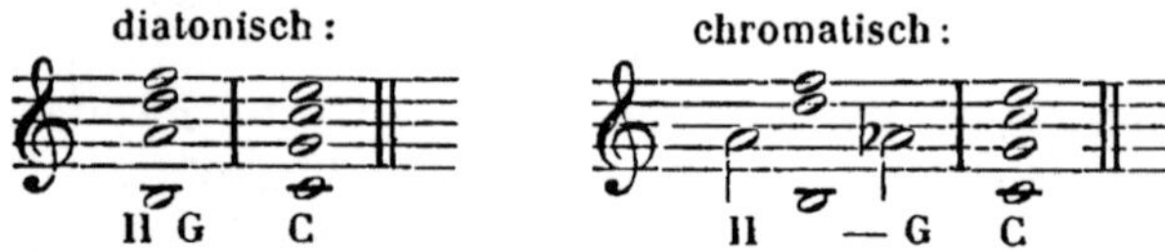

Damit man sich überzeuge, dass alle diese chromatischen Schritte, mit Ausnahme eines einzigen, ihren Bezug auf die C dur Tonleiter behalten, sehe man folgendes zusammenhängende Beispiel, welchem das Fundament unten mit Buchstaben beigefügt ist.

diatonisch:

chromatisch, wo dieselben Fundamente gelten:

auf andere Art:

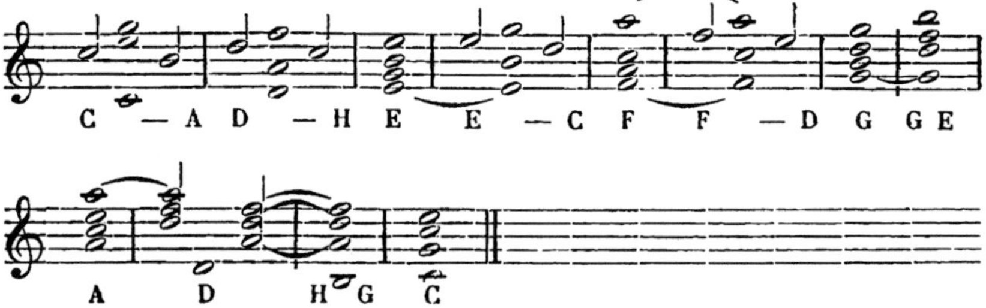

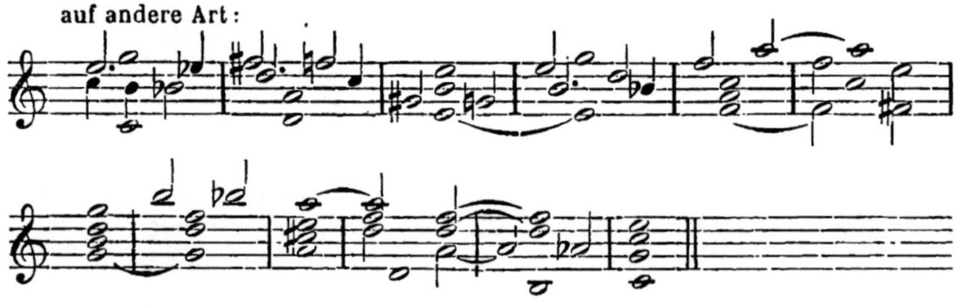

## § 17.

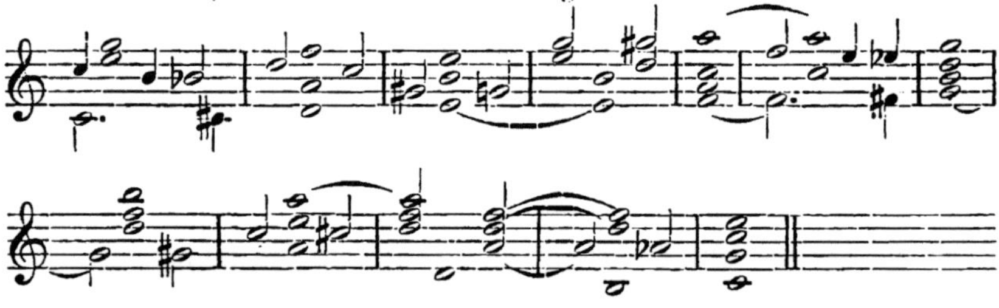

Wenn man einen Septaccord, besser einen Septnonaccord, als auf der 2ten Stufe einer verwandten Moll-Tonleiter betrachtet, so muss er eine kleine Terz, falsche Quint und kleine Sept, und wenn es ein Septnonaccord ist, eine kleine Non haben. Macht man nun die kleine Terz zur grossen, ohne die falsche Quint zu verändern, so hat ein solcher Accord eine Zwitternatur, dessen grosse Terz in einer andern Tonleiter gefunden wird, als die falsche Quint; denn vermöge seiner Terz sollte dieser Accord auf der 5<sup>ten</sup> Stufe stehen, während er vermöge seiner falschen Quint auf die 2<sup>te</sup> Stufe gehört, und er ist deshalb ein eigentlicher c h r o m a t i s c h e r Accord, der in keiner diatonischen Tonleiter gefunden werden kann.

I. Die nächste Veranlassung giebt in der C dur Tonleiter der Sept - oder Septnonaccord der 7<sup>ten</sup> Stufe, der von Natur aus schon eine falsche Quint hat und auch in der A moll Tonleiter auf der 2<sup>ten</sup> Stufe vorkommt, in welcher letzteren Eigenschaft er durch Erhöhung der Terz halb zu der E moll oder E dur Tonleiter gerechnet wird, in Wirklichkeit aber gilt er als auf der 2<sup>ten</sup> Stufe von A moll stehend; es muss daher die Harmonie des Dur–Dreiklangs der 5<sup>ten</sup> Stufe in dieser Tonleiter folgen, wonach am natürlichsten der Dreiklang der 1<sup>ten</sup> Stufe folgt. Z. B.

**Anmerkung.** Hier findet sich ein bisher noch nicht erwähntes Intervall, welches die grosse Terz und die falsche Quint gegen einander machen. Ist nämlich die grosse Terz unten und die falsche Quint oben, so entsteht eine v e r m i n d e r t e T e r z, wie hier *f* zu *dis*; ist die falsche Quint unten und die grosse Terz oben, so entsteht eine ü b e r m ä s s i g e S e x t, wie hier *dis* zu *f*. Dasselbe gilt auch in den folgenden Fällen.

II. Der Sept - oder Septnonaccord der 3<sup>ten</sup> Stufe in C dur wird als auf der 2<sup>ten</sup> Stufe von D moll stehend betrachtet, wenn dessen reine Quint zur falschen umgeändert wird; er wird ein chromatischer Accord, wenn zugleich dessen kleine Terz zur grossen umgeändert wird; es muss daher auch von D moll die Harmonie des Dur–Dreiklangs der 5<sup>ten</sup> Stufe folgen, und sodann der Dreiklang der Tonica. Z. B.

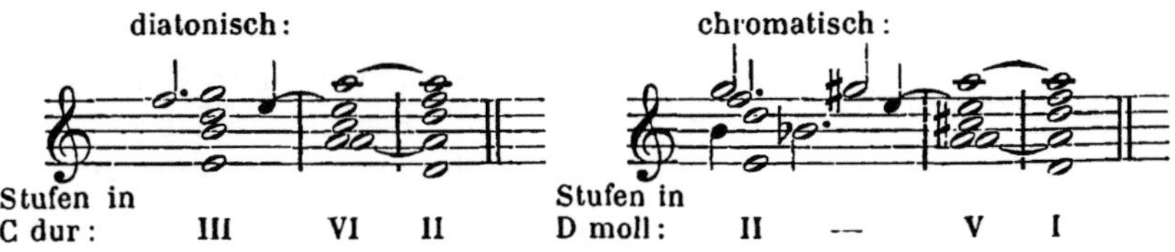


III. Der Sept- oder Septnonaccord der 6<sup>ten</sup> Stufe in C dur wird als auf der 2<sup>ten</sup> Stufe von G moll stehend betrachtet, wenn dessen reine Quint zur falschen, und beim Septnonaccord auch dessen grosse

Non zur kleinen umgeändert wird; er wird ein chromatischer Accord, wenn zugleich dessen kleine Terz zur grossen umgeändert wird; es muss daher auch von G moll die Harmonie des Dur-Dreiklangs der 5ten Stufe folgen, und weil dieser letztere zugleich jener der 5ten Stufe in G dur ist, so kann mit dem G dur Dreiklang geschlossen werden. Z. B.

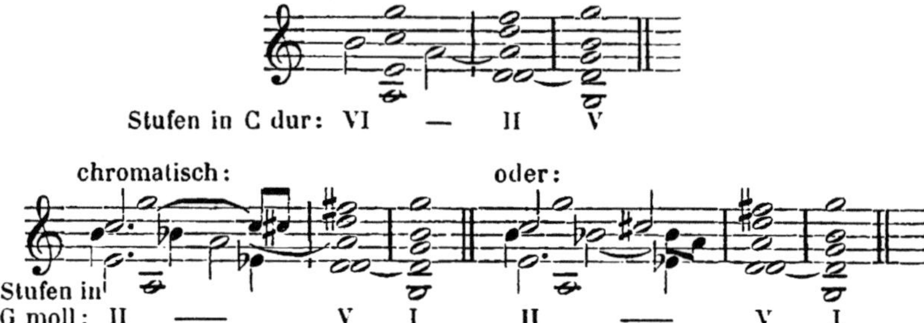


IV. Der Sept-oder Septnonaccord der 2ten Stufe in C dur kann zu jenem der 2ten Stufe in C moll werden, wenn dessen grosse Non zur kleinen und dessen Quint zur falschen gemacht wird; er wird ein chromatischer Accord, wenn zugleich dessen kleine Terz zur grossen gemacht wird; es muss daher der Dreiklang der 5ten Stufe, der in C dur und C moll gleich ist, folgen, wonach der C dur Dreiklang schliesst. Z. B.

V. Der Sept- oder Septnonaccord der 5ten Stufe in C dur kann zu jenem der 2ten Stufe in F moll werden, wenn dessen grosse Non zur kleinen, dessen reine Quint zur falschen und dessen grosse Terz zur kleinen gemacht wird; lässt man aber seine grosse Terz, obgleich man Non und Quint erniedrigt, so wird er ein chromatischer Accord; nach diesem folgt nun der C dur Dreiklang als auf der 5ten Stufe in F moll stehend, sonach aber kann mit dem F dur Dreiklang geschlossen werden, weil dessen Dominant die nämliche ist. Z. B.

diatonisch:

Stufen in C dur: V I IV

chromatisch: oder:

Stufen in F moll: II —— V I II —— V I

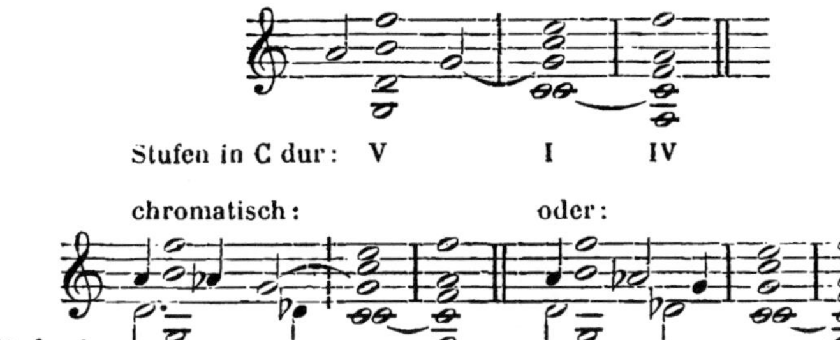

Folgende zusammenhängende Beispiele werden den Bezug dieser chromatischen Schritte auf die C dur Tonleiter hinlänglich zeigen.

I. diatonisch:

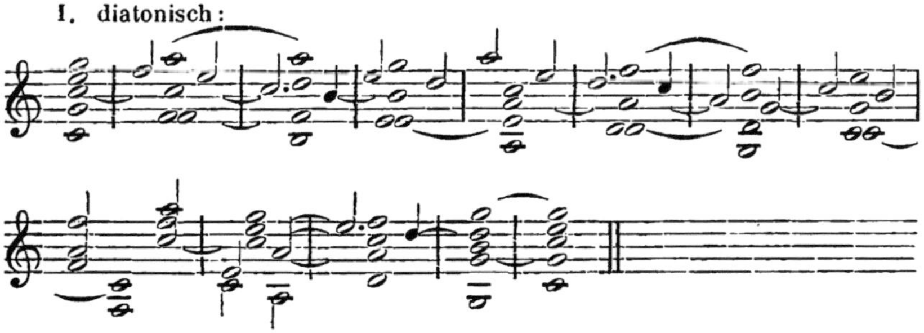

chromatisch:

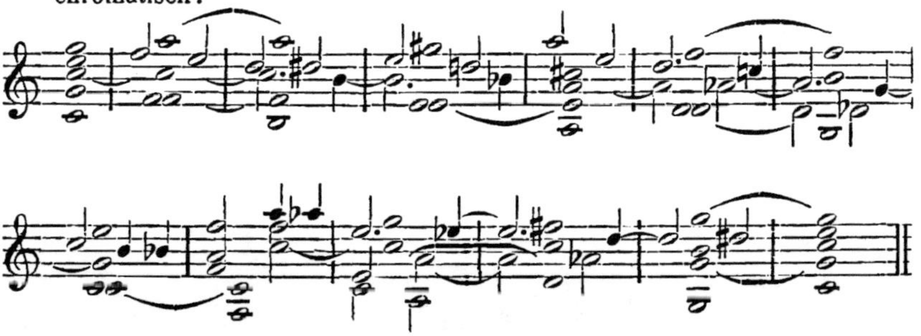

II. diatonisch:

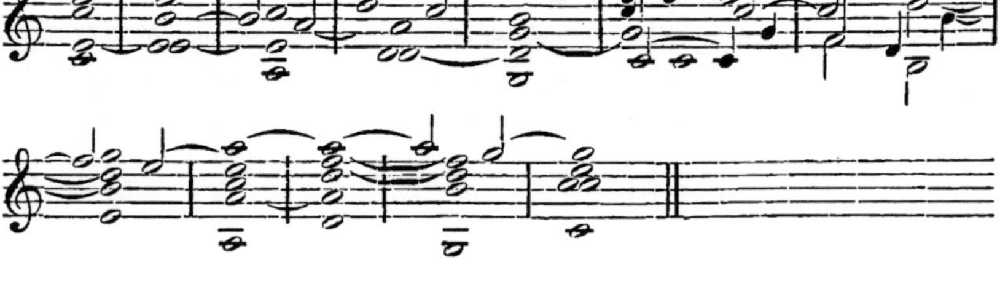

Um diesen chromatischen Septnonaccorden das Herbe zu benehmen, lässt man das Fundament gewöhnlich weg; sodann klingen sie im temperirten Systeme wie eine Dominantenharmonie, von welcher sie nur durch den ganz verschiedenen Gebrauch unterschieden werden.

## § 18.

Damit solche chromatische Septnonaccorde mit weggelassenem Fundamente, ohne erst die Non bei demselben Fundamente in die Octav aufzulösen, sogleich in die Dur-Dreiklangsharmonie des nächsten übergehen können, giebt es eine einzige günstige Lage, nämlich es muss zu unterst die Sept des Fundamentes, zunächst darüber die Non, darüber die falsche Quint, und zu oberst die grosse Terz gestellt werden, wie folgende Beispiele zeigen, bei welchen das Fundament unten mit Buchstaben beigefügt ist.

Das nämliche Fundament gilt auch bei dem folgenden chromatischen Satze.

Um die Auflösung der Non in die Octav desselben Fundamentes zu verhindern, verzögert man dieselbe, am liebsten mit der Sept zugleich, wodurch die Non bei dem nächsten Fundamente zur Tredez und die Sept zur Undez wird, welche sodann gehörig aufgelöset werden. Hierbei ist die Lage gleichgültig; das Fundament wird aber beim Septnonaccord grösstentheils ausgelassen, und darum bei den folgenden Beispielen nur mit Buchstaben bemerkt.

diatonisch:

## § 19.

Durch diese Zwitter – oder chromatischen Septnonaccorde ent‑
steht auch folgendes Beispiel, welches seine sonderbare Schreibart
durch den vorausgehenden diatonischen Satz und durch die mit Buch‑
staben angemerkten Fundamente rechtfertigt.

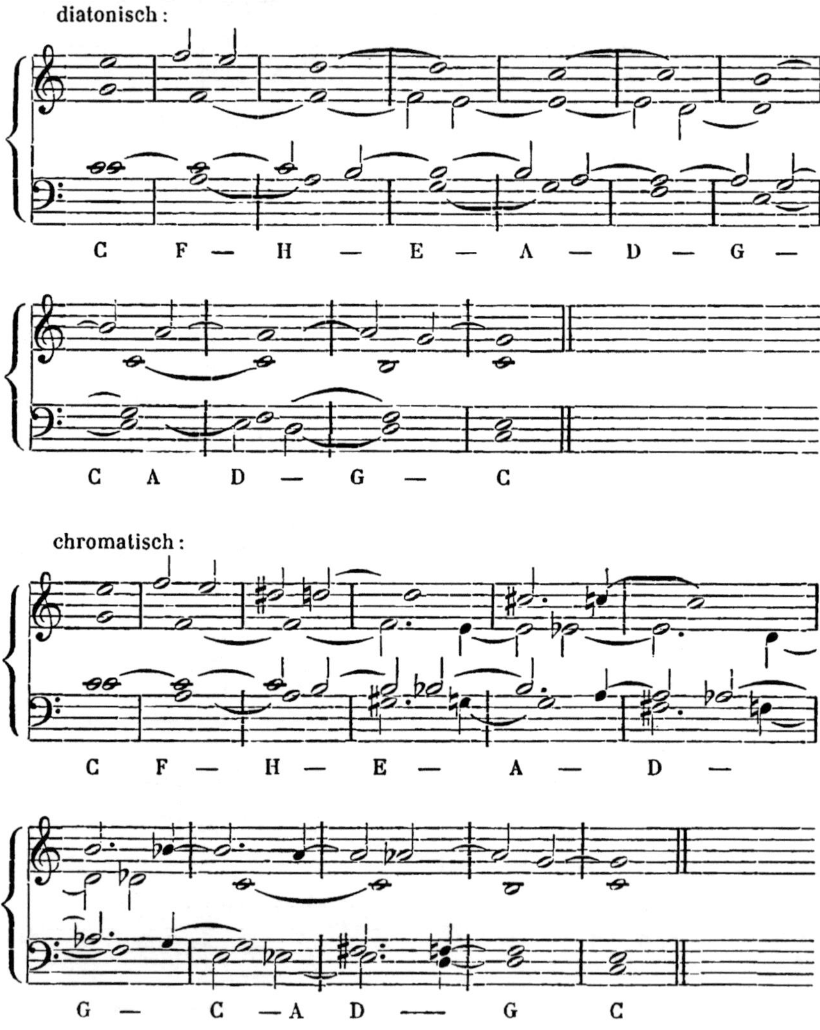


Das Sonderbare daran ist, dass zuerst die reine Quint zur fal‑
schen und hernach erst die grosse Terz zur kleinen umgeändert
wird.

## § 20.

Das Chromatische besteht aber auch darin, dass statt eines Dreiklangs, der fähig ist, Dominant zu werden, ein Septaccord oder Septnonaccord auch ohne Vorbereitung genommen werden darf, wenn hinterdrein die Tonica derselben verwandten Tonleiter kommt.

I. Nach dem Dreiklang der 1ten Stufe in C dur kann diatonischerweise auf der 3ten Stufe weder ein Septaccord noch ein Septnonaccord, sondern nur ein Dreiklang folgen. Wenn aber das Fundament *C* als 3te, *E* als 5te und *A* als 1te Stufe von A moll angesehen werden, darf auf *E*, als der Dominant, sowohl ein Septaccord als ein Septnonaccord folgen. Z. B.

II. Nach dem Dreiklang der 4ten Stufe in C dur kann diatonischerweise auf der 6ten Stufe kein Sept- oder Septnonaccord, sondern nur ein Dreiklang folgen. Wenn aber das Fundament *F* als 3te, *A* als 5te und *D* als 1te Stufe von D moll betrachtet werden, so darf auf *A*, als der Dominant, sowohl ein Sept- als ein Septnonaccord gebraucht werden. Z. B.

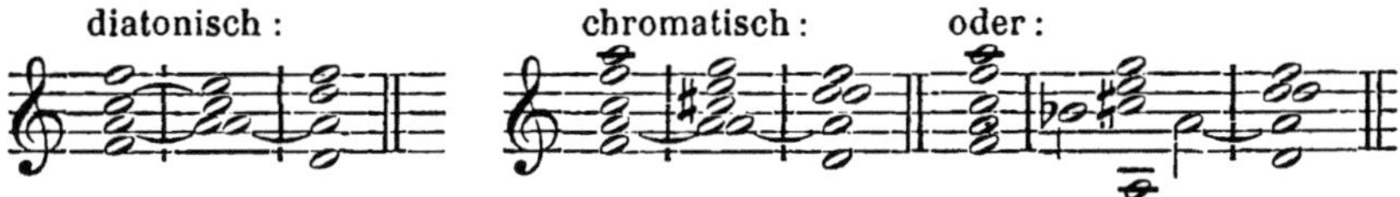



III. Nach dem Dreiklang der 6ten Stufe in C dur kann auf der 1ten Stufe auf diatonische Weise kein Sept- oder Septnonaccord, sondern nur ein Dreiklang folgen. Wenn aber das Fundament *A* als 3te, *C* als 5te und *F* als 1te Stufe von F dur angesehen werden, darf auf *C*, als der Dominant, sowohl ein Sept- als Septnonaccord genommen werden. Z. B.

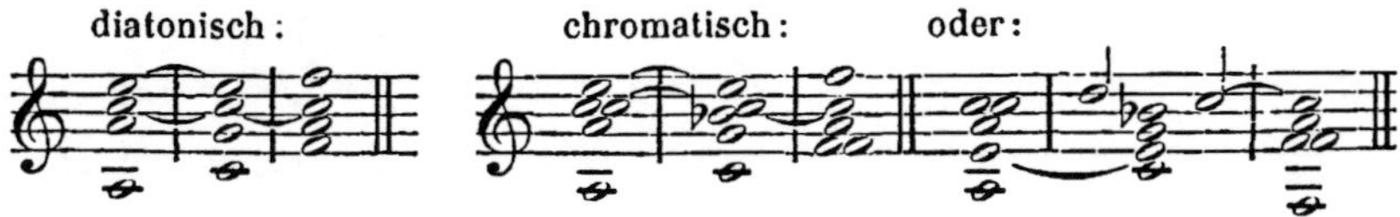



IV. Man könnte wohl — trotz des § 5 gemachten Ausspruches, dass der Dreiklang der 7ten Stufe zu keiner Dominant gemacht werden kann, und der § 16 gemachten Erinnerung — nach dem Dreiklang der 5ten Stufe in C dur scheinbar den Dreiklang der 7ten Stufe

nehmen, vorausgesetzt, dass jener der 3ten Stufe als dritter Accord
folgt, wobei der G dur Dreiklang als jener der 3ten Stufe und der
E moll Dreiklang als jener der 1ten Stufe der E moll Tonleiter angesehen, und dazwischen der Sept- oder Septnonaccord der 5ten Stufe
als vermittelnder Zwischenaccord gesetzt wird; aber man findet dafür in der C dur Tonleiter selbst keine Rechtfertigung, da in derselben nicht einmal der Dreiklang der 7ten Stufe nach jenem der 5ten
eine Selbstständigkeit hat, und daher Jedermann frei steht, es nicht
gelten zu lassen.  Hier ein Beispiel:

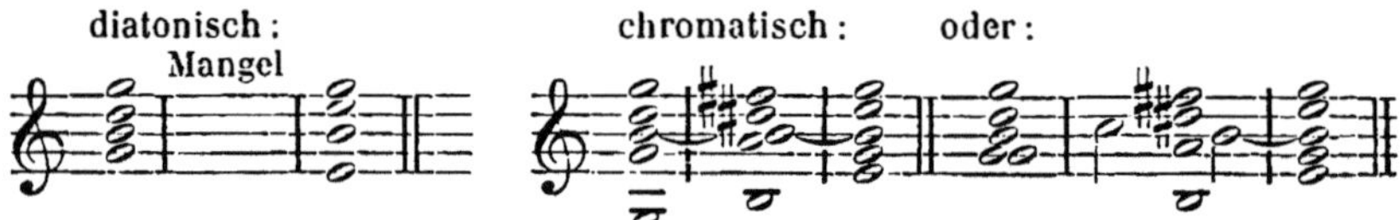


V.  Folgender chromatischer Satz lässt bei dem NB. die Harmonie des Septaccordes der 5ten Stufe von G dur nach dem Dreiklang
der 7ten Stufe der C dur Tonleiter erscheinen; man wird aber aus
dem beigefügten Fundamente sehen, dass der scheinbare Grundton
des Dreiklangs der 7ten Stufe nur ein Durchgang bei dem Fundamente
$D$ ist.

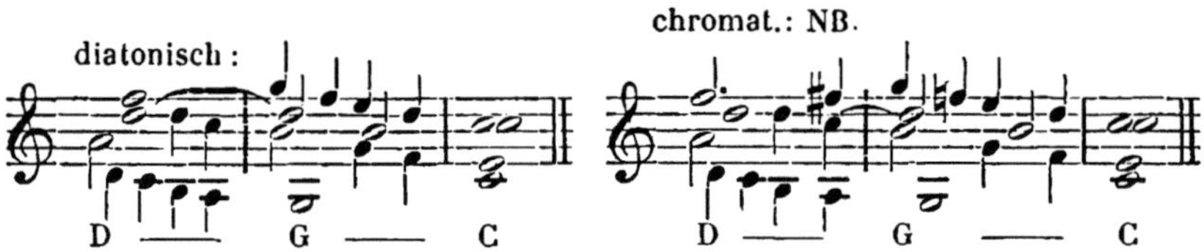


Folgendes zusammenhängende Beispiel wird den fortwährenden
Bezug der eben abgehandelten Schritte auf die C dur Tonleiter nicht
verkennen lassen.

## § 21.

Da die noch zu erklärenden chromatischen Schritte sehr ver-
wickelt sind, so können sie nur dadurch klar werden, dass gezeigt

wird, wie die Verwickelung nach und nach entstanden ist. Der diatonische Satz, welcher die nothwendigsten Fundamente der C dur Tonleiter in folgender Ordnung: *C F D G C* enthält, kann bei chromatischen Schritten, unter andern Möglichkeiten, auch so abgeändert werden, dass *C* als Dominant und *F* als Tonica der F moll Tonleiter gelten, dass ferner *F* auch als Unterdominant und *D* als 2^te Stufe der C moll Tonleiter gelten, dass sodann *D* auch zur Dominant von G moll umgeändert werden und *G* hinterdrein doch als Tonica von G dur angesehen werden darf; endlich da dieses *G* zugleich Dominant von C dur ist, so kann auch mit dieser Tonica geschlossen werden. Z. B.

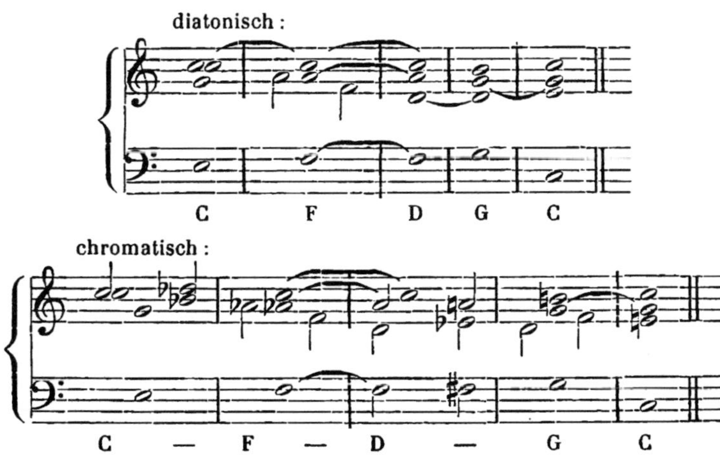


Als weitere Veränderung kann die Non der Dominant von F moll noch aufgehalten und zur Tredez von *F* werden; sodann wird der F moll Dreiklang selbst schon als Stellvertreter des Septaccordes der 2^ten Stufe von C moll angesehen und gleich darauf die Dominant der G moll Tonleiter mit Sept und Non genommen; die Sept dieser Dominant kann sodann bei *G* als Undez aufgehalten werden, wonach endlich der Schluss wie oben erfolgt. Z. B.

Eine weitere Veränderung geschieht damit, dass die andern Stimmen nicht warten, bis die Tredez von *F* sich auflöset, sondern in dem Moment dieser Auflösung schon zur Harmonie des Fundamentes

*D*, und zwar schon als Dominant von *G* gedacht, übergehen, wodurch der Satz um einen Tact kürzer wird.  Z. B.

Nun können aber sogar die andern Stimmen zur Harmonie des Fundamentes *D*, als Dominant von *G*, übergehen, bevor noch die Tredez von *F* sich auflöset, und es kommen damit zu gleicher Zeit Töne vor, die aus zwei sich widersprechenden Tonleitern entlehnt sind.  Z. B.

Die zugleich gehörten Töne *fis* und *des* machen ein bisher noch nicht erwähntes Intervall.  Steht das *fis* unten und das *des* oben, so ist es eine ver minderte Sext (weil *d* zu *fis* schon eine kleine Sext macht); steht das *des* unten und das *fis* oben, so ist es eine über mässige Terz (weil *f* zu *des* schon eine grosse Terz macht).

Damit nun auch die ganze Hefe von sonderbaren Intervallen geleert werde, so kann am vorigen Beispiele noch das geändert werden, dass die Octav von *F* noch mit der Tredez aufgehalten wird, wenn schon die grosse Terz von *D* eintritt, und daher *f* und *fis* zugleich gehört werden.  Z. B.

Ist *fis* unten und *f* oben, so ist es eine ver minderte Octav; ist *f* unten und *fis* oben, so heisst es ein über mässiger Einklang, oder weiter aus einander gerückt: eine übermässige Octav.

Ohne über den Werth dieser sonderbaren (gelehrten) Intervalle zu urtheilen, wird hier nur ihre geschichtliche Existenz bemerkt.

Alle im gegenwärtigen § vorkommenden Beispiele können übrigens noch damit abgeändert werden, dass beim Fundamente *D* statt der reinen Quint eine falsche genommen wird, wodurch ein Zwitteraccord entsteht, welcher vermöge seiner grossen Terz auf der 5ten, und vermöge seiner falschen Quint auf der 2ten Stufe vorkommt. (Siehe § 17.)

Statt der Tredez von *G* im vorletzten Beispiele, welche dort vermöge ihres Bezuges auf die Tonleitern G moll oder C moll *es* heisst, wird auch jene, die schon als Vorausnahme in Bezug auf den Schluss in C dur *e* heisst, genommen.

## § 22.

Eine grosse Ausdehnung bekommt das Wesen des Chromatischen dadurch, dass man, ausser der 7ten, jede übrige Stufe als Tonica ansieht, wozu aber gehört, dass die Fundamente in einer solchen Ordnung folgen, damit jeder selbstständig sein könne. Folgende Ordnung mit Dreiklängen in der C dur Tonleiter wird zu diesem Zwecke die beste sein: *C G E A F D G C.*

Die Rechtfertigung liegt in Folgendem:

1. Nachdem man *C* als Tonica betrachtet hat, kann man es auch als Unterdominant der G dur Tonleiter betrachten, wonach *G* als Tonica sehr gut folgen kann.

2. Nachdem man *G* als Tonica betrachtet hat, kann man es auch als 3te Stufe von E moll betrachten, wonach *E* als Tonica ebenfalls gültig folgen kann.

3. Nachdem man *E* als Tonica betrachtet hat, kann man das folgende *A* als 4te Stufe derselben Tonleiter betrachten; oder man betrachtet *E* als 5te Stufe von A moll und *A* als Tonica.

4. Nachdem *A* als Tonica betrachtet wurde, kann man es auch als 3te Stufe von der F dur Tonleiter betrachten, wonach *F* als Tonica folgen kann.

5. Nachdem *F* als Tonica betrachtet wurde, kann man es auch als 3te Stufe der D moll Tonleiter betrachten, wonach *D* als Tonica ganz gut folgt.

6. Nachdem *D* (im temperirten Systeme) als Tonica betrachtet wurde, kann es wieder als 2te Stufe von der C dur Tonleiter betrachtet werden, wonach *G* als Dominant folgt.

7. Nachdem man den G dur Dreiklang als Dominant betrachtet hat, kann er, bevor fortgefahren wird, als Tonica von G dur betrachtet werden.

8. Nachdem *G* als Tonica betrachtet wurde, kann es wieder als Dominant von der C dur Tonleiter gelten, wonach natürlich *C* als Haupttonica folgt.

Damit aber ein Dreiklang als Tonica empfunden werde, muss wenigstens auch seine Dominant oder Unterdominant, noch besser aber beide, gehört werden, wie folgende Beispiele zeigen:

Thema, welches bloss die zur C dur Tonleiter gehörigen Dreiklänge enthält.

Erste Veränderung, wodurch jeder Dreiklang während der Dauer des Tactes zur Tonica wird, und dazwischen seine eigenthümliche Dominantenharmonie gehört wird, welche aber als Nebenharmonie nicht zur eigentlichen Fundamentalfortschreitung in der C dur Tonleiter gerechnet werden darf.

Zweite Veränderung, wo man die Unterdominant jedes einzelnen Dreiklangs während des Tactes, wo er als Tonica angesehen wird, hören lässt, welche abermals nicht zur eigentlichen Fundamentalfortschreitung gerechnet wird.

Dadurch entstehen folgende zurückkehrende chromatische Durchgänge: *d–cis–d*, *e–dis–e*, *g–fis–g*, *a–gis–a*, *a–b–a*.

**Dritte Veränderung**, wo zwischen jeder Nebentonica, so
wie bei der Haupttonica, deren eigenthümliche Unterdominant, 2^te
Stufe und Oberdominant gehört werden, aber auch nicht zur eigentlichen Fundamentalfortschreitung gerechnet werden.

Ohne erst alle möglichen Veränderungen vorzunehmen, kann
man endlich in jedem Tacte alle Fundamente vom Hauptthema als
Nebenfundamente anbringen, wie hier zu sehen:

Die grossen Buchstaben bedeuten bei allen Veränderungen die Hauptfundamente, die am Anfange und am Ende des Tactes gelten; die dazwischen inneliegenden sind nur Nebenfundamente, die nur den einen Tact auf das erste und letzte Fundament, welches für diesen Tact Tonica ist, bezogen werden. Also sind in diesem Satze Nebentonleitern, die sich alle auf die Haupttonleiter C dur beziehen.

Im Hauptthema kann aber auch jeder einzelne Dreiklang als auf der 5ten Stufe einer Moll-Tonleiter stehend betrachtet werden, und in der Zwischenzeit die Tonica derselben kommen.

I. Der C dur Dreiklang ist von selbst auch Dreiklang der Dominant von F moll, worauf man in den Dreiklang der Tonica derselben Tonleiter und von da wieder auf die Dominant zurückgeht.

II. Der G dur Dreiklang ist von selbst auch Dominant von C moll, worauf man in den Dreiklang der Tonica derselben Tonleiter und von da wieder in die Dominant zurückgeht.

III. Der E moll Dreiklang muss zum Dur-Dreiklang umgeändert werden, um als Dominant von A moll zu gelten, nach welcher der A moll Dreiklang als Tonica folgt, worauf man wieder zur Dominant zurückkehrt, welche auch zum Folgenden einleitet.

IV. Der A moll Dreiklang muss zum Dur-Dreiklang umgeändert werden, um als Dominant von D moll zu gelten, worauf die Tonica in dieser Tonleiter folgt, worauf man wieder zur Dominant zurückkehrt; um aber auf das Folgende einzuleiten, muss der A dur Dreiklang wieder zum Moll-Dreiklang umgeändert werden.

V. Der F dur Dreiklang ist von selbst auch Dreiklang der Dominant der B moll Tonleiter, welche aber hier nur als Nebensache gilt, worauf man in den Dreiklang der Tonica dieser Tonleiter und sodann wieder in die Dominant zurückgeht.

VI. Der D moll Dreiklang muss zum Dur-Dreiklang umgeändert werden, um als Dominant von G moll zu gelten, worauf der Dreiklang der Tonica in dieser Tonleiter und sodann wieder die Dominant folgt; um besser in das Folgende einzuleiten, kann man den D dur Accord in den Moll- oder auch noch in den falschen Dreiklang umändern.

VII. Wie bei II.

VIII. Wie bei I.

Hier das Beispiel, bei welchem die grossen Buchstaben wieder das Hauptfundament andeuten.

In diesem Beispiele finden sich auch noch folgende zurückkehrende chromatische Durchgänge: *c–des–c*, *d–es–d* und *g–as–g*.

## § 23.

Nun kann auch vom Orgelpunkte gehandelt werden, von welchem noch nicht die Rede war, und welcher darin besteht, dass man die Tonica oder die Dominant in der tiefsten Stimme aushält, während die andern Stimmen zu Accorden von andern Stufen übergehen, bis sie wieder auf den rechten Punkt zurückkommen. Man kann es sogleich mit dem im vorigen § gegebenen Thema versuchen, indem der Ton *C* als Tonica in der tiefsten Stimme alle acht Tacte hindurch bleibt, während die andern Stimmen alle dort vorgeschriebenen Accorde ausdrücken. Bei allen angegebenen Veränderungen hingegen kann der unten mit Buchstaben ausgedrückte Hauptfundamentalton immer einen ganzen Tact bleiben.

Damit die Dominant in der tiefsten Stimme ausgehalten werden könne, müsste das Thema vorn um einen Tact länger gemacht werden, indem die Dominant das erste Fundament wäre, dann kann die Dominant in der tiefsten Stimme so lange bleiben, bis die andern wieder bei eben dieser Harmonie ankommen, worauf bei der Tonica die tiefste Stimme auch in diese übergeht.

Der Anfangspunkt so wie das Ende eines Orgelpunktes auf einer Tonica ist die Harmonie der Tonica, so wie der Anfangs- und Endpunkt eines Orgelpunktes auf der Dominant die Harmonie der Dominant ist.

Das letzte Beispiel im vorigen §, welches im Anfange und grösstentheils auch am Ende jedes Tactes eine Dominant ausdrückt, eignet sich für acht nach einander folgende Orgelpunkte auf der Dominant, wenn die tiefste Stimme in jedem Tacte das mit grossen Buchstaben angegebene Fundament aushält.

§ 24.

Von allen mit der C dur Tonleiter verwandten Tonleitern ist E moll die am wenigsten darin herrschende, und ist nur erst in den im § 22 vorgekommenen Beispielen einigermassen zu ihrem Rechte gekommen, weil die H dur Harmonie als deren Dominant nur als ein Nebenfundament vorkommt. Dafür sind aber auch der B dur und B moll Dreiklang als Nebenaccorde von F dur vorgekommen, weil sie als wirkliches Fundament von C dur kein Recht haben.

Es wäre traurig, wenn über alles bisherige Erklären noch mehr darüber gesagt werden müsste, als die Ermahnung an die Leser, die chromatischen Schritte auch in andern Dur-Tonleitern durchzumachen.

Um übrigens zeigen zu können, wie die Nebentonleitern selbst wieder chromatisch zu machen sind, müssen erst noch die chromatischen Schritte in der A moll Tonleiter abgehandelt werden.

# Vierter Theil.

## Chromatisches Fortschreiten in der Moll-Tonleiter und die enharmonischen Verwechslungen.

# DIE CHROMATISCHEN SCHRITTE IN A MOLL.

## § 1.

Nach dem, was bereits bei den chromatischen Schritten in der
C dur Tonleiter gesagt wurde, lässt sich Manches davon für derglei-
chen Schritte in der A moll Tonleiter benutzen. Die A moll Tonleiter,
chromatisch gemacht, schreitet aufsteigend folgenderweise fort:

*A, B, H, c, cis, d, dis, e, f, fis, g, gis, a.*

Man sieht daraus, dass sie gerade so wie die chromatische C dur
Tonleiter im Aufsteigen beschaffen und ebenfalls aus den Tonleitern
A moll, E moll und D moll zusammengesetzt ist.

Wenn die chromatischen Fortschreitungen in A moll im Absteigen gewöhnlich wie im Aufsteigen bleiben, so ward auch bei den
chromatischen Fortschreitungen in C dur bemerkt, dass sie unter
gewissen Umständen ebenso im Absteigen gemacht werden müssen, wie im Aufsteigen; dafür giebt es in A moll auch Fälle, wo die
chromatischen Schritte im Absteigen folgenderweise geschehen müssen: *a, as, g, fis, f, e, es, d, des, c, H, B, A*; nämlich es werden
die Tonleitern C dur, F dur, G dur, C moll, F moll und G moll damit
vereinigt, und zwar, da in A moll die Folge der Fundamente: *A, D,
G, C, F, H, E, A* im temperirten Systeme ganz wie in C dur ist, so
ist es natürlich, dass bei derselben die nämlichen Schritte im Absteigen wie in C dur vorkommen, und nur durch die verschiedenen
Endpunkte unterschieden werden können.

## § 2.

Einen Unterschied zwischen den chromatischen Schritten in
C dur und A moll machen hauptsächlich die Töne *fis* und *gis*, welche
in A moll einheimisch sind und sogar unter gehöriger Beschränkung
Fundamente werden. Dadurch kommt man in nähere Berührung mit

der E moll und E dur Tonleiter, als man konnte, da C dur die Haupttonleiter war; da nämlich jetzt das Fundament *Fis*, welches die 6te erhöhte Stufe in A moll ist, als 2te Stufe in E moll angesehen werden kann, so kann auch das Fundament *H*, welches 2te Stufe von A moll ist, im temperirten Systeme als 5te Stufe von E moll oder E dur angesehen werden, folglich passt das Fundament *E*, welches als 5te Stufe von A moll sowohl einen Moll – als einen Dur-Dreiklang enthält, auch als 1te Stufe von E moll oder E dur.

Da die 6te und 7te Stufe schon in der diatonischen Moll-Tonleiter veränderlich sind, so können diese beiden Stufen in der chromatischen Fortschreitung auch dann verändert werden, wenn sie Fundamente sind, wodurch abermals sich ein Unterschied in den chromatischen Schritten der Moll-Tonleiter gegen jene der Dur-Tonleiter zeigt. Durch die Töne *fis* und *gis*, die in der A moll Tonleiter heimisch sind, kommt man auch in nähere Berührung mit der A dur und D dur Tonleiter. Daher umfasst die chromatische Tonleiter in A moll die Tonleitern: A moll, E moll, D moll, C dur, G dur, F dur, und A dur, D dur, E dur, und C moll, G moll, F moll.

## § 3.

Um nicht das Nämliche zu wiederholen, was bereits bei den chromatischen Schritten in C dur gesagt wurde, wozu auch die Berufung auf das temperirte System gehört, und doch zugleich an alles das zu erinnern, was bei solchen Schritten in A moll beobachtet werden muss, diene Folgendes.

I. Damit der Dreiklang der 1ten Stufe in A moll (*A–c–e*) für die Tonleitern C dur, F dur, G dur und E moll passe, braucht es keiner Veränderung; damit er für A dur und kennbar als jener der 5ten Stufe von D moll oder D dur gelte, wird seine kleine Terz gross gemacht; damit er kennbar als jener der 2ten Stufe von G moll gelte, wird seine reine Quint zur falschen gemacht.

II. Damit der falsche Dreiklang der 2ten Stufe in A moll (*H-d-f*) für die Tonleitern C dur, C moll und D moll passe, ist nichts zu verändern nöthig.

III. Damit der Moll-Dreiklang der 2ten Stufe in A moll (*H-d-fis*) für die Tonleitern G dur, D dur und A dur passe, ist keine Aenderung nöthig; damit er kennbar als jener der 5ten Stufe von E moll oder E dur gelte, wird seine kleine Terz gross gemacht.

IV. Damit der Dur-Dreiklang der 3ten Stufe in A moll (*c–e–g*) für die Tonleitern C dur, G dur, F dur, E moll, D moll und F moll passe, ist nichts zu ändern; damit er kenntlich zum Dreiklang der 4ten Stufe von G moll werde und für C moll passe, wird dessen grosse Terz zur kleinen gemacht.

V.  Der übermässige Dreiklang der 3ten Stufe in A moll (*c-e-gis*) passt nur für diese Tonleiter.

VI.  Damit der Moll-Dreiklang der 4ten Stufe in A moll (*d-f-a*) für die Tonleitern C dur, F dur und D moll passe, ist nichts zu ändern; damit er aber als jener der 2ten Stufe von C moll kennbar werde, wird seine reine Quint zur falschen gemacht.

VII.  Damit der Dur-Dreiklang der 4ten Stufe in A moll (*d-fis-a*) für die Tonleitern A dur, D dur, G dur, G moll und E moll passe, ist keine Aenderung nöthig. Man kann ihn aber ausserordentlicherweise zum Dreiklang der 3ten Stufe von H moll machen, wenn seine reine Quint zur übermässigen gemacht wird.

VIII.  Damit der Moll-Dreiklang der 5ten Stufe in A moll (*e-g-h*) für die Tonleitern C dur, G dur, D dur und E moll passe, ist nichts zu ändern; damit er aber für F dur oder F moll und kennbar für D moll passend werde, wird dessen reine Quint zur falschen gemacht.

IX.  Damit der Dur-Dreiklang der 5ten Stufe in A moll (*e-gis-h*) für die A dur und E dur Tonleiter passe, ist nichts zu ändern.

X.  Damit der Dreiklang der 6ten natürlichen Stufe in A moll (*f-a-c*) für die Tonleitern C dur und F dur passe, ist nichts zu ändern; damit er kennbar in D moll gehöre, wird seine reine Quint zur übermässigen gemacht; damit er kennbar in die Tonleitern C moll oder F moll gehöre, wird seine grosse Terz zur kleinen gemacht.

XI.  Damit der Dreiklang der 6ten erhöhten Stufe in A moll (*fis-a-c*) für die Tonleitern G dur und G moll oder besser: in die E moll Tonleiter passe, ist nichts zu ändern. Da seine falsche Quint nicht zur reinen umgeändert werden darf, so kann er für die E dur Tonleiter nicht angepasst werden.

XII.  Damit der Dreiklang der 7ten natürlichen Stufe in A moll (*g-h-d*) für die Tonleitern C dur, G dur, D dur und C moll passe, ist keine Aenderung nöthig; damit er aber für F dur und kennbar für D moll passe, wird seine grosse Terz zur kleinen gemacht; damit er für die F moll Tonleiter kennbar werde, wird aus seiner grossen Terz eine kleine und aus seiner Quint eine falsche gemacht; damit er für die E moll Tonleiter kenntlich werde, sollte aus seiner Quint eine übermässige gemacht werden, wozu aber selten Gelegenheit ist, da die Quint der 7ten natürlichen Stufe, was der Ton *d* hier eigentlich vorstellt, zum Abwärtsgehen bestimmt ist.

XIII.  Damit der Dreiklang der 7ten erhöhten Stufe in A moll (*gis-h-d*) auch für A dur passe, ist keine Aenderung nöthig.

## § 4.

Es ist bei der diatonischen Moll-Tonleiter schon erwähnt worden, dass weder die 6te erhöhte noch die 7te erhöhte Stufe als Sept gelten können, da nun aber in der chromatischen Moll-Tonleiter auch die 3te und 4te Stufe erhöht sind, so ist nöthig, an das Vorige zu erinnern, damit man begreife, dass keine erhöhte Stufe die Sept eines selbstständigen Septaccordes werden könne.

Es ist also in Absicht der Septaccorde Folgendes zu merken:

I. Damit der Septaccord der 1ten Stufe in A moll (*A–c-e–g*) für die Tonleitern C dur, G dur, F dur und E moll passe, ist nichts zu ändern; damit er für die D moll Tonleiter kennbar werde, wird seine kleine Terz gross gemacht, wodurch er auch für die D dur Tonleiter passt; damit er für die G moll Tonleiter kennbar werde, wird dessen reine Quint zur falschen gemacht.

II. Damit der Septaccord der 2ten Stufe in A moll, welcher ordentlicherweise eine falsche Quint hat (*II–d–f–a*), für die C dur Tonleiter passe, ist nichts zu ändern, ebensowenig wenn er als jener der 6ten erhöhten Stufe in D moll betrachtet wird. Hier im Chromatischen kann er auch eine reine Quint haben, wenn er nach dem Septaccord der 6ten erhöhten Stufe kommt; er wird aber sodann nicht als auf der 2ten Stufe von A moll, sondern als auf der 5ten Stufe von E moll oder E dur stehend betrachtet, indem man den vorausgehenden Septaccord auf *Fis* als auf der 2ten Stufe von E moll stehend ansieht, darum wird auch die kleine Terz von *II* zur grossen gemacht. Damit gegenwärtiger Septaccord, was selten geschieht, für die C moll Tonleiter passe, wird aus der kleinen Sept eine verminderte gemacht.

III. Damit der Septaccord der 3ten Stufe in A moll mit reiner Quint (*c–e–g–h*) für die Tonleitern C dur, G dur und E moll passe, wird nichts geändert; damit er für F dur und F moll und als Septaccord der 7ten natürlichen Stufe von D moll passe, wird dessen grosse Sept zur kleinen gemacht; seltener wird nebst der Sept auch die Terz zur kleinen gemacht, um für G moll kenntlich zu werden.

IV. Der Septaccord der 3ten Stufe in A moll mit übermässiger Quint (*c–e–gis–h*) gehört nur für diese Tonleiter.

V. Damit der Septaccord der 4ten Stufe in A moll mit kleiner Terz (*d–f–a–c*) für die Tonleitern C dur, F dur und D moll passe, wird nichts verändert; damit er aber als jener der 2ten Stufe von C moll kenntlich werde, wird dessen reine Quint zur falschen gemacht.

VI. Damit der Septaccord der 4ten Stufe in A moll mit grosser Terz (*d–fis–a–c*) für die Tonleitern G dur und G moll und als jener der 7ten natürlichen Stufe in E moll gelte, ist nichts zu ändern.

VII. Damit der Septaccord der 5^ten Stufe in A moll mit kleiner Terz (*e–g–h–d*) für die Tonleitern C dur, G dur, D dur und E moll passe, ist keine Aenderung nöthig. Damit er für F dur und für D moll tauglich werde, wird aus der reinen Quint eine falsche gemacht. Seltener macht man nebst der falschen Quint auch die verminderte Sept statt der kleinen, um für F moll zu passen.

VIII. Damit der Septaccord der 5^ten Stufe in A moll mit grosser Terz (*e–gis–h–d*) zugleich für A dur gelte, ist keine Aenderung nöthig.

IX. Damit der Septaccord der 6^ten natürlichen Stufe in A moll (*f–a–c–e*) für die Tonleitern C dur und F dur passe, ist keine Aenderung nöthig. Damit er für die D moll Tonleiter kenntlich werde, wird aus dessen reiner Quint die übermässige gemacht. Seltener verändert man die grosse Sept zur kleinen, damit er zu jenem der 7^ten natürlichen Stufe von G moll werde. Noch seltener wird nebst der Sept auch die grosse Terz zur kleinen gemacht, damit er für C moll kenntlich werde.

X. Damit der Septaccord der 6^ten erhöhten Stufe in A moll (*fis–a–c–e*) auch für die Tonleitern G dur und E moll passe, wird nichts verändert. Selten wird aus der kleinen Sept die verminderte gemacht, um für G moll zu passen.

XI. Damit der Septaccord der 7^ten natürlichen Stufe in A moll (*g–h–d–f*) für die Tonleitern C dur und C moll gelte, ist nichts zu ändern. Soll er für F dur passen und für D moll kenntlich werden, so wird seine grosse Terz zur kleinen gemacht. Seltener wird nebst der Terz auch die Quint vermindert, um für F moll zu passen.

XII. Der Septaccord der 7^ten erhöhten Stufe in A moll (*gis–h–d–f*) passt nur für diese Tonleiter.

## § 5.

So wenig als eine erhöhte Stufe Sept werden darf, ebenso wenig darf sie Non werden. Es ist also in Absicht der Septnonaccorde Folgendes zu merken:

I. Der Septnonaccord der 1^ten Stufe in A moll (*A–c–e–g–h*) passt auch für die Tonleitern C dur, G dur und E moll; damit er für F dur passe, wird seine grosse Non klein gemacht; damit er für D moll passe, wird nebst der kleinen Non die grosse Terz statt der kleinen genommen. Seltener wird die falsche Quint statt der reinen und die kleine Non statt der grossen genommen, um für G moll zu passen.

II. Der Septnonaccord der 2^ten Stufe in A moll (*H–d–f–a–c*) passt zwar auch für C dur, wird aber dafür nicht gebraucht; damit er für E moll passe, wird statt der kleinen Terz die grosse und statt der falschen Quint die reine genommen, was aber nur geschehen kann, wenn das Fundament *Fis* vorausgeht.

III. Der Septnonaccord der 3ten Stufe in A moll mit reiner Quint (*c–e–g–h–d*) passt auch für die Tonleitern C dur, G dur und E moll; damit er für F dur passe, muss dessen grosse Sept zur kleinen werden; das Nämliche muss geschehen, wenn er als jener der 7ten natürlichen Stufe in D moll gelten soll. Damit er für F moll gelte, muss überdies die grosse Non zur kleinen werden; damit er, was selten geschieht, für G moll passend werde, werden dessen grosse Terz und grosse Sept zu kleinen gemacht.

IV. Der Septnonaccord der 3ten Stufe in A moll mit übermässiger Quint (*c–e–gis–h–d*) passt nur für diese Tonleiter.

V. Der Septnonaccord der 4ten Stufe in A moll mit kleiner Terz (*d–f–a–c–e*) ist auch in den Tonleitern C dur, F dur und D moll. Soll er für C moll gelten, so wird seine grosse Non zur kleinen und seine reine Quint zur falschen gemacht.

VI. Der Septnonaccord der 4ten Stufe in A moll mit grosser Terz (*d–fis–a–c–e*) ist auch in den Tonleitern G dur und E moll; soll er für G moll gelten, so wird seine grosse Non zur kleinen gemacht.

VII. Der Septnonaccord der 5ten Stufe in A moll mit kleiner Terz (*e–g–h–d–f*) gilt auch für die C dur Tonleiter. Soll er für F dur, besser für D moll gelten, so muss seine reine Quint zur falschen werden.

VIII. Der Septnonaccord der 5ten Stufe in A moll mit grosser Terz (*e–gis–h–d–f*) passt nur für diese Tonleiter.

IX. Der Septnonaccord der 6ten natürlichen Stufe in A moll (*f–a–c–e–g*) gilt auch für die Tonleitern C dur, F dur und D moll. Soll er für letztere kenntlich werden, so wird seine reine Quint zur übermässigen gemacht.

X. Der Septnonaccord der 7ten natürlichen Stufe in A moll (*g–h–d–f–a*) gilt auch für die C dur Tonleiter. Soll er für F dur und D moll gelten, so wird seine grosse Terz zur kleinen gemacht. Soll er für C moll gelten, so wird seine grosse Non zur kleinen; soll er für F moll gelten, so wird seine grosse Terz zur kleinen, seine Quint zur falschen und seine grosse Non zur kleinen gemacht.

Alles von § 3 angefangen bis hierher zeigt, dass nicht die Fundamente der A moll Tonleiter, sondern nur deren Antheile verändert wurden.

## § 6.

Um die Ueberzeugung zu erlangen, dass die Fundamentaltöne der diatonischen A moll Tonleiter hinreichen, um die wichtigsten Fundamente der damit verwandten Tonleitern auszudrücken, zeigt folgende Gegenüberstellung.

Die Töne: *D H E A* machen in A moll die Stufen: 4, 2, 5, 1,
und in A dur ebenso: 4, 2, 5, 1.

Die Töne: *A Fis H E* machen in A moll die Stufen: 1, 6, 2, 5,
in E moll und in E dur die Stufen: 4, 2, 5, 1.

Die Töne: *G E A D* machen in A moll die Stufen: 7, 5, 1, 4,
in D moll und in D dur die Stufen: 4, 2, 5, 1.

Die Töne: *F D G C* machen in A moll die Stufen: 6, 4, 7, 3,
in C dur und in C moll die Stufen: 4, 2, 5, 1.

Die Töne: *C A D G* machen in A moll die Stufen: 3, 1, 4, 7,
in G dur und in G moll die Stufen: 4, 2, 5, 1.

Die Töne: *D G C F* machen in A moll die Stufen: 4, 7, 3, 6,
und in F dur die Stufen: 6, 2, 5, 1.

Die Töne: *G C F* machen in A moll die Stufen: 7, 3, 6,
und in F moll die Stufen: 2, 5, 1.

Die wichtigsten Fundamente sind nämlich die Tonica, Dominant und Unterdominant, oder statt der letzteren der Septaccord der 2$^{ten}$ Stufe, oder kürzer: die 1$^{te}$, 5$^{te}$, und 4$^{te}$ oder 2$^{te}$ Stufe. Sind alle vier Fundamente vorhanden, so ist es noch besser.

Es kann nicht schaden, zu erwähnen, dass in mehreren der mit A moll verwandten Tonleitern noch mehr Stufen, als die eben genannten, mit ihr gemeinschaftlich sind, nämlich:

Die Töne: *a-g-f-e-d-c-H-A* machen
in A moll die Stufen: 8, 7, 6, 5, 4, 3, 2, 1,
und in C dur jene: 13, 12, 11, 10, 9, 8, 7, 6,
oder: 6, 5, 4, 3, 2, 1, 7, 6.

Die Töne: *A-H-c-d-e-fis-g* machen
in A moll die Stufen: 1, 2, 3, 4, 5, 6, 7,
und in G dur jene: 2, 3, 4, 5, 6, 7, 8.

Die Töne: *c-d-e-f-g-a* machen
in A moll die Stufen: 3, 4, 5, 6, 7, 8,
und in F dur jene: 5, 6, 7, 8, 9, 10.

Die Töne: *e-fis-g-a-h-c* machen
in A moll die Stufen: 5, 6, 7, 8, 9, 10,
und in E moll jene: 1, 2, 3, 4, 5, 6.

Die Töne: *d-e-f-g-a* machen
in A moll die Stufen: 4, 5, 6, 7, 8,
und in D moll jene: 1, 2, 3, 4, 5.

Die Töne: *d-e-fis-gis-a-h* machen
in A moll die Stufen: 4, 5, 6, 7, 8, 9,
und in A dur die nämlichen: 4, 5, 6, 7, 8, 9.

Die Töne: *d–e–fis–g–a–h* machen

    in A moll die Stufen: 4, 5, 6, 7, 8, 9,

    und in D dur jene: 1, 2, 3, 4, 5, 6.

Die Töne: *e–fis–gis–a–h* machen

    in A moll die Stufen: 5, 6, 7, 8, 9,

    und in E dur jene: 1, 2, 3, 4, 5.

Die Töne: *f–g–a–h–c–d* machen

    in A moll die Stufen: 6, 7, 8, 9, 10, 11,

    und in C moll jene: 4, 5, ♮6, ♮7, 8, 9.

Die Töne: *c–d–e–fis–g–a* machen

    in A moll die Stufen: 3, 4, 5, 6, 7, 8,

    und in G moll jene: 4, 5, ♮6, ♯7, 8, 9.

Die Töne: *c–d–e–f–g* machen

    in A moll die Stufen: 3, 4, 5, 6, 7,

    und in F moll jene: 5, ♮6, ♮7, 8, 9.

Es ist nicht zu läugnen, dass in dieser Uebersicht die Stufen der A moll Tonleiter nicht immer in der ihr gebührenden Ordnung schreiten; es war aber nur zu zeigen, dass jede der mit ihr verwandten Tonleitern mehrere Töne mit ihr gemeinschaftlich hat. Das sich Widersprechende wird sich ausgleichen, wenn die Beispiele, die aus der diatonischen A moll Tonleiter genommen sind, chromatisch gemacht werden.

## § 7.

Diatonische Schritte, bei welchen k e i n chromatischer Zwischenton möglich ist.

1. Vom Dreiklang der 1ten zum Dur–Dreiklang der 5ten Stufe und wieder zurück. Z. B. in A moll:

2. Vom Dreiklang der 1ten zu jenem der 6ten natürlichen Stufe oder umgekehrt. Z. B. in A moll:

3. Vom Moll–Dreiklang der 5ten zum Dur–Dreiklang der 3ten Stufe und umgekehrt. Z. B. in A moll:

4. Vom Dur–Dreiklang der 5$^{ten}$ zum übermässigen Dreiklang der 3$^{ten}$ und von da zum Dreiklang der 1$^{ten}$, oder zu jenem der 6$^{ten}$ natürlichen Stufe. Z. B. in A moll:

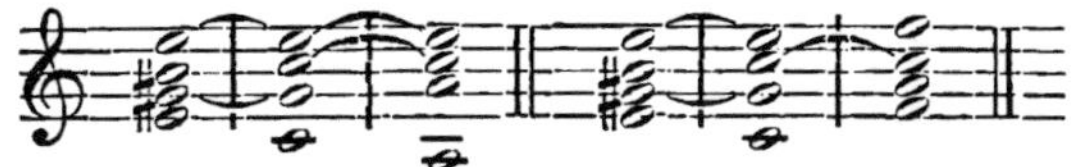

5. Vom Dur–Dreiklang der 3$^{ten}$ zum Septaccord der 1$^{ten}$ Stufe. (*a.*)

6. Vom Dreiklang der 6$^{ten}$ natürlichen zum Septaccord der 4$^{ten}$ Stufe mit kleiner Terz. (*b.*)

7. Vom Dreiklang der 7$^{ten}$ natürlichen zum Septaccord der 5$^{ten}$ Stufe mit kleiner Terz. (*c.*)

8. Vom Dreiklang der 7$^{ten}$ erhöhten zum Septaccord der 5$^{ten}$ Stufe mit grosser Terz. (*d.*)

9. Vom Moll–Dreiklang der 4$^{ten}$ zum Septaccord der 2$^{ten}$ Stufe. (*e.*)

10. Vom Moll–Dreiklang der 5$^{ten}$ zum Septaccord der 3$^{ten}$ Stufe mit reiner Quint. (*f.*)

11. Vom falschen Dreiklang der 2$^{ten}$ zum Septaccord der 7$^{ten}$ natürlichen oder 7$^{ten}$ erhöhten Stufe. (*g.*)

12. Vom Dreiklang der 1$^{ten}$ zum Septaccord der 6$^{ten}$ natürlichen oder 6$^{ten}$ erhöhten Stufe. (*h.*)

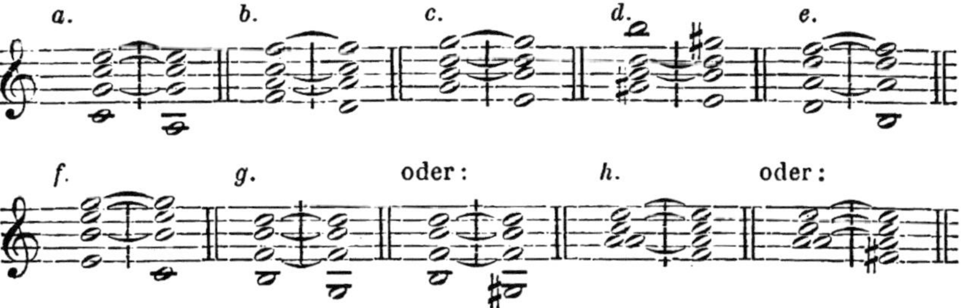


13. Vom Septaccord der 2$^{ten}$ zu jenem der 5$^{ten}$ Stufe mit grosser Terz. Z. B. in A moll:

14. Vom Moll–Dreiklang oder dem gleichartigen Septaccord der 4$^{ten}$ zum Septaccord der 7$^{ten}$ erhöhten Stufe. Z. B. in A moll:

15. Von der Harmonie des Septaccordes der 7$^{ten}$ erhöhten zu jener des Dreiklangs oder Septaccordes der 3$^{ten}$ Stufe mit übermässiger

Quint und von da zu jener des Dreiklangs der 6<sup>ten</sup> natürlichen Stufe.
Z. B. in A moll:

16. Vom Dur-Dreiklang der 3<sup>ten</sup> zu jenem der 6<sup>ten</sup> natürlichen
Stufe. Z. B. in A moll:

17. Vom Dreiklang der 1<sup>ten</sup> zum Dur-Dreiklang der 3<sup>ten</sup> Stufe.
Z. B. in A moll:

18. Vom Moll-Dreiklang der 4<sup>ten</sup> zum Dreiklang der 6<sup>ten</sup> natürlichen Stufe. Z. B. in A moll:

19. Bei dem uneigentlichen Schritt vom falschen Dreiklang der
2<sup>ten</sup> zum Moll-Dreiklang der 4<sup>ten</sup> Stufe, wo letzterer den Septaccord
der 2<sup>ten</sup> Stufe vertritt. Z. B. in A moll:

20. Bei dem uneigentlichen Schritt vom Moll-Dreiklang der 5<sup>ten</sup>
zum Dreiklang der 7<sup>ten</sup> natürlichen Stufe, wo letzterer den Septaccord der 5<sup>ten</sup> Stufe mit kleiner Terz vertritt. Z. B. in A moll:

## § 8.

Einfache chromatische Schritte ohne weitere Folgerung sind
folgende:

1. Vom Dreiklang oder Septaccord der 1<sup>ten</sup> zum Moll-Dreiklang
der 4<sup>ten</sup> Stufe, wenn die Terz des ersteren steigt. Hier kann das erste
Fundament Dominant werden, wenn die Terz erhöht wird, wodurch
das zweite Fundament Tonica wird. Z. B. in A moll:

2. Vom Moll-Dreiklang der 2ten zum Dur-Dreiklang der 5ten Stufe, wenn die Terz des ersteren steigt. Hier kann das erste Fundament abermals Dominant werden, wenn die Terz erhöht wird. Z. B. in A moll:

Dieser Schritt kann aber auch darin chromatisch abgeändert werden, dass man auf der 5ten Stufe den Moll-, dann den Dur-Dreiklang folgen lässt, und hiermit ein zusammengesetzter chromatischer Satz erscheint. Z. B.

3. Vom Dreiklang der 6ten natürlichen zum Septaccord der 2ten Stufe, wenn die Quint des ersteren steigt. Hier kann das erste Fundament als auf der 3ten Stufe einer Moll-Tonleiter betrachtet werden, wenn die Quint übermässig gemacht wird; das zweite Fundament ist dann als 6te erhöhte Stufe zu betrachten. Z. B. in A moll:

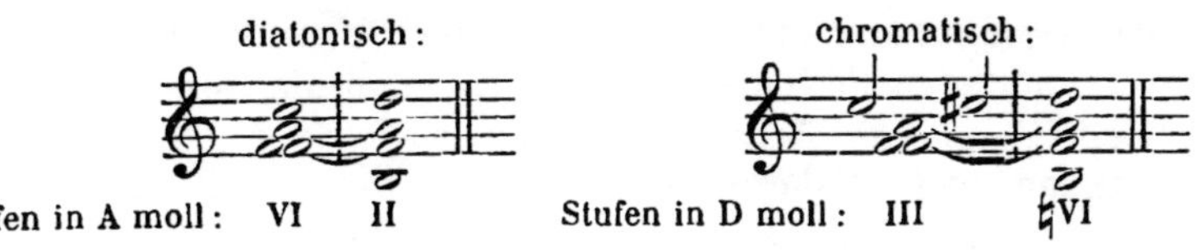


4. Vom Dreiklang der 6ten natürlichen zum Dur-Dreiklang der 3ten Stufe, wenn die Terz des ersteren fällt. Hier kann das erste Fundament als auf der 4ten Stufe einer Moll-Tonleiter betrachtet werden, wenn die Terz erniedrigt wird; sobald aber dieses geschehen

ist, wird es als 1<sup>te</sup> Stufe einer andern Moll—Tonleiter betrachtet und das zweite Fundament als Dominant derselben. Z. B. in A moll:

Stufen in A moll:   VI   III        Stufen in C moll:  IV
Stufen in C dur:    IV   I          Stufen in F moll:       I   V
Stufen in F dur:    I   V

5. Vom Septaccord der 3<sup>ten</sup> Stufe mit reiner Quint zum Dreiklang der 6<sup>ten</sup> natürlichen Stufe. Hier kann das erste Fundament Dominant einer Dur—Tonleiter werden, wenn die grosse Sept zur kleinen gemacht wird, wodurch das zweite Fundament Tonica wird. Z. B. in A moll:

Stufen in A moll:   III   VI        Stufen in F dur:      V   I
Stufen in C dur:    I   IV

6. Vom Septaccord der 4<sup>ten</sup> Stufe mit kleiner Terz zu jenem der 7<sup>ten</sup> natürlichen Stufe, wenn die Quint des ersteren fällt. Hier kann das erste Fundament zur 2<sup>ten</sup> Stufe einer Moll—Tonleiter werden, wenn die reine Quint zur falschen wird; das zweite Fundament ist mithin die Dominant derselben Tonleiter. Z. B. in A moll:

Stufen in A moll:   IV   VII       Stufen in C moll:     II   V
Stufen in C dur:    II   V

## § 9.

Zusammengesetztere Schritte sind folgende:

1. Vom Septaccord der 5<sup>ten</sup> Stufe mit kleiner Terz zum Septaccord der 1<sup>ten</sup> und von da zum Moll—Dreiklang der 4<sup>ten</sup> Stufe. Hier kann das erste Fundament zur 2<sup>ten</sup> und das folgende zur 5<sup>ten</sup> Stufe einer verwandten Moll—Tonleiter werden, wenn die Quint des ersteren erniedrigt und die Terz des zweiten sogleich erhöht wird; das dritte Fundament ist sodann die Tonica derselben. Z. B. in A moll:

Stufen in A moll: V   I   IV       Stufen in D moll:    II   V   I
Stufen in C dur: III   VI   II

Dieser Schritt kann noch darin chromatisch abgeändert werden, dass man das zweite Fundament auch als Dominant von D dur und das dritte Fundament als Tonica derselben ansieht, und also erst nach dem D dur den D moll Dreiklang folgen lässt, wodurch ein zusammengesetzterer chromatischer Satz erscheint. Z. B.

2. Vom Septaccord der 6$^{ten}$ erhöhten zum Moll-Dreiklang der 2$^{ten}$ und von da zum Dur-Dreiklang der 5$^{ten}$ Stufe. Hier kann das erste Fundament als 2$^{te}$ Stufe einer verwandten Moll-Tonleiter betrachtet werden, folglich das zweite Fundament als Dominant derselben (wenn die Terz erhöht wird), welche auch Dominant einer Dur-Tonleiter ist, von welcher das dritte Fundament als Tonica gilt. Z. B. in A moll:

Der letzte Schritt kann noch anders chromatisch gemacht werden, indem beim dritten Fundament zuerst ein Moll- und dann erst der Dur-Dreiklang folgt, und folglich der Satz noch zusammengesetzter wird, wie hier zu sehen:

3. Vom Septaccord der 7$^{ten}$ natürlichen zu jenem der 3$^{ten}$ und von da zum Dreiklang der 6$^{ten}$ natürlichen Stufe. Hier kann das erste Fundament als 2$^{te}$ Stufe einer verwandten Dur-Tonleiter betrachtet werden, wenn deren Terz erniedrigt wird, wodurch das zweite Fundament als 5$^{te}$ Stufe zu rechnen ist, deren Sept vorbereitet ist; das dritte Fundament gilt dann als Tonica. Es kann aber auch das erste Fundament als 2$^{te}$ Stufe einer Moll-Tonleiter betrachtet werden, wenn nebst der Terz auch die Quint erniedrigt wird; darauf passt auch das zweite Fundament, welches die Dominant sowohl der Moll – als

der Dur – Tonleiter ist, und folglich das dritte Fundament wieder Tonica der Dur-Tonleiter sein kann. Z. B. in A moll:

4. Vom Septaccord der 1$^{ten}$ zu jenem der 4$^{ten}$, von da zu jenem der 7$^{ten}$ natürlichen und von da zum Dur-Dreiklang der 3$^{ten}$ Stufe. Hier kann das erste Fundament als 2$^{te}$ Stufe einer verwandten Dur-Tonleiter und folglich das zweite Fundament als Dominant derselben gelten, wozu gehört, dass statt der kleinen Terz die grosse genommen werde; um aber fortfahren zu können, muss diese grosse Terz, weil sie nicht steigen kann, zur kleinen umgeändert werden, und somit ist dieses zweite Fundament, welches eben eine 5$^{te}$ Stufe war, zur 2$^{ten}$ Stufe von einer andern Dur-Tonleiter geworden, deren 5$^{te}$ Stufe das dritte Fundament und deren Tonica das vierte Fundament wird. Z. B. in A moll:

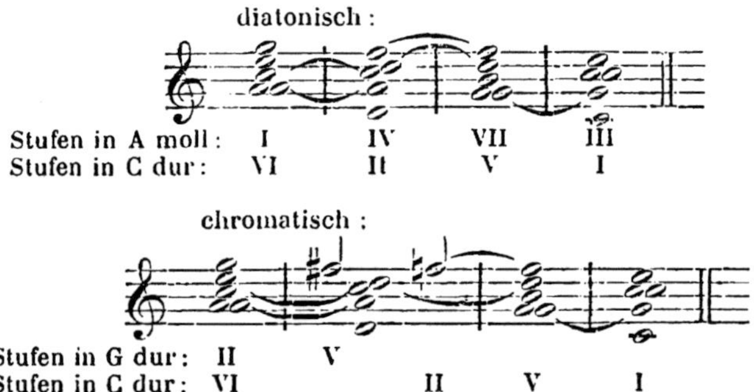



Eine noch zusammengesetztere Art des Chromatischen entsteht aus diesem Satze, wenn die Quint des ersten Fundamentes erniedrigt wird, wodurch dasselbe Fundament zur 2$^{ten}$ Stufe einer Moll-Tonleiter wird, wodurch abermals nöthig ist, dass das zweite Fundament die Dominant derselben werde, und darum eine grosse Terz haben muss; nachdem diese Terz wieder zur kleinen gemacht wird, wird das zweite Fundament aus einer Dominant eine 2$^{te}$ Stufe einer Dur-Tonleiter, wenn nun auch die Quint desselben erniedrigt wird, so

wird es die 2$^{\text{te}}$ Stufe einer Moll-Tonleiter, wozu das dritte Funda-
ment die Dominant bildet; da diese Dominant aber auch für eine
Dur-Tonleiter gilt, so folgt die Tonica derselben im vierten Tacte.
Z. B.

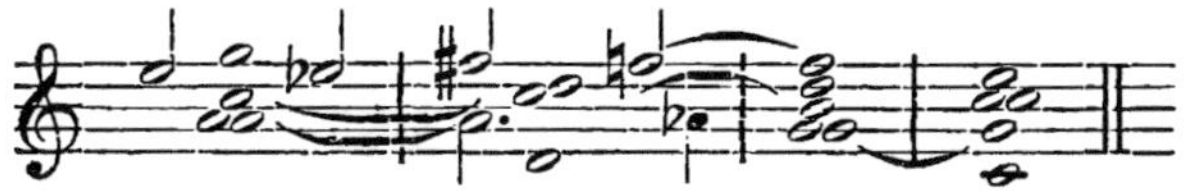

An diesem chromatischen Satze nehmen die Tonleitern G dur
und C dur so wie G moll und C moll Theil.

5. Vom Dreiklang der 1$^{\text{ten}}$ zum Moll-Dreiklang der 5$^{\text{ten}}$, von da
zum Septaccord der 1$^{\text{ten}}$ und von da zum Moll-Dreiklang der 4$^{\text{ten}}$
Stufe. Hier kann beim zweiten Fundament zuerst der Dur- und dann
erst der Moll-Dreiklang genommen werden, um dieses Fundament
aber zur 2$^{\text{ten}}$ Stufe einer Moll-Tonleiter zu machen, wird zuletzt noch
aus der reinen Quint die falsche gemacht, folglich muss das dritte
Fundament die Dominant von dieser Tonleiter werden und folglich
eine grosse Terz haben, wonach das vierte Fundament als Tonica
gilt. Z. B. in A moll:

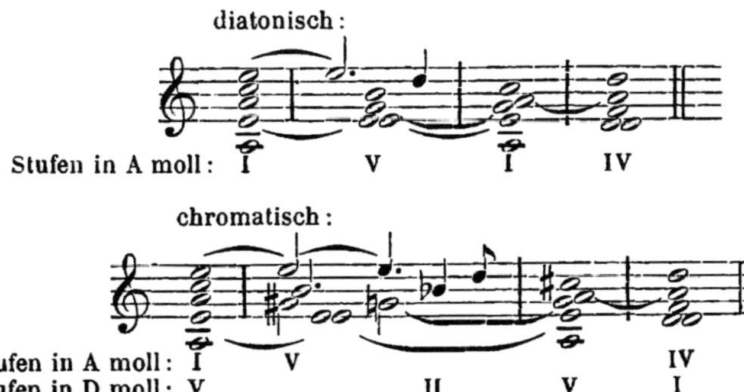


Der letzte Schritt kann noch anders chromatisch gemacht werden, indem beim vierten Fundament zuerst ein Dur- und dann ein
Moll-Dreiklang folgt, und daher der Satz noch zusammengesetzter
wird.

6. Vom Septaccord der 6$^{\text{ten}}$ erhöhten Stufe zum Moll-Dreiklang
der 2$^{\text{ten}}$, von da zum Septaccord der 5$^{\text{ten}}$ Stufe mit grosser Terz und
von da zum Dreiklang der 1$^{\text{ten}}$ Stufe. Hier kann das erste Fundament
als 2$^{\text{te}}$ Stufe einer verwandten Moll-Tonleiter und folglich das zweite
Fundament als Dominant angesehen werden, darum wird die grosse
Terz statt der kleinen genommen; da aber nicht die Tonica dieser
Tonleiter folgt, so wird dieses zweite Fundament, dadurch dass aus
der grossen Terz die kleine wird, wieder zur 2$^{\text{ten}}$ Stufe, wonach

auch die übrigen beiden Fundamente wieder zur Haupttonleiter gehören.  Z. B.  in A moll:

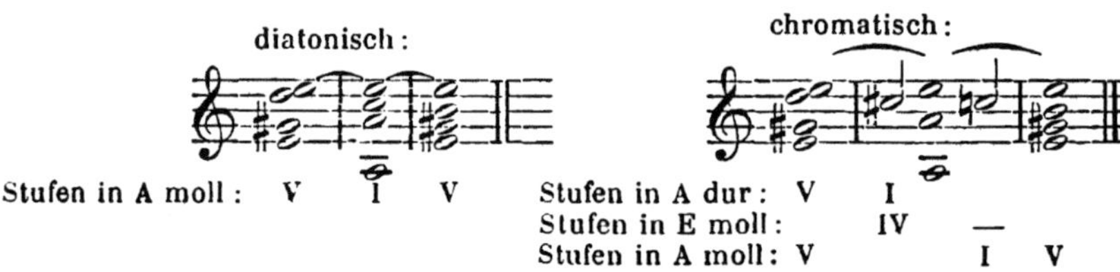


7.  Vom Septaccord der 5^ten Stufe mit grosser Terz zum Dreiklang der 1^ten und von da zum Dur–Dreiklang der 5^ten Stufe.  Hier
kann das erste Fundament als Dominant einer Dur-Tonleiter und das
nächste als Tonica derselben betrachtet werden; damit aber das
zweite Fundament wieder zur Haupttonleiter passe, wird aus der
grossen Terz wieder eine kleine, und das dritte Fundament bleibt
unverändert.  Z. B. in A moll:

8.  Vom Dreiklang der 1^ten zum Moll-Dreiklang der 5^ten Stufe, von
da zum Septaccord der 3^ten und von da zum Dreiklang der 6^ten natürlichen Stufe.  Hier kann beim zweiten Fundament zuerst ein Dur-
und dann erst ein Moll–Dreiklang genommen werden; hinterdrein
kann sogar noch die reine Quint zur falschen werden, sodann wird
das dritte Fundament Dominant einer verwandten Dur–Tonleiter,
deren kleine Sept schon vorbereitet ist, und das vierte Fundament
die Tonica davon.  Z. B. in A moll:

## § 10.

Dass die in den beiden vorigen §§ angegebenen chromatischen Schritte ihren Bezug auf A moll behalten, zeigen folgende zusammenhängende Beispiele:

I. diatonisch:

## § 11.

Nun soll auch gezeigt werden, bei welchen Schritten statt der 6^ten und 7^ten erhöhten die 6^te und 7^te natürliche Stufe im Fundament gebraucht werden dürfen.

I. Von der Harmonie des übermässigen Dreiklangs der 3^ten zum Septaccord der 6^ten erhöhten, von da zur Harmonie des Septaccordes der 4^ten Stufe mit grosser Terz, von da zum Dreiklang der 7^ten erhöhten, von da zum Septaccord der 5^ten Stufe mit grosser Terz und dann zum Dreiklang der Tonica. Hier kann das zweite Fundament die 6^te natürliche statt der 6^ten erhöhten Stufe sein, das dritte Fundament erhält aber doch die grosse Terz; das vierte Fundament darf statt der 7^ten erhöhten die 7^te natürliche Stufe sein, das fünfte Fundament erhält aber wieder die grosse Terz, nach welchem sodann auch das letzte Fundament natürlich folgt. Als Vorbereitung der Harmonie des übermässigen Dreiklangs der 3^ten Stufe geht sowohl im diatonischen als im chromatischen Satze der Dur-Dreiklang der 5^ten und diesem der Dreiklang der 1^ten Stufe voraus. Z. B. in A moll:

II. Nach dem Dreiklang der 1ten sogleich den Septaccord der 6ten erhöhten Stufe, u. s. w. wie im vorigen Beispiele, gilt die nämliche chromatische Veränderung. Z. B. in A moll:

III. Nach dem Dreiklang der 1ten den Septaccord der 4ten Stufe mit grosser Terz, von da zur Harmonie des Dreiklangs der 7ten erhöhten Stufe, von da zur Harmonie des Septaccordes der 5ten Stufe mit grosser Terz und von da zu jener des Dreiklangs der 1ten Stufe. Hier kann beim zweiten Fundament zuerst die kleine, dann erst die grosse Terz erscheinen, das dritte Fundament darf statt der 7ten erhöhten die 7te natürliche Stufe sein, das vierte Fundament erhält aber wieder seine grosse Terz, nach welchem sodann das letzte Fundament natürlich folgt. Z. B. in A moll:

Es giebt aber auch einen Fall, wo es gestattet ist, statt der 6ten natürlichen die 6te erhöhte Stufe als Fundament zu nehmen, nämlich wenn der Dur-Dreiklang der 3ten oder der gleichartige Septaccord derselben Stufe vorausgeht, auf der 6ten Stufe ein Septaccord ist und der Septaccord der 2ten Stufe nachfolgt, welcher sodann in den Septaccord der 5ten Stufe mit grosser Terz, und dieser in den Dreiklang der Tonica übergeht. Hier kann der Septaccord der 3ten Stufe in A moll mit reiner Quint als auf der 6ten Stufe von E moll stehend betrachtet werden, worauf statt der natürlichen 6ten Stufe in A moll die erhöhte 6te Stufe folgt, um den Septaccord der 2ten Stufe in E moll darzustellen, worauf natürlich die 2te Stufe von A moll als 5te Stufe in E moll zu gelten hat und darum eine grosse Terz und reine Quint bekommen muss; damit aber die Einleitung auf den folgenden Septaccord der 5ten Stufe von A moll geschehe, wird die grosse Terz von *H* zur kleinen und die reine Quint zur falschen umgeändert, d. h. dieses *H*, welches zuvor 5te Stufe in E moll war, wird nun wieder zur 2ten Stufe in A moll; das Uebrige bleibt natürlich. Um einen guten Anfang zu haben, beginnt man mit dem Dreiklang der Tonica. Z. B. in A moll:

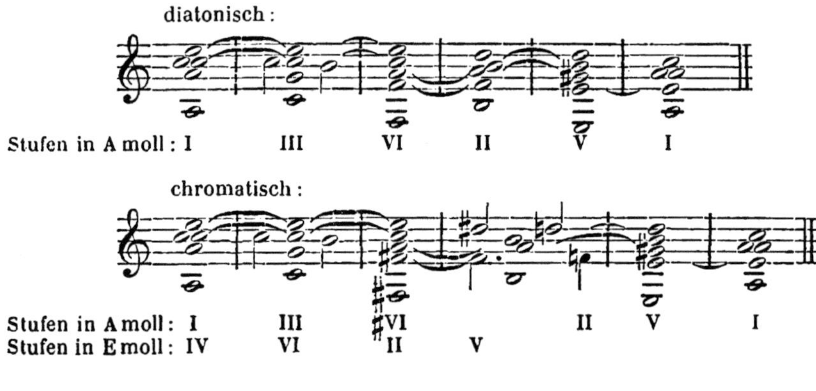



## § 12.

Nachdem bei den chromatischen Schritten in der Dur-Tonleiter bereits die Freiheit des Sept- und Septnonaccordes auf der Dominant der Haupttonleiter sowohl als auf jener der verwandten Nebentonleitern hinlänglich erklärt wurde, so folgen hier sogleich die auf die A moll Tonleiter bezüglichen Beispiele, und zwar zuerst wie sie diatonisch aussehen und dann wie sie sich chromatisch gestalten, mit unten beigefügtem Fundamente, wonach sich die am chromatischen Satze theilnehmenden Nebentonleitern nach den bisherigen Erklärungen leicht herausfinden lassen.

I. Diatonisch mit zurückkehrenden Durchgängen.

Chromatisch mit Dominantseptaccorden verwandter Nebentonleitern.

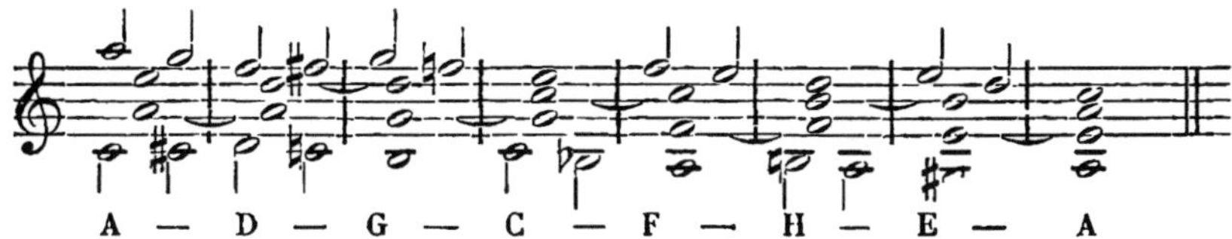


Chromatisch mit Septnonaccorden u. s. w.

II. Diatonisch, wenn die Non eines Fundamentes sich in die Quint des nächsten auflöset.

Chromatisch.

III. Diatonisch, wo beim zweiten und vierten Fundament nur ein Dreiklang möglich ist.

Chromatisch, wo ebendaselbst ein Dominantseptaccord frei eintreten kann.

Chromatisch, wo ebendaselbst ein Septnonaccord möglich wird, wobei man das Fundament, welches unten mit Buchstaben bezeichnet ist, weglassen kann.

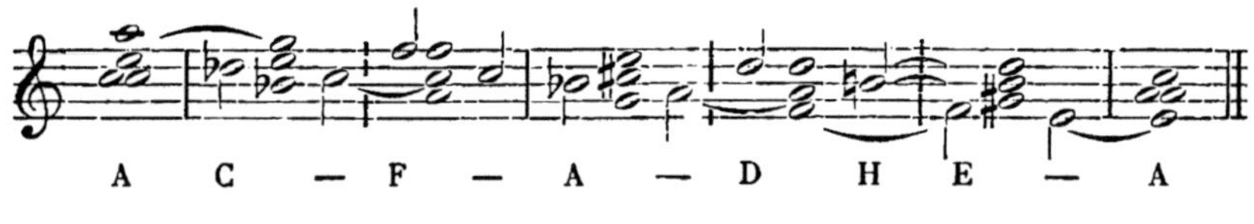


§ 13.

Die Zwitter- Sept- und Septnonaccorde, die vermöge ihrer grossen Terz als auf der 5ten Stufe, aber vermöge ihrer falschen Quint als auf der 2ten Stufe einer Moll-Tonleiter stehend betrachtet werden müssen, werden nun auch in der A moll Tonleiter in Erwägung gezogen.

I. Vom Septaccord der 2ten Stufe mit falscher Quint zum Dur-Dreiklang der 5ten und von da zum Dreiklang der 1ten Stufe, wenn die kleine Terz des ersten Fundamentes zur grossen gemacht wird, während die falsche Quint bleibt. Z. B. in A moll:

Wenn der Septaccord der 6ten natürlichen Stufe vorhergeht, so kann der Septnonaccord statt des Septaccordes auf der 2ten Stufe folgen, und zwar kann die Sept der 6ten Stufe sich statt in die kleine in die grosse Terz der 2ten Stufe auflösen. Folgt sodann statt des Dreiklangs der Septaccord der Dominant, so wird die grosse Terz der 2ten Stufe erst wieder zur kleinen, damit die Sept der Dominant vorbereitet werde. Z. B. in A moll:

Hier wurde die Non der 2ten Stufe noch bei demselben Fundamente aufgelöset; wenn sie sich aber erst in die Quint des nächsten Fundamentes auflöset, so muss die günstige Lage dazu gewählt werden, wie im folgenden Beispiele, wo das Fundament unten mit Buchstaben angezeigt ist.

Dieselbe günstige Lage ist auch nöthig, wenn nach dem Septnonaccord der 2ten Stufe der Dur-Dreiklang der 5ten Stufe folgt. Z. B.

In einer ungünstigen Lage ist im letzteren Falle nur das Mittel, um Fehler zu vermeiden, dass man die Sept und Non der 2ten Stufe bei dem folgenden Fundamente als Undez und Tredez aufhält. Z. B.

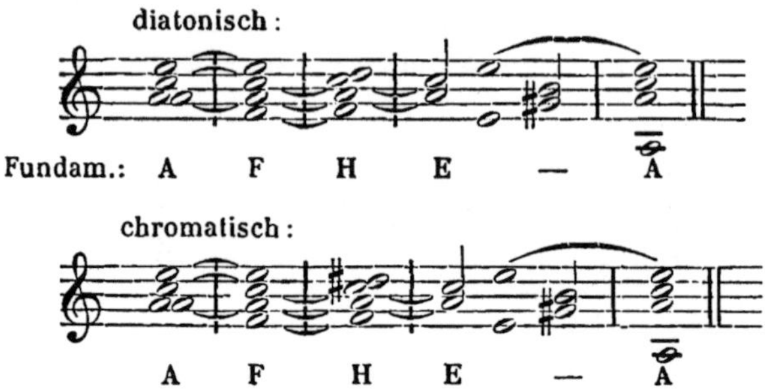


II. Vom Septaccord der 5ten Stufe mit grosser Terz zum Dreiklang der 1ten und von da zum Moll-Dreiklang der 4ten Stufe. Hier kann beim ersten Fundament die reine Quint zur falschen gemacht werden und doch die grosse Terz bleiben; dadurch wird es ein Zwitteraccord auf der 2ten Stufe von D moll, und es muss das nächste Fundament die Dominant davon sein und also eine grosse Terz haben; das dritte Fundament ist sodann Tonica. Z. B. in A moll:

Ist beim ersten Fundament ein Septnonaccord, so kann er ebenfalls ein Zwitteraccord auf der 2ten Stufe von D moll werden, indem man die reine Quint zur falschen macht; das Uebrige wie oben. Z. B.

Wenn die Non des ersten Fundamentes sich in die Quint des zweiten Fundamentes auflöset, in der günstigen Lage so:

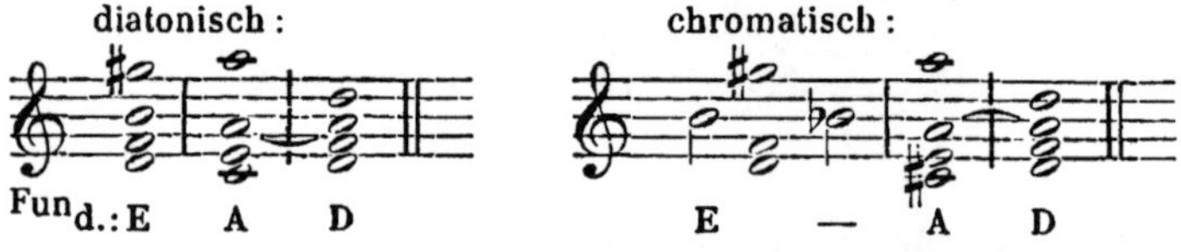


Wenn in einer ungünstigen Lage die Sept und Non des ersten Fundamentes bei dem zweiten als Undez und Tredez aufgehalten werden, so:

III. Vom Septaccord der 1$^{ten}$ zum Moll-Dreiklang der 4$^{ten}$, von da zum Septaccord der 7$^{ten}$ natürlichen Stufe und von da zum Dur-Dreiklang der 3$^{ten}$ Stufe. Hier kann beim ersten Fundament die reine Quint zur falschen und die kleine Terz zur grossen umgeändert werden, wodurch es 2$^{te}$ Stufe von G moll wird, und darum muss das nächste Fundament, weil es 5$^{te}$ Stufe davon werden muss, eine grosse Terz haben; da aber beim dritten Fundament ein Septaccord ist, so muss die grosse Terz des zweiten Fundamentes wieder zur kleinen gemacht werden, damit es selbst zur 2$^{ten}$ Stufe von C dur, oder auch, mittelst Erniedrigung der Quint, zur 2$^{ten}$ Stufe von C moll werde, wovon das dritte Fundament Dominant ist, wonach das vierte Fundament als Tonica von C dur folgt. Z. B. in A moll:

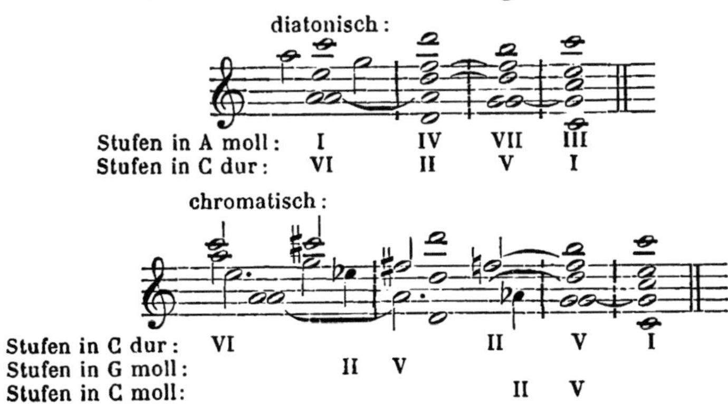



Ist beim ersten Fundament ein Septnonaccord, so kann dieser ebenfalls ein Zwitteraccord auf der 2$^{ten}$ Stufe von G moll werden, indem man die grosse Non zur kleinen, die kleine Terz zur grossen und die reine Quint zur falschen macht; das Uebrige wie oben. Z. B.

Wenn die Non des ersten Fundamentes sich in die Quint des zweiten Fundamentes auflöset, in der günstigen Lage so:

Wenn in einer ungünstigen Lage die Sept und Non des ersten Fundamentes bei dem zweiten als Undez und Tredez aufgehalten werden, so:

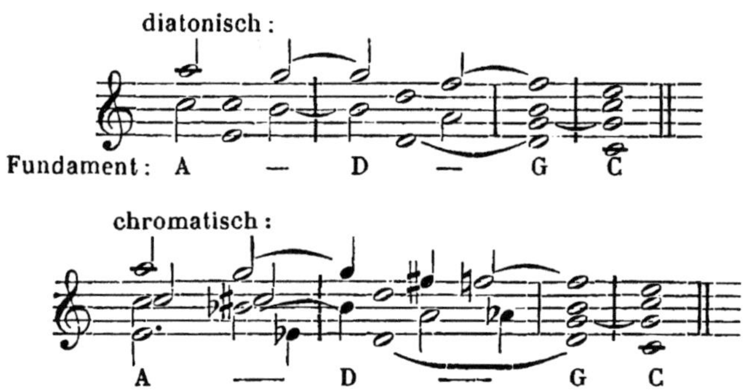


IV. Vom Septaccord der 4ten Stufe mit kleiner Terz zum Dreiklang der 7ten natürlichen Stufe (welcher beim zurückkehrenden Durchgange statt des Septaccordes derselben Stufe vorkommt), von da zum Septaccord der 3ten und von da zum Dreiklang der 6ten natürlichen Stufe. Hier kann beim ersten Fundament die kleine Terz zur grossen und die reine Quint zur falschen gemacht werden, wodurch es 2te Stufe von C moll wird; das zweite Fundament wird sodann Dominant davon; weil aber beim dritten Fundament ein Septaccord folgt, so wird die grosse Terz des zweiten Fundamentes zur kleinen, damit es 2te Stufe von F dur werde, oder es wird auch die Quint desselben zur falschen, damit es 2te Stufe von F moll werde, worauf das dritte Fundament als Dominant davon gilt; das vierte Fundament gilt sodann als Tonica von F dur. Z. B. in A moll:

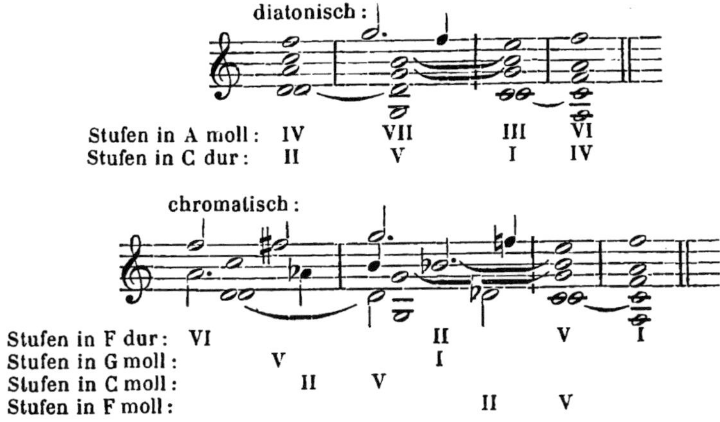



Ist beim ersten Fundament ein Septnonaccord, so kann dieser ebenfalls ein Zwitteraccord auf der 2<sup>ten</sup> Stufe von C moll werden, indem man die grosse Non zur kleinen, die kleine Terz zur grossen und die reine Quint zur falschen macht; das Uebrige wie oben. Z. B.

Wenn die Non des ersten Fundamentes sich in die Quint des zweiten Fundamentes auflöset, in der günstigen Lage so:

Wenn in einer ungünstigen Lage die Sept und Non des ersten

Fundamentes bei dem zweiten als Undez und Tredez aufgehalten werden, so:

V. Vom Septaccord der $7^{ten}$ natürlichen Stufe zum Dur–Dreiklang der $3^{ten}$ und von da zum Dreiklang der $6^{ten}$ natürlichen Stufe. Hier kann beim ersten Fundament die Quint erniedrigt werden, während die grosse Terz bleibt, wodurch es $2^{te}$ Stufe von F moll wird; sodann ist das folgende Fundament die $5^{te}$ Stufe davon, welche auch $5^{te}$ Stufe von F dur ist, deren Tonica das letzte Fundament darstellt. Z. B. in A moll:

Ist beim ersten Fundament ein Septnonaccord, so kann dieser ebenfalls ein Zwitteraccord auf der $2^{ten}$ Stufe von F moll werden, indem man die grosse Non zur kleinen und die Quint zur falschen macht; das Uebrige wie oben, ausser dass der Moll–Dreiklang der $4^{ten}$ Stufe von A moll vorausgeht. Z. B.

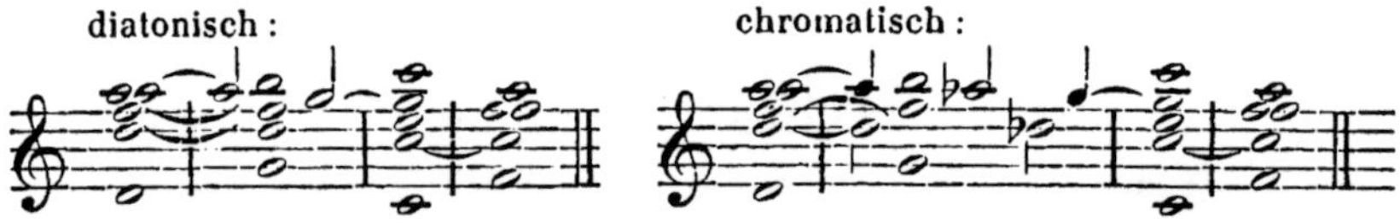


Wenn die Non des Fundamentes *G* sich in die Quint des nächsten Fundamentes auflöset, in der günstigen Lage so:

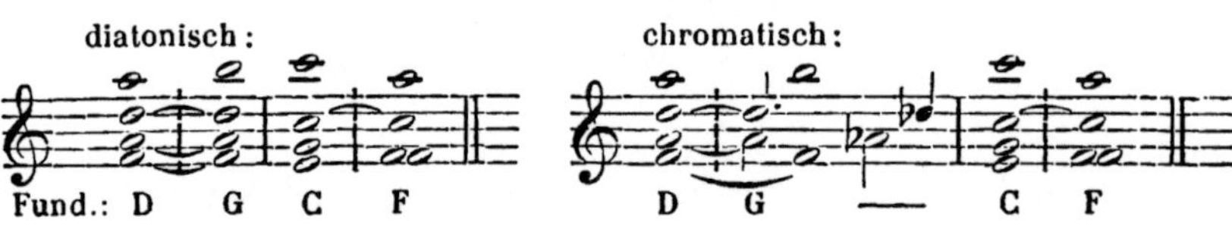

Wenn in einer ungünstigen Lage die Sept und Non des Fundamentes *G* bei dem Fundamente *C* als Undez und Tredez aufgehalten werden, so:

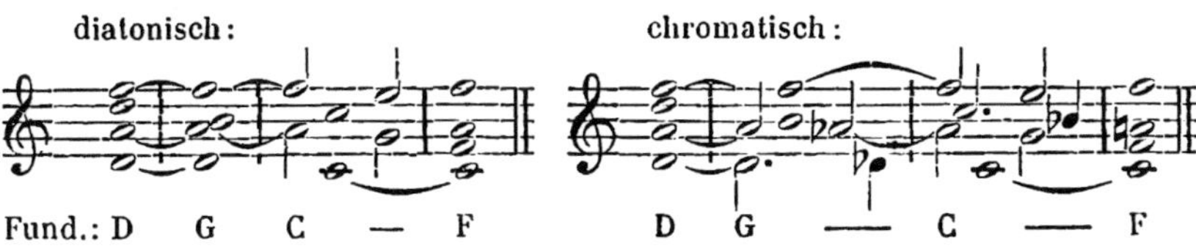


## § 14.

Um sich überzeugen zu können, dass alle diese chromatischen Schritte ihren Bezug auf A moll haben, dienen folgende zusammenhängende Beispiele, wobei das Fundament unten mit Buchstaben angezeigt ist.

## § 15.

Um auch in der A moll Tonleiter den Gebrauch der verminderten Sext oder der übermässigen Terz, so wie der verminderten oder
übermässigen Octav zu zeigen, diene folgender Satz, welcher zuerst
diatonisch und sodann chromatisch mit seinen vier Veränderungen
erscheint.

Die Leser belieben § 21 der chromatischen Schritte in der Dur-
Tonleiter nachzulesen, wo die Erklärung vorkommt, um eine Vergleichung machen zu können.


## § 16.

Das Thema, welches die Fundamentaldreiklänge in einer solchen Ordnung enthält, damit jeder als eine Tonica angesehen wer-

den könne, ist in der Moll-Tonleiter in etwas verschieden von jenem in der Dur-Tonleiter. In der Moll-Tonleiter kann nämlich der Dreiklang der 2$^{ten}$ Stufe unmöglich Tonica werden, was in der Dur- Tonleiter, im temperirten Systeme, keine Schwierigkeit macht. Dafür kann im temperirten Systeme in der Moll-Tonleiter die 7$^{te}$ natürliche Stufe Tonica werden, wo ausser der 2$^{ten}$ Stufe alle übrigen hier anzuführenden Stufen Tonica werden können.

Erste Ordnung: *A E C F D H E A*

Zweite Ordnung: *A D G C F H E A*

Rechtfertigung der ersten Ordnung:

1. Nachdem man *A* als Tonica betrachtet hat, kann man es auch als Unterdominant der E moll Tonleiter betrachten, wonach *E* als Tonica sehr natürlich folgt.

2. Nachdem man *E* als Tonica betrachtet hat, kann man es auch als 3$^{te}$ Stufe der C dur Tonleiter betrachten, wonach *C* als Tonica gültig folgt.

3. Nachdem man *C* als Tonica betrachtet hat, kann man es auch als Dominant von F dur betrachten, wonach *F* als Tonica folgt.

4. Nachdem man *F* als Tonica betrachtet hat, kann man es auch als 3$^{te}$ Stufe von D moll betrachten, wonach *D* als Tonica ganz gut folgt.

5. Nachdem man *D* als Tonica betrachtet hat, wird es als Unterdominant von A moll angesehen, wonach *H* als 2$^{te}$ Stufe derselben Tonleiter folgt.

6. Da *H* wegen dessen falscher Quint keine Tonica werden kann, so folgt sogleich *E* als Dominant von A moll, und muss daher eine grosse Terz haben.

7. Nachdem der E dur Dreiklang als Dominant von A moll betrachtet wurde, kann er auch, bevor fortgefahren wird, als Tonica von E dur gelten.

8. Nachdem *E* als Tonica betrachtet wurde, kann es wieder als Dominant von A moll angesehen werden, wonach natürlich *A* als Haupttonica folgt.

Hier die Beispiele über die erste Ordnung:

Thema, welches bloss die zur A moll Tonleiter gehörigen Dreiklänge enthält.

Erste Veränderung, wodurch jeder Dreiklang vom Thema während der Dauer des Tactes als Tonica gilt und dazwischen seine eigenthümliche Dominantenharmonie gehört wird, welche aber als Nebenharmonie nicht zur eigentlichen Fundamentalfortschreitung in der A moll Tonleiter gerechnet werden darf.

Zweite Veränderung, wo man die Unterdominantenharmonie jedes einzelnen Dreiklangs während des Tactes, wo er als Tonica angesehen wird, hören lässt, welche abermals nicht zur eigentlichen Fundamentalfortschreitung in A moll gerechnet wird.

Dadurch entstehende zurückkehrende chromatische Durchgänge sind folgende: *d–cis–d*, *e–dis–e*, *a–b–a*. Auch folgende zurückkehrende Durchgänge stammen aus der chromatischen Behandlung der A moll Tonleiter her: *e–fis–e*, *h–cis–h*, *g–a–g*, *f–g–f*.

Dritte Veränderung, wo zwischen der Haupttonica, so wie zwischen jeder Nebentonica, deren eigentliche Unterdominant, $2^{te}$ Stufe und Oberdominant gehört werden, aber auch nicht zur eigentlichen Fundamentalfortschreitung gerechnet werden.

Obgleich noch mancherlei Veränderungen möglich wären, so ist nur noch jene besonders zu erwähnen, wo in jedem Tacte alle Fundamente vom Hauptthema als Nebenfundamente, der jedesmaligen Tonica gemäss, angebracht werden, wie hier folgt:

Die grossen Buchstaben bedeuten bei allen Veränderungen die Hauptfundamente, die am Anfang und am Ende des Tactes gelten; die zwischen diesen Endpunkten liegenden sind nur Nebenfundamente, die nur den einen Tact auf das erste und letzte Fundament, welches für diesen Tact Tonica ist, bezogen werden. Also sind in diesem Satze Nebentonleitern, die sich alle auf die Haupttonleiter A moll beziehen.

## § 17.

Rechtfertigung der im vorigen § angegebenen z w e i t e n Ordnung:

1. Nachdem *A* als Tonica betrachtet wurde, ist es einerlei, das folgende *D* als Unterdominant davon oder selbst als Tonica zu betrachten.

2. Nachdem *D* als Tonica betrachtet wurde, kann es auch als 2$^{te}$ Stufe, und das darauf folgende *G* als Dominant von C dur betrachtet werden.

3. Nachdem *G* als Dominant betrachtet wurde, kann es, bevor fortgefahren wird, auch als Tonica von G dur gelten; nachdem dies geschehen, wird es abermals als Dominant von C dur betrachtet, und das darauf folgende *C* als Tonica davon.

4. Nachdem *C* Tonica war, kann man es auch als Dominant von F dur betrachten.

5. Nachdem man *F* als Tonica angesehen hat, wird es wieder als 6$^{te}$ Stufe von A moll betrachtet, wonach *H* als 2$^{te}$ Stufe dieser Tonleiter gilt.

6. Weil *H* wegen dessen falscher Quint keine Tonica werden kann, so folgt sogleich *E* als Dominant von A moll, welche eine grosse Terz haben muss.

7. Nachdem der E dur Dreiklang als Dominant von A moll gegolten, kann er, bevor fortgefahren wird, als Tonica von E dur gelten.

8. Nachdem *E* als Tonica betrachtet wurde, wird es wieder als Dominant von A moll angesehen, wonach natürlich *A* als Haupttonica folgt.

Hier die B e i s p i e l e über die z w e i t e Ordnung:

T h e m a, welches bloss die zur A moll Tonleiter gehörigen Dreiklänge enthält.

Erste Veränderung, wodurch jeder Dreiklang vom Thema während der Dauer des Tactes als Tonica gilt und dazwischen die Harmonien der ihm eigenthümlichen Unter- und Oberdominant gehört werden, welche aber als Nebenharmonien nicht zur eigentlichen

Fundamentalfortschreitung in der A moll Tonleiter gerechnet werden
dürfen.

Hier findet sich auch der zurückkehrende chromatische Durchgang: *g-fis-g*.

Zweite Veränderung, wo in jedem Tacte nach der darin
herrschenden Tonica, die auch am Ende des Tactes wieder kommt,
deren Harmonien der 6ten, 2ten und 5ten Stufe gehört werden, welche
man wieder nicht zur eigentlichen Fundamentalfortschreitung in
A moll rechnet.

Die übrigen Veränderungen werden der eigenen Uebung des
Schülers überlassen.

## § 18.

Die Anwendung des Orgelpunktes in A moll wird leicht be-
greiflich, wenn man von der Abhandlung der chromatischen Schritte

in der C dur Tonleiter den § 23 aufmerksam lieset und es für A moll
anwendet. Hier bleibt nichts übrig als zu zeigen, wie die Nebentonleitern selbst wieder chromatisch gemacht werden können, nachdem die chromatischen Schritte sowohl in der Dur– als in der Moll-
Tonleiter abgehandelt worden sind. Es wird hinlänglich sein, das
vorletzte Beispiel im vorigen § chromatisch zu machen, wozu aber
zuweilen nöthig wird, die Zwischenaccorde in der Tacteintheilung
zu ändern.

# VON DEN ENHARMONISCHEN VERWECHSLUNGEN.

§ 1.

Bekanntlich klingen die Tonleitern Ces dur und H dur, As moll und Gis moll, Ges dur und Fis dur, Es moll und Dis moll, Des dur und Cis dur, B moll und Ais moll in unserm temperirten Systeme gleich, und werden nur mittelst der Schreibart unterschieden. Dass übrigens die Kenntniss aller dieser Tonleitern bei der diatonischen Tonwechslung ihren besondern Nutzen hat, kann durch ein Paar Beispiele gezeigt werden. Man habe erstens ein Stück in As dur, so sind die verwandten Tonleitern: Es dur, Des dur, F moll, C moll, B moll, aber auch Es moll und As moll, wenn nicht auch Des moll. Man habe zweitens ein Stück in Cis moll, so sind die verwandten Tonleitern: E dur, H dur, A dur, Fis moll, Gis moll, aber auch Cis dur, Fis dur, wenn nicht auch Gis dur. Die weiteren Folgerungen, z. B. wenn ein Stück in Des dur oder in Gis moll ist, ergeben sich von selbst. Nun giebt es aber doch Fälle, wo man mit den enharmonischen Verwechslungen zu Hülfe kommen muss; zu diesem Behufe stelle man sich die Tonleitern in einem sogenannten musikalischen Zirkel vor, und zwar:

I. Indem man mit C dur beginnt und nach derjenigen Ordnung fortfährt, je nachdem die Tonleitern mehr Kreuze bekommen, d. h. in Oberquinten; nämlich nach C dur folgt G dur, dann D dur, A dur, E dur, H dur, Fis dur. Will man nun noch in Oberquinten fortfahren, so wäre Cis dur die nächste, aber auch die letzte. Man verwechselt daher schon Fis dur mit Ges dur und fährt in derjenigen Ordnung fort, in welcher die Tonleitern in Been abnehmen; nämlich nach Ges dur folgt Des dur, dann As dur, Es dur, B dur, F dur; dann folgt wieder C dur und der Zirkel ist vollendet.

So geht es auch, wenn man mit A moll beginnt und in Oberquinten folgenderweise fortfährt: E moll, H moll, Fis moll, Cis moll,

Gis moll, Dis moll. Dieses Letztere verwechselt man mit Es moll, um mit Oberquinten bequem folgenderweise fortzufahren: B moll, F moll, C moll, G moll, D moll; dann folgt wieder A moll, womit abermals der Zirkel vollendet ist.

II. Indem man wieder mit C dur beginnt und in derjenigen Ordnung fortfährt, in welcher die Tonleitern an Been zunehmen, d. h. in Unterquinten; nämlich nach C dur folgt F dur, dann B dur, Es dur, As dur, Des dur, Ges dur. Dieses Letztere verwechselt man mit Fis dur, um bequem in Unterquinten folgenderweise fortzufahren: H dur, E dur, A dur, D dur, G dur; dann folgt wieder C dur, womit der Zirkel sich endet.

So geht es auch, wenn man mit A moll beginnt und in Unterquinten folgenderweise fortfährt: D moll, G moll, C moll, F moll, B moll, Es moll. Dieses Letztere verwechselt man mit Dis moll, um bequem in Unterquinten folgenderweise fortzufahren: Gis moll, Cis moll, Fis moll, H moll, E moll; dann folgt wieder A moll, womit der Zirkel sich schliesst.

**Zur bessern Uebersicht dienen folgende Beispiele.**

I. Von C dur Uebergänge in Oberquinten fortgesetzt, bis man wieder zu C dur gelangt.

II.  Von A moll Uebergänge in Oberquinten fortgesetzt, bis man wieder zu A moll gelangt.

III.  Von C dur Uebergänge in Unterquinten fortgesetzt, bis man wieder zu C dur kommt.

I, V I IV II V I, V I IV II V I, V I IV II V I, V I IV II V I

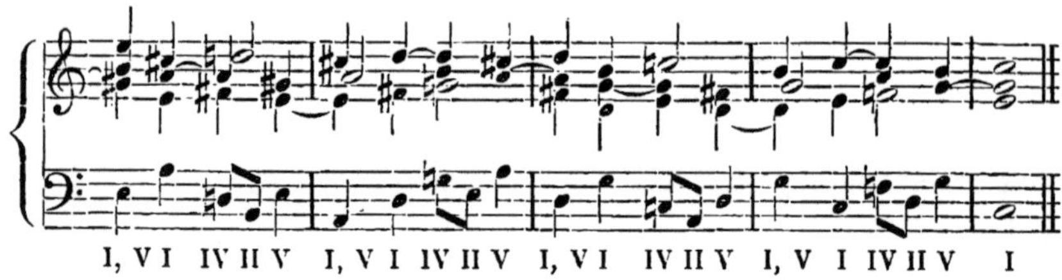

IV. Von A moll Uebergänge in Unterquinten fortgesetzt bis wieder zu A moll.

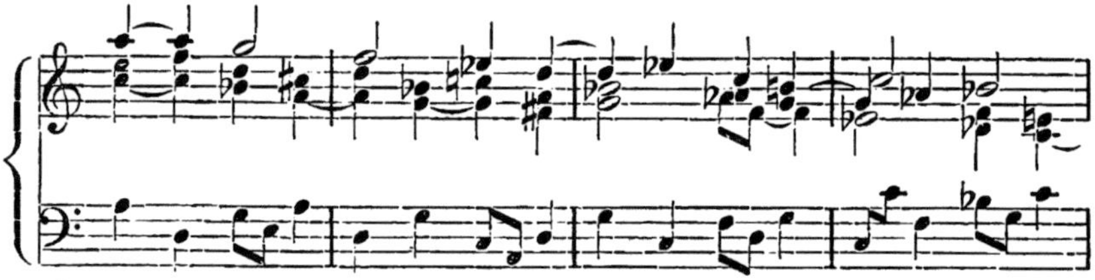

Stufen: I, V I IV II V I, V I IV II V I, V I IV II V I, V I IV II V

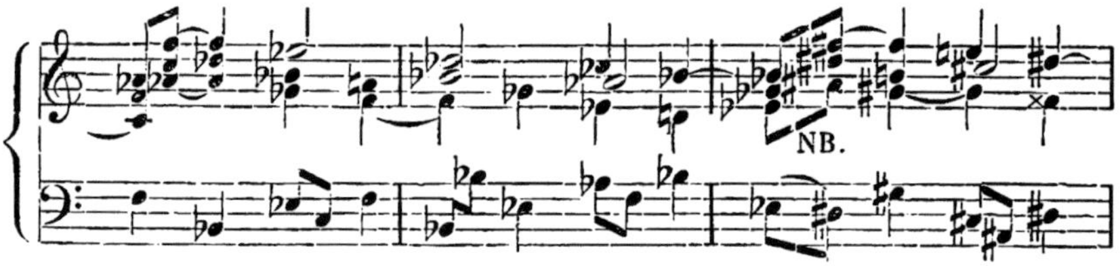

I, V I IV II V I, V I IV II V I, V I IV II V

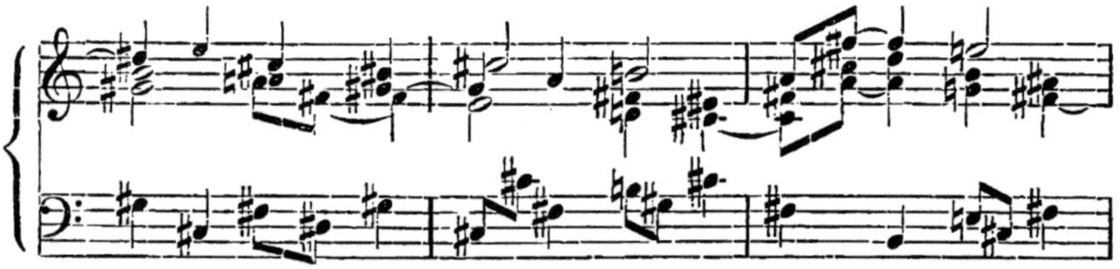

I, V I IV II V I, V I IV II V I, V I IV II V

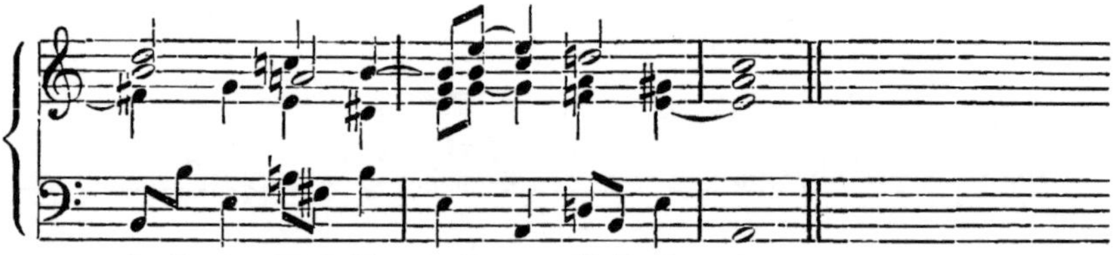

I, V I IV II V I, V I IV II V I

Bei dem NB. ist jedesmal die enharmonische Verwechslung angewendet; das Nämliche gilt auch bei den folgenden Beispielen.

### § 2.

Wenn man den Zirkel s c h n e l l e r durchlaufen will, so hat man folgende Mittel:

1. Man beginnt in C dur und nimmt den Weg nach A moll, sobald man aber zur Dominant gekommen ist, schliesst man in A dur; von da nimmt man den Weg nach Fis moll, schliesst aber in Fis dur; nachdem man Fis dur mit Ges dur verwechselt hat, nimmt man den Weg nach Es moll, schliesst aber in Es dur; von da nimmt man den Weg nach C moll, schliesst aber in C dur, womit der Zirkel geschlossen ist.

2. Man beginnt in C dur und nimmt den Weg nach E moll, schliesst aber in E dur; von da nimmt man den Weg nach Gis moll, schliesst aber in Gis dur; nachdem man Gis dur mit As dur verwechselt hat, nimmt man den Weg nach C moll, schliesst aber in C dur.

Zur bessern Uebersicht folgende Beispiele:









Nach diesen Beispielen wird es leicht sein, den Zirkel mit einer andern Tonleiter zu beginnen und zu schliessen.

Noch ein erwähnenswerther kurzer Zirkel für die Moll-Tonleiter ist folgender:

Man beginnt mit A moll und geht sogleich mittelst der Dominant nach G moll, sodann mit dem nämlichen Mittel nach F moll, dann nach Es moll; nachdem man Es moll mit Dis moll vertauscht hat, geht man mittelst der Dominant nach Cis moll, dann nach H moll, dann nach A moll, womit der Zirkel vollendet ist. Hier das Beispiel:

Ein ähnlicher Zirkel entsteht, wenn man mit D moll beginnt und endet, wodurch auch die übrigen Molltonleitern zum Vorschein kommen.

Ein ziemlich zusammengesetzter Satz, der den Zirkel in einer sonderbaren Ordnung durchläuft, ist folgender:

1. Der C dur Dreiklang beginnt und nachdem er als Dominant von F moll angesehen wird, folgt der Dreiklang der Tonica von dieser Tonleiter; zunächst wird dieser F moll Dreiklang als jener der 3ten Stufe von Des dur betrachtet, wonach sogleich der Dreiklang der 1ten Stufe folgt.

2. Nachdem der Des dur mit dem Cis dur Dreiklang verwechselt ist, gilt dieser als Dominant von Fis moll, worauf die Tonica dieser Tonleiter folgt; sodann wird dieser Fis moll Dreiklang als jener der 3ten Stufe von D dur betrachtet, wonach sogleich der Dreiklang der 1ten Stufe folgt.

3. Nachdem der D dur Dreiklang als Dominant von G moll angesehen wird, folgt der Dreiklang der Tonica von dieser Tonleiter; zunächst wird dieser G moll Dreiklang als jener der 3ten Stufe von Es dur betrachtet, wonach sogleich der Dreiklang der 1ten Stufe folgt.

4. Nachdem der Es dur Dreiklang als Dominant von As moll angesehen wird, folgt der Dreiklang der Tonica von dieser Tonleiter; nachdem der As moll mit dem Gis moll Dreiklang verwechselt ist,

gilt dieser als der Dreiklang der 3^ten Stufe von E dur, wonach sogleich der Dreiklang der 1^ten Stufe folgt.

5. Nachdem der E dur Dreiklang als Dominant von A moll angesehen wird, folgt der Dreiklang der Tonica von dieser Tonleiter; sodann wird dieser A moll Dreiklang als jener der 3^ten Stufe von F dur angesehen, wonach sogleich der Dreiklang der 1^ten Stufe folgt.

6. Nachdem der F dur Dreiklang als Dominant von B moll angesehen wird, folgt der Dreiklang der Tonica von dieser Tonleiter; sodann wird dieser B moll Dreiklang als jener der 3^ten Stufe von Ges dur angesehen, wonach sogleich der Dreiklang der 1^ten Stufe folgt.

7. Nachdem der Ges dur mit dem Fis dur Dreiklang verwechselt ist, gilt dieser als Dominant von H moll, worauf die Tonica von dieser Tonleiter folgt; sodann wird dieser H moll Dreiklang als jener der 3^ten Stufe von G dur angesehen, worauf sogleich der Dreiklang der 1^ten Stufe folgt.

8. Nachdem der G dur Dreiklang als Dominant von C moll betrachtet wird, folgt der Dreiklang der Tonica von dieser Tonleiter; sodann wird dieser C moll Dreiklang als jener der 3^ten Stufe von As dur betrachtet, worauf sogleich der Dreiklang der Tonica von dieser Tonleiter folgt.

9. Nachdem der As dur Dreiklang als Dominant von Des moll betrachtet wird, folgt der Dreiklang der Tonica von dieser Tonleiter; nachdem aber der Des moll mit dem Cis moll Dreiklang verwechselt wird, gilt dieser als der Dreiklang der 3^ten Stufe in A dur, worauf sogleich der Dreiklang der 1^ten Stufe folgt.

10. Nachdem der A dur Dreiklang als Dominant von D moll betrachtet wird, folgt der Dreiklang der Tonica von dieser Tonleiter; sodann wird dieser D moll Dreiklang als jener der 3^ten Stufe von B dur angesehen, worauf sogleich der Dreiklang der 1^ten Stufe folgt.

11. Nachdem der B dur Dreiklang als Dominant von Es moll angesehen wird, folgt der Dreiklang der Tonica von dieser Tonleiter; nachdem aber der Es moll mit dem Dis moll Dreiklang verwechselt wird, gilt dieser als der Dreiklang der 3^ten Stufe von H dur, worauf sogleich der Dreiklang der 1^ten Stufe folgt.

12. Nachdem der H dur Dreiklang als Dominant von E moll angesehen wird, folgt der Dreiklang der Tonica von dieser Tonleiter; dieser E moll Dreiklang kann nun — um den Zirkel zu schliessen, nicht aber um ein Stück zu endigen — als jener der 3^ten Stufe von C dur gelten, worauf sogleich der Dreiklang der 1^ten Stufe folgt.

Hier folgt das Beispiel in Noten:

In diesem Beispiele kann man anfangen, wo man will, und aufhören, so oft eine Dominant in die Tonica übergeht.

## § 3.

Mit selbstständigen Dreiklängen kann man den Zirkel folgenderweise auch schnell durchlaufen, und zwar:

1. Wenn man mit dem C dur Dreiklang beginnt, dann um eine kleine Terz herab in den A moll Dreiklang geht, welcher zuerst als 6te Stufe der C dur Tonleiter, dann aber auch als Tonica der A moll Tonleiter gilt, nach welchem sodann dessen Dominant, der E dur Dreiklang, folgt, der sodann auch als Tonica der E dur Tonleiter gilt, nach welchem der Cis moll Dreiklang folgt, welcher zuerst als 6te Stufe der E dur Tonleiter, dann aber auch als Tonica der Cis moll Tonleiter gilt, nach welchem sodann dessen Dominant, der Gis dur Dreiklang, folgt; nachdem man statt des Gis dur den As dur Dreiklang genommen hat, gilt dieser als Tonica der As dur Tonleiter, nach welchem der F moll Dreiklang folgt, welcher zuerst als 6te Stufe

der As dur Tonleiter, dann aber auch als Tonica der F moll Tonleiter gilt, nach welchem sodann der C dur Dreiklang als Dominant der F moll Tonleiter folgt, womit der Zirkel geendet ist.

2. Wenn nach dem C dur der C moll Dreiklang folgt (bekannt aus den chromatischen Schritten) und letzterer sodann als Dreiklang der 6ten Stufe der Es dur Tonleiter angesehen wird, welchem dann der As dur Dreiklang als 4te und der Es dur Dreiklang als 1te Stufe von Es dur folgt; nachdem man nun statt des Es moll den Dis moll Dreiklang genommen hat, sieht man diesen als Dreiklang der 6ten Stufe der Fis dur Tonleiter an, welchem dann der H dur Dreiklang als 4te und der Fis dur Dreiklang als 1te Stufe der Fis dur Tonleiter folgt; nachdem man den Fis moll Dreiklang hat folgen lassen, betrachtet man diesen als 6te Stufe der A dur Tonleiter, welchem dann der D dur Dreiklang als 4te und der A dur Dreiklang als 1te Stufe von A dur folgt; nachdem man den A moll Dreiklang hat folgen lassen, betrachtet man diesen als Dreiklang der 6ten Stufe von C dur, welchem dann der F dur Dreiklang als 4te und der C dur Dreiklang als 1te Stufe von C dur folgt, womit der Zirkel geschlossen ist.

Den Lesern bleibt überlassen, den Zirkel mit andern Tönen zu beginnen und zu schliessen, z. B. das Erstere mit F dur, oder mit G dur oder mit B dur.


## § 4.

Eine vorzügliche Rolle bei den enharmonischen Verwechslungen spielen die Septnonaccorde der Dominant ohne ihr Fundament. Um dieses ganz deutlich zu machen, ist es gut, die bei der diatonischen Tonwechslung angegebene Tabelle der Tonleitern noch einmal herzusetzen, nämlich:

Dur-Tonleitern: *Ces Ges Des As Es B F C G D A E H Fis Cis*
Moll-Tonleitern: *as es b f c g d a e h fis cis gis dis ais*

Zu bemerken ist, dass man von jeder Moll-Tonleiter bei dem dritten Schritte rechts die gleichnamige Dur-Tonleiter findet, welche die gleiche Dominant hat, wobei nur die Non derselben den Unterschied macht.

Man findet drei consequente Ordnungen darin:

1. As moll und As dur haben die gleiche Dominant und letztere hat gleiche Töne mit F moll; F moll und F dur haben die gleiche Dominant und letztere hat gleiche Töne mit D moll; D moll und D dur haben die gleiche Dominant und letztere hat gleiche Töne mit H moll; H moll und H dur haben die gleiche Dominant und letztere hat gleiche Töne mit Gis moll.

2. Es moll und Es dur haben gleiche Dominant und letztere hat gleiche Töne mit C moll; C moll und C dur haben gleiche Dominant und letztere hat gleiche Töne mit A moll; A moll und A dur haben gleiche Dominant und letztere hat gleiche Töne mit Fis moll; Fis moll und Fis dur haben gleiche Dominant und letztere hat gleiche Töne mit Dis moll.

3. B moll und B dur haben gleiche Dominant und letztere hat gleiche Töne mit G moll; G moll und G dur haben gleiche Dominant und letztere hat gleiche Töne mit E moll; E moll und E dur haben gleiche Dominant und letztere hat gleiche Töne mit Cis moll; Cis moll und Cis dur haben gleiche Dominant und letztere hat gleiche Töne mit Ais moll.

I. In der ersten Ordnung kommen also folgende Moll-Tonleitern in Berührung: *As, F, D, H, Gis.* Um zu erkennen, welchen Einfluss die Septnonaccorde der Dominant ohne ihr Fundament dabei haben, soll von jeder dieser Tonleitern der benannte Septnonaccord betrachtet werden.

In As moll heisst die Dominant *Es*, deren grosse Terz *g*, deren reine Quint *b*, deren kleine Sept *des* und deren kleine Non *fes*; also erscheint ohne Fundament der Accord: *g–b–des–fes*.

In F moll heisst die Dominant *C*, deren grosse Terz *e*, deren reine Quint *g*, deren kleine Sept *b* und deren kleine Non *des*; also ohne Fundament erscheint der Accord: *e–g–b–des*.

In D moll heisst die Dominant *A*, deren grosse Terz *cis*, deren reine Quint *e*, deren kleine Sept *g* und deren kleine Non *b*; also erscheint ohne Fundament der Accord: *cis–e–g–b*.

In H moll heisst die Dominant *Fis*, deren grosse Terz *ais*, deren reine Quint *cis*, deren kleine Sept *e* und deren kleine Non *g*; also erscheint ohne Fundament der Accord: *ais–cis–e–g*.

In Gis moll heisst die Dominant *Dis*, deren grosse Terz *fisis*, deren reine Quint *ais*, deren kleine Sept *cis* und deren kleine Non *e*; also erscheint ohne Fundament der Accord: *fisis–ais–cis–e*.

Stellt man diese fünf gefundenen Accorde zusammen, nämlich: *g–b–des–fes*, *e–g–b–des*, *cis–e–g–b*, *ais–cis–e–g* und *fisis–ais–cis–e*, so sieht man, dass auf dem Claviere einer wie der andere klingt, und dass sie nur in der Bezeichnung unterschieden werden.

II. In der zweiten Ordnung kommen folgende Moll–Tonleitern in Berührung: *Es, C, A, Fis, Dis*. Von jeder dieser Tonleitern soll der Septnonaccord der Dominant betrachtet werden, um ihren Zusammenhang zu erkennen.

In Es moll heisst die Dominant *B*, deren grosse Terz *d*, deren reine Quint *f*, deren kleine Sept *as* und deren kleine Non *ces*: ohne Fundament erscheint also der Accord: *d–f–as–ces*.

In C moll heisst die Dominant *G*, deren grosse Terz *h*, deren reine Quint *d*, deren kleine Sept *f* und deren kleine Non *as*; ohne Fundament erscheint also der Accord: *h–d–f–as*.

In A moll heisst die Dominant *E*, deren grosse Terz *gis*, deren reine Quint *h*, deren kleine Sept *d* und deren kleine Non *f*; ohne Fundament erscheint der Accord: *gis–h–d–f*.

In Fis moll heisst die Dominant *Cis*, deren grosse Terz *eis*, deren reine Quint *gis*, deren kleine Sept *h* und deren kleine Non *d*; ohne Fundament erscheint der Accord: *eis–gis–h–d*.

In Dis moll heisst die Dominant *Ais*, deren grosse Terz *cisis*, deren reine Quint *eis*, deren kleine Sept *gis* und deren kleine Non *h*; ohne Fundament erscheint der Accord: *cisis–eis–gis–h*.

Stellt man diese fünf gefundenen Accorde zusammen, nämlich: *d–f–as–ces*, *h–d–f–as*, *gis–h–d–f*, *eis–gis–h–d* und *cisis–eis–gis–h*, so findet man, dass auf dem Claviere einer wie der andere klingt, und nur in der Bezeichnung der Unterschied erkannt wird.

III. In der dritten Ordnung kommen folgende Moll-Tonleitern in Berührung: *B, G, E, Cis, Ais.* Von jeder dieser Tonleitern soll der Septnonaccord der Dominant in Betrachtung kommen, um ihren Zusammenhang zu erkennen.

In B moll heisst die Dominant *F*, deren grosse Terz *a*, deren reine Quint *c*, deren kleine Sept *es* und deren kleine Non *ges*; ohne Fundament erscheint der Accord: *a–c–es–ges.*

In G moll heisst die Dominant *D*, deren grosse Terz *fis*, deren reine Quint *a*, deren kleine Sept *c* und deren kleine Non *es*; ohne Fundament heisst der Accord: *fis–a–c–es.*

In E moll heisst die Dominant *H*, deren grosse Terz *dis*, deren reine Quint *fis*, deren kleine Sept *a* und deren kleine Non *c*; ohne Fundament heisst der Accord: *dis–fis–a–c.*

In Cis moll heisst die Dominant *Gis*, deren grosse Terz *his*, deren reine Quint *dis*, deren kleine Sept *fis* und deren kleine Non *a*; ohne Fundament ist es der Accord: *his–dis–fis–a.*

In Ais moll heisst die Dominant *Eis*, deren grosse Terz *gisis*, deren reine Quint *his*, deren kleine Sept *dis* und deren kleine Non *fis*; ohne Fundament ist es der Accord: *gisis–his–dis–fis.*

Stellt man diese fünf gefundenen Accorde zusammen, nämlich: *a–c–es–ges, fis–a–c–es, dis–fis–a–c, his–dis–fis–a* und *gisis–his–dis–fis*, so findet man, dass auf dem Claviere einer wie der andere klingt, und dass sie nur in der Bezeichnung unterschieden werden.

**Anmerkung.** Diejenigen, welche zu viel auf die enharmonischen Verwechslungen halten, möchten gar zu gern unser jetziges Notensystem verwerfen und dafür nach ihrer Ansicht ein vereinfachtes stellen. Diese wollen also gar nicht mehr das innere Wesen, sondern nur den äusseren Schein beibehalten. Nun ist aber unser jetziges Notensystem für die diatonischen und chromatischen Fortschreitungen natürlich und fasslich genug, und diese sind doch diejenigen, welche das innerste, wahrhafte Wesen unserer Musik darstellen, wo im Gegentheil bei den enharmonischen Verwechslungen der äussere Schein nur zum Truge Gelegenheit giebt.

§ 5.

Da man diejenigen Septaccorde, welche die Stelle eines Dominantseptnonaccordes mit ausgelassenem Grundtone einnehmen und welche man wegen ihrer Mehrdeutigkeit, wie im vorigen § gezeigt wurde, enharmonische Accorde nennt, ohne Vorbereitung nehmen kann, so dienen sie sehr zu Ausweichungen in entfernte Tonleitern.

Es giebt in unserem temperirten Systeme eigentlich nur drei enharmonische Septaccorde für das Ohr, obgleich sie auf mehrere Tonleitern bezogen werden können, und daher nur durch die Schreibart erkennbar werden.

Um zu zeigen, wie man mittelst dieser drei enharmonischen Accorde von einer gegebenen Tonleiter sehr bald in alle übrigen kommen könne, wähle man z. B. die A moll Tonleiter als Anfang. Die ihr zunächst stehenden Tonleitern sind E moll und D moll. Ob man nun nach dem A moll Dreiklang den Septnonaccord der Dominant mit ausgelassenem Grundton der eigenen Tonleiter oder von E moll oder von D moll ergreift, ist nirgends eine Schwierigkeit. Nun ist aber erstens der enharmonische Accord von A moll gleich jenem von C moll, Fis moll, Dis moll oder Es moll, welche unter sich verwechselt werden können; dann ist zweitens der enharmonische Accord von E moll gleich jenem von G moll, B moll, Cis moll und Ais moll, welche wieder unter sich verwechselt werden können; endlich ist drittens der enharmonische Accord von D moll gleich jenem von F moll, As moll, H moll und Gis moll, welche wieder unter sich verwechselt werden können. Ferner, da die Dominantharmonie der Molltonleiter, wenn auch unvollkommen wegen des ausgelassenen Grundtons, auch nach einer Dur-Tonica folgen und sich auch wieder in eine solche auflösen kann, so sieht man, dass man auf enharmonische Weise überall hinkommen kann. Aber mit der Ordnung der Fundamente sieht es übel aus, weil man sich nur mehr nach dem Scheine richtet; höchstens, dass noch Dominant und Tonica nach einander passen.

Hier das Beispiel, wo von A moll nach den übrigen Moll-Tonleitern auf enharmonische Weise ausgewichen wird. Die unten mit Buchstaben angedeuteten Fundamente werden nicht mitgespielt.

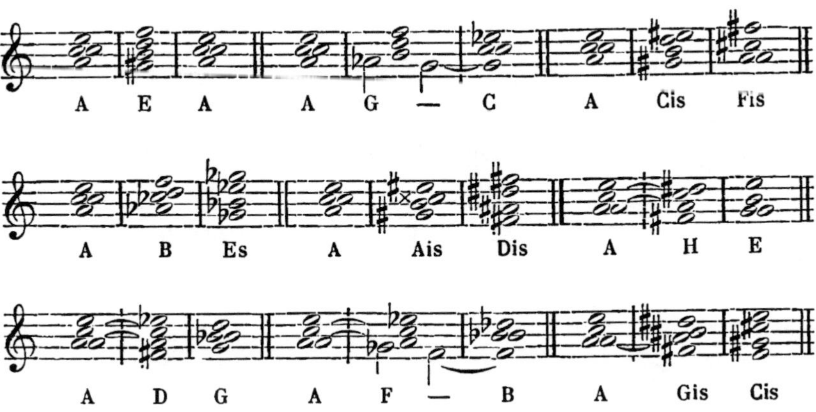

Alle vorstehenden Beispiele können, wie gesagt, auch statt mit
einem Moll – Dreiklang mit einem Dur – Dreiklang beginnen oder
schliessen.

## § 6.

Eine weitere Gelegenheit zu Ausweichungen mittelst dieser enharmonischen Accorde giebt es, wenn die Non des verschwiegenen
Fundamentes bei der Tonica noch aufgehalten wird, und wenn man
diesen Scheinaccord, der durch den Vorhalt entsteht, selbst schon
als befriedigend annimmt. Z. B.

Daher kommen auch folgende zurückkehrende Durchgänge:

Den Lesern bleibt es überlassen, mit den beiden andern enharmonischen Septaccorden das Gleiche zu versuchen.

### § 7.

Ein weiteres Mittel geben die **Zwitterseptnonaccorde**, welche eine grosse Terz, falsche Quint, kleine Sept und kleine Non haben, und welche ohne Fundament gehört gerade wie eine Dominantseptharmonie klingen.

Bei den chromatischen Schritten ist gezeigt worden, dass jeder Zwitterseptnonaccord auf die 2$^{te}$ Stufe einer Moll−Tonleiter gehört und dass nur in der günstigsten Lage die Harmonie des Dur−Dreiklangs der 5$^{ten}$ Stufe unmittelbar folgen könne, so wie dass in den ungünstigen Lagen, wenn man nicht die Non noch bei demselben Fundamente auflöset, die Non und Sept der 2$^{ten}$ Stufe als Undez und Tredez der Dominant aufgehalten werden.

Um ein Beispiel in A moll zu geben, wird zuerst bemerkt, dass der ohne Fundament gehörte Zwitterseptnonaccord der 2$^{ten}$ Stufe nur die Töne *f−a−c−dis* hören lässt, welche wie *f−a−c−es* klingen und deswegen auch die Dominant von B dur oder B moll vorstellen können, während sie ihrer Wesenheit nach in die Dominant von A moll zu gehen verlangen, wonach natürlich die Tonica kommt. In den beiden Beispielen bei *a.* bleibt der Satz in A moll; im Beispiel bei *b.* beginnt er in A moll und endet in B dur; im Beispiel bei *c.* beginnt der Satz in B moll und endet in A moll. Die beigesetzten Fundamente werden nicht mitgespielt.

Um dieses allgemeiner zu machen, bemerke man, dass was beim Septaccord der Dominant das Fundament ist, bei dem Zwitterseptnonaccord die falsche Quint des unhörbaren Fundamentes ist.

## § 8.

Jeder Dominantseptnonaccord lässt sich zum Zwitterseptnonaccord umändern, indem man die reine Quint des ersteren zur falschen macht, wie bereits bei den chromatischen Schritten gezeigt
wurde; so wie auch bereits dort gezeigt wurde, dass beim Septnonaccord der 5ten Stufe in der Moll-Tonleiter zuerst die kleine Terz
und dann erst die grosse kommen kann. Welche künstliche Mittel
da hervorgehen, mögen folgende zwei Beispiele zeigen, bei welchen
das wegzulassende Fundament unten mit Buchstaben angezeigt ist.

Wenn vom ersten Beispiel der zweite Tact enharmonisch behandelt wird, so kann man nach Es dur oder Es moll gelangen, wie hier
zu sehen:

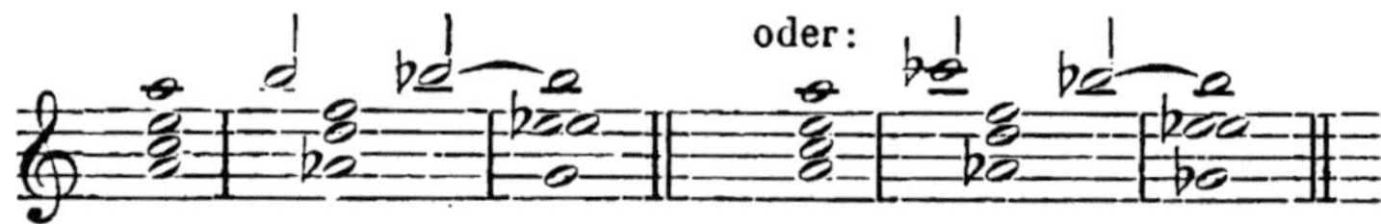


Wenn vom zweiten Beispiel der dritte Tact enharmonisch behandelt wird, so kann man nach C moll, nach Fis moll, nach Es- oder
Dis moll gelangen, und da die Dominant von Moll und Dur gleich ist,
so kann man auch nach C dur, Fis dur und Es dur gelangen, welches
letztere nicht nöthig ist, besonders hinzuschreiben.

## § 9.

Dass eine Reihe von Septnonaccorden der Dominant absteigend
vorkommt, z. B. wenn in C dur die Fundamente *H, E, A, D, G,*

*C*, *F* nach einander folgen, ist bei den chromatischen Schritten in
C dur § 13 gezeigt worden, und auch in der A moll Tonleiter anwendbar. Bei Anwendung des Enharmonischen beruft man sich aber
nur auf die Freiheit, dass ein jeder enharmonische Septaccord (weil
alle Stellvertreter von Dominantseptnonaccorden sind) ohne Vorbereitung eintreten darf, und lässt auch eine aufsteigende Reihe derselben folgen. Um die Begründung durch eine Fundamentfolge küm-
mert man sich nicht und lässt es durch die Mehrdeutigkeit entschuldigen. Hier ein solcher Satz:

## § 10.

In Bezug auf § 6 ist noch zu erwähnen, dass bei den Zwitter-
septnonaccorden ohne Fundament dasselbe vorkommen kann, wie
bei den gewöhnlichen enharmonischen, nämlich dass die Non des
verschwiegenen Fundamentes beim nächsten Fundamente, welches
die Dominant ist, noch als Tredez aufgehalten werden darf, und
dass man öfters schon mit dem Scheinaccord, der durch den Vorhalt
entsteht, zufrieden ist. Z. B. in A moll:

Und wenn man in Bezug auf den Umstand, dass man statt in
A moll zu schliessen auch in A dur schliessen kann, auch schon
die Tredez der 5ten Stufe der A dur Tonleiter gemäss gross macht,
so kann obiger Satz so verändert werden:

Ueberhaupt wird bei den enharmonischen Verwechslungen (mit
Ausnahme des in den ersten drei §§ Angeführten) auf keinen Zusammenhang der Fundamente mehr gesehen, sondern ein jeder nur
irgend eine Freiheit habende Accord wird ganz willkührlich gebraucht, und auf das Vorausgegangene keine besondere Rücksicht
genommen.

## Schlussbemerkung.

Der diatonische Satz, Dur oder Moll, ist die Mutter aller gesunden einfachen Melodie und ist das Bild einer Familie, wo jedes Glied derselben an seinem Platze ist und zu rechter Zeit erscheint.

Die diatonische Tonwechslung führt verschiedene verwandte Familien nach einander vor.

Der chromatische Satz, ob die Haupttonica Dur oder Moll ist, macht die Melodie reicher, besonders aber leidenschaftlicher, und ist das Bild mehrerer verwandten Familien unter einem gemeinschaftlichen Oberhaupte vereinigt.

Die enharmonischen Verwechslungen in der weitesten Ausdehnung sind die natürlichen Feinde der gesunden Melodie, dafür ist ihre Wirkung geheimnissvoll und überraschend. Sie sind das Bild der grossen Welt, worin das Familienleben untergeht und wo die Täuschungen häufig vorkommen, und auch das Unwichtige in einem gewissen Glanze erscheint; dafür aber kann man dabei nicht erkennen, was Hauptsache oder Nebensache ist.

# Sachregister

mit Angabe der Seitenzahlen.

———

Bass 14; s. auch Fundament.

Bedenklicher Dreiklang, s. Dreiklang der 2ten Stufe in Dur.

Beschleunigung der Uebergänge, s. Uebergänge.

Bewegung der Stimmen, s. Fortschreitung der Stimmen, Stimmenschritte.

Chromatische Accorde 147.

Chromatische A moll Tonleiter 165.

Chromatische C dur Tonleiter 120.

Chromatische Schritte (in C dur) 119, (in A moll) 165.

Chromatisches Fortschreiten 1. 119; s. auch Fundamentalschritte.

Consonanz 11.

Dez, Dezime 2.

Diatonische Tonwechslung 1. 101.

Diatonischer Satz (als Grundlage des chromatischen Satzes) 128.

Diatonisches Fortschreiten 1; (in Dur) 9, (in Moll) 53; s. auch Fundamentalschritte.

Dissonanz 12.

Dominant 12.

Dreiklang 4; Dur-, Moll- 4; falscher 4; übermässiger 57.
  — der 1ten Stufe in Dur 12; ders. in Wechselwirkung mit dem Dreiklang der 5ten Stufe etc. 13. — der 2ten Stufe in Dur (dessen Quint vorzubereiten ist) 22; ders. in Bezug der Stimmung 51. — der 4ten und 5ten Stufe in Dur 12. — der 7ten Stufe in Dur 13; ders. in Bezug auf dessen Quint 21; ders. als Stellvertreter des Septaccordes der 5ten Stufe 49.
  — der 2ten Stufe mit falscher Quint in Moll (als Stellvertreter des Septnonaccordes der 5ten Stufe) 82.

Dreiklänge (in Dur) 11, (in Moll) 57.
  — als Stellvertreter von Septaccorden (in Dur) 18. 19, (in Moll) 76. 78; als Stellvertreter von Septnonaccorden (in Dur) 32, (in Moll) 85.
  — als Stellvertreter von Sept- und Septnonaccorden bezüglich der diatonischen Tonwechslung 115.
  — Folge ders. (in Dur) 12 13, (in Moll) 62 ff.; — in Bezug auf die diatonische Tonwechslung, insofern jeder als eine Tonica anzusehen 117; in Bezug auf den chromatischen Satz, insofern sie als Tonica gelten können (in Dur) 157, (in Moll) 194. 195.
  — Umwandlung derselben zu Dreiklängen verwandter Tonleitern (in C dur) 122, (in A moll) 166.

Duodez 2.

Durchgang (in Dur) 37, (in Moll) 92.

Durchgänge, unregelmässige 42; — zurückkehrende (in Dur) 40, (in Moll) 91.
  — bei Uebergang der Octav in die Sept (in Dur) 38, (in Moll) 94; zugleich auch der Dez in die Non (in Dur) 41; zugleich auch der Quint in die Octav (in Moll) 95.
  — s. auch Vertauschung der Stimmen.

Durchgehende Auflösung 95.

Durchgehende Sept 20.

Dur-Dreiklang 4; — in Bezug auf die Tonwechslung 102.

Dur-Tonleitern 2. 7.

Einklang, rein 12; übermässig 156.
Enharmonische Accorde 212.
Enharmonische Verwechslung 1. 201.
— s. auch Auflösung, Fundamentalschritte.
Falscher Dreiklang 4.
Folge der Dreiklänge etc., s. Dreiklänge etc.
Forderungen an einen guten vierstimmigen Satz 15.
Fortschreitung der Stimmen, melodisch, stufenweise 15; springend 16; unregelmässig 46; — bei zwei und drei Stimmen 15.
— s. auch Stimmenschritte.
Fortschreitung des Basses 14. 15; s. auch Fundamentalschritte.
Fundament, Fundamentalbass 14.
Fundamentalfortschreitung, Eigenschaften ders. 26.
Fundamentalschritte (in Dur) 24 ff., (in Moll) 98.
— in Dur: bei den Dreiklängen 12 ff.; um eine Quint aufwärts, Quart abwärts, Quint abwärts, Quart aufwärts, Terz abwärts 13. 15; um eine Terz aufwärts 15; beim Schlussfall 16; dem Schlussfall nachgebildet 17; bei Dreiklängen als Stellvertretern von Septaccorden 18; bei den Septaccorden 19; bei durchgehender Sept 20; bezüglich der Dreiklänge der 7$^{\text{ten}}$ und 2$^{\text{ten}}$ Stufe 21; in die Oberquint und Oberterz ohne gute Beziehung 22; in die Oberquint und Oberterz richtig 23; von den Dreiklängen aus 24; von den Septaccorden aus 25; bei abwärts gehenden Vorhalten 27; bei aufwärts gehenden Vorhalten 28; bei dem Gebrauche der Undez und Tredez mit Auslassung der Terz oder Quint 29; um eine Quart aufwärts zwischen einem Dreiklang und einem Septaccord bei aufgehaltener Quint des ersteren (die so zur Non wird) 29; in die Unterterz nach einem Septaccord 30; bei verzögerter Auflösung der Non 30; bei Septaccorden als Stellvertretern von Septnonaccorden 31; bei Dreiklängen als Stellvertretern von Septnonaccorden 32; bei doppelt verzögerter Auflösung der Non 34, und zugleich verzögerter Auflösung der Sept 35; bei Durchgängen 42; bei unregelmässigen Fortschreitungen der Stimmen 46; in Rücksicht auf die Freiheiten der Dominantsept 48; in Rücksicht auf den Dreiklang und Septaccord der 7$^{\text{ten}}$ Stufe 49. 50.
— in Dur, scheinbar: in die Obersecunde (zwischen zwei Dreiklängen) 18, (von einem Dreiklang zu einem Septaccord) 19, (von einem Septaccord zu einem Dreiklang oder wieder zu einem Septaccord) 31; — in die Untersecunde (zwischen zwei Dreiklängen) 32, (zwischen einem Septaccord und einem Dreiklang) 35.
— in Dur, bezüglich des chromatischen Satzes: wenn ein Fundament, zu einer Dominant umgeändert, in den Dreiklang der Tonica derselben übergeht 129; wenn zwei Septaccorde und dann ein Dreiklang in schlussfallähnlicher Ordnung folgen 132; wenn drei Septaccorde in schlussfallähnlicher Ordnung folgen 135; bei einer Kette aller Septaccorde 137; bei freiem Eintritt der Dominantseptaccorde 137; bei Anwendung des Nonvorhaltes etc. 138; wenn zwei Septaccorde nach einander folgen, wovon der Grundton des zweiten eine kleine Terz tiefer steht als der des ersten 138. 140; scheinbar um eine Stufe aufwärts 143; — bei eigentlich chromatischen (Zwittersept- und Zwitterseptnon-) Accorden 146; wenn

die Non sich nicht bei demselben Fundamente auflöset 150; bei weiter verzögerter Auflösung der Non und Sept 151; — wenn statt eines Dreiklangs, der zur Dominant werden kann, ein Sept- oder Septnonaccord ohne Vorbereitung genommen wird 153; beim Gebrauch der verminderten Sext etc. und verminderten Octav etc. 154; wenn ausser der 7<sup>ten</sup> jede andere Stufe als Tonica angesehen wird 157; beim Orgelpunkte 161.

Fundamentalschritte in Moll: bei den Dreiklängen 62. 64; bei den Septaccorden 70; bei Dreiklängen als Stellvertretern von Septaccorden 76. 78; beim Septnonaccord der 5<sup>ten</sup> Stufe mit grosser Terz 81; bei verzögerter Auflösung der Non 81; bei Septaccorden als Stellvertretern von Septnonaccorden 82. 83; bei Dreiklängen als Stellvertretern von Septnonaccorden 85; bei weiter verzögerter Auflösung der Non 87; bei Vorbereitung der Tredez durch die Terz des früheren Fundamentes 89; bei Durchgängen 92. 94.

— in Moll, scheinbar: in die Obersecunde (von einem Dreiklang zu einem Septaccord) 70 ff. 76. 78, (von einem Septaccord zu einem Dreiklang) 81. 82; — in die Untersecunde (zwischen zwei Dreiklängen) 85, (zwischen einem Septaccord und einem Dreiklang) 87 ff.

— in Moll, bezüglich des chromatischen Satzes: bei denen kein chromatischer Zwischenton möglich wird 172; bei einfach chromatischen Schritten (wenn ein Fundament, zu einer Dominant umgeändert, in den Dreiklang der Tonica derselben übergeht etc.) 174; bei zusammengesetzteren chromatischen Schritten (wenn zwei Septaccorde und dann ein Dreiklang in schlussfallähnlicher Ordnung folgen etc.) 176; — wenn statt der 6<sup>ten</sup> und 7<sup>ten</sup> erhöhten die 6<sup>te</sup> und 7<sup>te</sup> natürliche Stufe gebraucht werden dürfen 182; bei freiem Eintritt der Dominantsept- und -septnonaccorde 184; bei eigentlich chromatischen (Zwittersept- und Zwitterseptnon-)Accorden 186; beim Gebrauch der verminderten Sext etc. und verminderten Octav etc. 194; wenn ausser der 2<sup>ten</sup> Stufe die andern Stufen als Tonica angesehen werden 194; beim Orgelpunkte 199.

— bei enharmonischen Accorden 212 ff.; wenn die Non aufgehalten wird 214; bezüglich der Zwitterseptnonaccorde etc. 215.

Fundamente, bezüglich der chromatischen Tonleiter (in Dur) 121, (in Moll) 170; — bezüglich der Tonwechslung 101.

Ganzer Ton 2.

Halber Ton 2; klein, gross 121.

Hauptton 12.

Intervall 2.

Moll-Dreiklang 4; — in Bezug auf die Tonwechslung 102.

Moll-Tonleitern (auf dreierlei Weise) 55. 59 ff.

Non 2; gross, klein 4; — 27. 29; — der Dominant ohne Vorbereitung 50.

Oberquint, rein 12.

Octav 2; rein 4; übermässig, vermindert 156.

Octaven 42; offenbar, verdeckt 42.

Orgelpunkt 161. 199.

Quart 2; rein, übermässig 2. 3; vermindert 58.

Quartsextaccord 5; — gekünstelt 29.

Quatuordez 2.

---

### Berichtigungen.

Seite 44, dritte Notenzeile von unten im siebenten Tacte fehlt in der unteren Stimme das *c*.

Seite 152, in der ersten Notenzeile muss im letzten Tacte der Bass *f* statt *e* haben.